kompaktwissen

KEN UND KATE BACK

Durch-setzungs-Training

So realisieren Sie
Ihre Interessen und
Zielvorstellungen

Wilhelm Heyne Verlag
München

HEYNE KOMPAKTWISSEN
22/269

Herausgeber der Reihe »kompaktwissen«:
Dr. Uwe Schreiber

Titel der Originalausgabe:
ASSERTIVENESS AT WORK. A PRACTICAL GUIDE
TO HANDLING AKWARD SITUATIONS
Aus dem Englischen übersetzt von Gabriele Sauer
und Diethard H. Klein

3. Auflage

Inhalt

Vorwort

Wenn Sie beruflich mit anderen Menschen zu tun haben, ist dieses Buch genau das richtige für Sie. Ganz gleich, ob Sie für eine große Privatfirma, ein Amt, einen mittelgroßen Familienbetrieb oder eine Ein-Mann-Firma arbeiten — Hauptsache, Sie haben bei ihrer Arbeit Kontakt mit anderen Menschen. Wie Ihr Job auch immer sein mag — ob Sie eine Gruppe von Mitarbeitern haben oder ein Spezialist sind, der andere berät und beeinflußt — dieses Buch wird Ihnen eine Hilfe sein.

Wahrscheinlich werden Sie bei Ihrer Arbeit von Zeit zu Zeit mit heiklen Situationen konfrontiert.

Ist Ihnen zum Beispiel schon einmal etwas wie folgt passiert?

- Ihr Chef hat unangemessene Forderungen an Sie gestellt;
- Sie haben sich über die Zusammenarbeit mit einer anderen Abteilung geärgert;
- Sie wollen eine Entscheidung vorbringen, von der Sie wissen, daß sie Ihren Mitarbeitern nicht gefällt;
- Sie wollen der Meinung widersprechen, die ein Vorgesetzter ausdrücklich vertritt;
- Sie müssen sich mit einem erbosten Kunden auseinandersetzen, ohne daß das wichtige Geschäft mit ihm scheitert und ohne Versprechungen zu machen, die Sie nicht halten können;
- Sie müssen einer Gruppe Vorgesetzter etwas Wichtiges vorstellen und hatten nur wenig Zeit zur Vorbereitung.

Wir nennen diese Situationen heikel, weil sie uns oft ängstlich, ärgerlich oder frustriert machen und manchmal zu offenen Konflikten führen. All dies kann eintreten, wenn Ihre Bedürfnisse, Wünsche, Überzeugungen oder Ansichten von denen der anderen abweichen.

Diese Situationen — und viele ähnliche — kommen in allen Betrieben vor. Wir glauben, daß Ihr Erfolg im Arbeitsleben und somit der Erfolg Ihrer Firma davon beeinflußt werden kann, wie Sie mit diesen Situationen umgehen. Wir sagen dies, weil der Ausgang jeglicher Situation sehr unterschiedlich sein kann, je nachdem wie man damit umgeht.

In diesem Buch geht es darum, wie man diese und viele andere Situationen auf eine Art und Weise angeht, die allen Betroffenen gerecht wird. Aus eigener Erfahrung und durch die Arbeit mit Managern sind wir zu dem Schluß gekommen, daß dies heißt, sicher aufzutreten — und nicht unsicher oder aggressiv.

Daher konzentriert sich dieses Buch auf die Verhaltensweisen in unterschiedlichen Situationen. Das Wort »Verhalten« bezieht sich auf eine Vielzahl von Aktivitäten, in die andere Menschen einbezogen sind. Aber meist benützen wir es in einem bestimmten Sinn — in bezug auf das, was man in der Kommunikation mit anderen Menschen tut und sagt. Dieses Buch beschäftigt sich auch mit dem, was hinter dem Verhalten steht, nicht bezüglich allgemeiner Persönlichkeitsmuster, sondern im Zusammenhang mit den besonderen Ansichten, Gedanken und Gefühlen, die Ihr Verhalten beeinflussen. Wir konzentrieren uns auf Verhaltensweisen, Ansichten, Gedanken und Gefühle, weil sie — wie wir in diesem Buch hoffentlich aufzeigen können — veränderbar sind!

Natürlich sind diese Veränderungen nicht einfach, aber möglich. Durch Übung können Sie Ihre Ansichten, Gedanken, Verhaltensweisen und sogar Ihre Gefühle ändern, vor allem wenn Sie dies in kleinen Schritten tun und sich auf einen, höchstens zwei spezielle Aspekte zur gleichen Zeit konzentrieren. Wir möchten Ihnen nun sagen, wie Sie mit diesem Buch umgehen sollten.

Wenn Sie einen optimalen Nutzen daraus ziehen wollen, sollten Sie sich jeweils nur mit einem bestimmten Teil intensiv beschäftigen. Als wir die Kapitel 1—7 verfaßten, stellten wir uns vor, daß Sie sich zunächst mit dem Grundkonzept auseinandersetzen und dann ein paar praktische Übungen machen, bevor Sie sich mit den weiteren Konzeptionen befassen. Die Kapitel 8—10 sind etwas anders: Sie helfen Ihnen nicht nur, mit heiklen Situationen — sondern vor allem mit Menschen umzugehen, deren aggressives oder ablehnendes Verhalten eine Situation noch schwieriger macht. In Kapitel 11 und 12 zeigen wir zwei Anwendungsformen des sicheren Auftretens. In Kapitel 13 machen wir ein paar praktische Vorschläge, wie Sie Ihre Selbstsicherheit nach der Lektüre dieses Buches vertiefen können.

Dieses Buch schlägt eine dritte Möglichkeit von Verhaltensmustern vor: nicht der einen oder anderen Seite zuneigen, sondern selbstsicher sein. Konzentrieren Sie sich auf sich selbst und Ihre Fähigkeiten, und machen Sie sich nicht vom Verhalten anderer Leute und den möglichen negativen Auswirkungen auf Sie abhängig. Diese Bestimmtheit macht Sie nicht nur erfolgreicher im Beruf, sondern vermittelt Ihnen auch größere Befriedigung im Umgang mit anderen Menschen.

Wir danken unserer Freundin Liz Banfield, die sich geduldig durch unser (manchmal nahezu unleserliches) Manuskript kämpfte und es in erstklassige Maschinenschrift umsetzte.

Ken und Kate Back

1. Sicheres Auftreten, Unsicherheit und Aggression

Der Begriff »sicheres Auftreten« ist uns vertraut. Der Duden setzt dafür auch »Weltgewandtheit«, doch meinen wir es eigentlich — wie Sie gleich sehen werden — in einem anderen Sinn. Für manche hat der Ausdruck schon fast etwas Negatives, so etwa in Richtung auf »Hochnäsigkeit« oder »Überheblichkeit«, was wir »Aggression« nennen würden. Dies kann zu Verwirrung führen. Daher möchten wir zunächst klären, wie wir die Begriffe »sicheres Auftreten«, »Unsicherheit« und »Aggression« bezüglich der drei Verhaltensmuster verwenden. Danach untersuchen wir die verschiedenen Auswirkungen der drei Verhaltensmuster und was Menschen dazu veranlaßt, unsicher und aggressiv zu handeln. Am Ende des Kapitels wollen wir ein paar allgemeine Betrachtungen über das sichere Auftreten anstellen.

Was wir unter »sicherem Auftreten« verstehen

Wir verwenden den Begriff »sicheres Auftreten« in bezug auf Verhaltensmuster folgender Art:

- Einsatz für eigene Rechte, ohne die Rechte anderer zu verletzen;
- Ausdrücken eigener Bedürfnisse, Ansichten, Gefühle und Meinungen auf ehrliche und angemessene Weise.

Hierzu ein Beispiel. Angenommen, Ihr Chef bittet Sie, bis zum Monatsende eine zusätzliche Arbeit abzuschließen. Sie sind die am besten geeignete Person, aber Ihre Zeit ist schon durch andere Arbeit völlig beansprucht. Eine selbstsichere Antwort in dieser Situation könnte lauten: »Ich verstehe, daß Sie diese Arbeit bis zum Monatsende abschließen möchten. Mir ist es jedoch wegen der derzeitigen Arbeitsbelastung unmöglich, das zu erledigen.«

Sicheres Auftreten beruht auf der Ansicht, daß

- Sie Bedürfnisse haben, denen entsprochen werden sollte;
- die anderen Bedürfnisse haben, denen entsprochen werden sollte;
- Sie Rechte haben — und die anderen auch;
- Sie einen Beitrag zu leisten haben, ebenso die anderen.

Das Ziel des sicheren Auftretens ist es, die Bedürfnisse und Wünsche beider Seiten zu erfüllen.

Was wir unter »Unsicherheit« verstehen

Wir verwenden den Begriff »Unsicherheit« in bezug auf Verhaltensmuster folgender Art:

- Unfähigkeit, für die eigenen Rechte einzustehen — oder auf eine Art, die andere zur Mißachtung verleitet;
- Ausdrücken der eigenen Bedürfnisse, Wünsche, Ansichten, Gefühle und Meinungen auf rechtfertigende, verschüchterte oder selbstverleugnerische Weise;
- Unfähigkeit, eigene Bedürfnisse, Wünsche, Ansichten, Gefühle und Meinungen ehrlich vorzutragen.

Im vorigen Beispiel könnte eine unsichere Antwort etwa lauten: »Nun, ich habe keine Zeit, aber ich glaube, ich kann Überstunden machen, um diese zusätzliche Arbeit zu erledigen, also ... na ja, meinetwegen.«

Unsicherheit beruht auf der Ansicht, daß

- die Bedürfnisse und Wünsche anderer wichtiger sind als die eigenen;
- der andere Rechte hat, Sie aber nicht;

- Sie wenig oder nichts beitragen können, der andere jedoch sehr viel.

Das Ziel der Unsicherheit ist es, Konflikte zu vermeiden und anderen gefallen zu wollen.

Was wir unter »Aggression« verstehen

Wir verwenden den Begriff »Aggression« in bezug auf Verhaltensmuster folgender Art:

- Einstehen für eigene Rechte, aber so, daß die Rechte der anderen verletzt werden;
- Nichtachtung oder Ablehnung der Bedürfnisse, Wünsche, Ansichten, Gefühle und Meinungen anderer;
- Ausdrücken der eigenen Bedürfnisse, Wünsche und Ansichten (seien sie begründet oder auch nicht) auf unangemessene Weise.

Eine aggressive Antwort in der beschriebenen Situation könnte lauten: »Was! Ich stecke jetzt schon bis über den Kopf in Arbeit! Ich kann das auf keinen Fall machen.«

Aggressives Verhalten beruht auf der Ansicht, daß

- Ihre eigenen Bedürfnisse, Wünsche und Ansichten wichtiger sind als die anderer;
- Sie Rechte haben, andere jedoch nicht;
- Sie etwas beitragen können, andere aber wenig oder nichts.

Das Ziel der Aggression ist es, zu gewinnen, notfalls auf Kosten anderer.

Dies sind nun die drei Grundverhaltensmuster, die jedem von uns zur Verfügung stehen. Es folgt ein weiteres Beispiel zur Veranschaulichung der drei verschiedenen, in der gleichen Situation anwendbaren Verhaltensmuster.

Situation: Zurückbringen eines fehlerhaften Briefes zur Sekretärin

Sicheres Auftreten: »Frau Schmitt, bitte schreiben Sie den Brief noch einmal, es sind mehrere Fehler darin.«

Unsicherheit: Sie finden eine Entschuldigung, den Brief nicht zurückzubringen, oder sagen: »Ich weiß, hm … es ist wohl mein Fehler … ich habe zu undeutlich geschrieben, aber … wäre es Ihnen vielleicht möglich, hm … zwei, drei Kleinigkeiten zu ändern.«

Aggression: »Was fällt Ihnen ein, mir diesen Wisch zur Unterschrift vorzulegen! Er wimmelt ja von Fehlern!«

Ein Wort zu Rechten

Bei der Definition der drei verschiedenen Verhaltensformen haben wir uns mehrfach auf Rechte bezogen. Wir befassen uns damit detailliert in Kapitel 3, möchten hier aber sagen, daß ein Recht etwas ist, das Ihnen zusteht. In jeder Situation haben Sie und andere Rechte. So hat der Vorgesetzte in der oben beschriebenen Situation das Recht auf die vereinbarte Form des Schriftstücks (vorausgesetzt, daß dies vereinbart wurde). Er hat das Recht, die Sekretärin auf Fehler hinzuweisen. Diese hat ihrerseits das Recht, auf diese Fehler angemessen hingewiesen zu werden, ohne persönliche Beleidigung oder Erniedrigung. Solange Sie sich nicht über die Rechte in einer Situation klar sind, können Sie nicht wissen, ob Sie sicher auftreten.

Wir untersuchen daher nun die Auswirkungen von Unsicherheit und Aggression — und wie sich diese Verhaltensformen darstellen.

Die Auswirkungen der Unsicherheit

Wie bereits gesagt: Wenn Sie sich unsicher verhalten, versuchen Sie, Konflikte zu vermeiden und anderen zu gefallen. Dies hat Auswirkungen: auf den Ausgang der Situation, auf Sie, auf andere und auf Ihre Firma. Betrachten wir dies im einzelnen.

Auswirkungen auf den Ausgang der Situation

Kehren wir zu der ersten von uns beschriebenen Situation zurück. Der Chef bat Sie, bis zum Monatsende eine zusätzliche Arbeit zu erledigen. Sie sind die am besten geeignete Person, haben aber keine Zeit. Die unsichere Antwort war: »Nun ich habe keine Zeit, aber ich glaube, ich könnte Überstunden machen, um die zusätzliche Arbeit zu erledigen, also ... na ja, meinetwegen.«

Der Ausgang dieser Situation, als Ergebnis der Unsicherheit, besteht darin, daß Sie mehr Arbeit auf sich bürden, als Sie während der normalen Arbeitszeit bewältigen können. Wir halten dies für keine befriedigende Lösung, da sie nicht den Bedürfnissen beider Seiten entspricht. Zugegeben, in manchen Fällen erreichen Sie, was Sie wollen. Allzuoft bekommt allerdings der andere, was er will. Wie auch immer, die Ergebnisse erfüllen nicht die berechtigten Ansprüche beider Parteien. In vielen Situationen kann Ihre Unsicherheit sogar zu minderwertigen Ergebnissen führen — unbrauchbaren Lösungen, faulem Kompromiß, unklarer oder verspäteter Entscheidung usw.

Auswirkungen auf Sie selbst

Kurzfristige Auswirkungen

Sofort nach einer unsicheren Reaktion wie im vorausgegangenen Beispiel werden Sie einige Auswirkungen zu spüren bekommen. Wir können nicht genau sagen, welche, da wir sie nicht beobachten können, aber es könnte sich um irgendeine der folgenden handeln:

- Angstminderung, da Sie einen potentiellen Konflikt mit Ihrem Chef vermieden haben;
- keine Schuldgefühle, die eingetreten wären, wenn Sie »nein« zu Ihrem Chef gesagt hätten;
- Selbstmitleid, da Sie »der arme Teufel« sind, der »alles machen muß«;
- Stolz darauf, so viel Arbeit auf sich genommen zu haben.

Wir nennen dies kurzfristige Auswirkungen, weil sie dem Verhalten sofort folgen. Diese sofortigen Konsequenzen sind gewöhnlich erfreulich für Sie (eigenartig genug, daß sogar Selbstmitleid befriedigend sein kann) und bestärken somit Ihre Unsicherheit, d. h., Sie werden das nächste Mal wahrscheinlich wieder unsicher reagieren. Zeigen wir dies an einem Beispiel.

Morgen steht Ihnen eine schwierige Situation bevor. Sie müssen Herrn Meier, einem Mitarbeiter Ihrer Abteilung, sagen, daß die von ihm erwartete Beförderung abgelehnt wurde. Sie wissen, er wird verärgert sein und Sie für Ihr mangelndes Durchsetzungsvermögen tadeln. Der Gedanke macht Sie ängstlich und verklemmt. Als Sie zur Arbeit kommen, erfahren Sie, daß sich Herr Meier krank gemeldet hat. Sofort löst sich Ihre Anspannung (»Puh! Gottseidank muß ich das heute nicht durchstehen«). Da dies eine erfreuliche Erfahrung ist, suchen Sie nach Wiederholungsmöglichkeiten. Am nächsten Tag, Herr Meier ist da, suchen Sie eine Ausrede, ihm nicht gegenübertreten zu müssen. Dies wiederholt sich am nächsten Tag. Sie scheuen die heikle Situation. Ihre Unsicherheit wird verstärkt.

Diese Verstärkung kann auch durch andere erfolgen, z. B. wenn Kollegen vielleicht folgendes sagen: »Sehr gut, Sie sind immer bereit, Überstunden zu machen«, oder: »Sie hängen sich ja gerne voll rein«, oder: »Sie stoßen nie jemanden vor den Kopf, Sie schaffen's immer, nicht anzuekken.« Diese Aussagen verstärken Ihre Unsicherheit.

Während die kurzfristigen Konsequenzen der Unsicherheit erfreulich sind, können die langfristigen unerfreulich und unerwünscht sein, für Sie, für andere und für Ihre Firma.

Langfristige Auswirkungen

Häufige Unsicherheit führt zu gesteigertem Verlust an Selbstachtung. Selbstachtung ist die Wertschätzung der eigenen Person (weitere Überlegungen hierzu am Ende des Kapitels).

Sie merken dies an Ihrer Unfähigkeit, Initiative zu ergreifen oder sich schwierigen Situationen zu stellen (wie in dem Beispiel über die ausgebliebene Beförderung eines Mitarbeiters). Das kann dazu führen, daß Sie sich ärgern oder frustriert und verletzt sind oder in Selbstmitleid versinken. Sie vergraben diese Gefühle in sich, es kommt zu gesteigerter Anspannung, die es Ihnen wiederum erschwert, sicher aufzutreten. Solange die innere Spannung nicht gelöst wird, kann sie sich zu psychosomatischer Reaktion wie Kopfweh, Rückenschmerzen usw. steigern.

Das Schema des Verlaufs sieht also so aus:

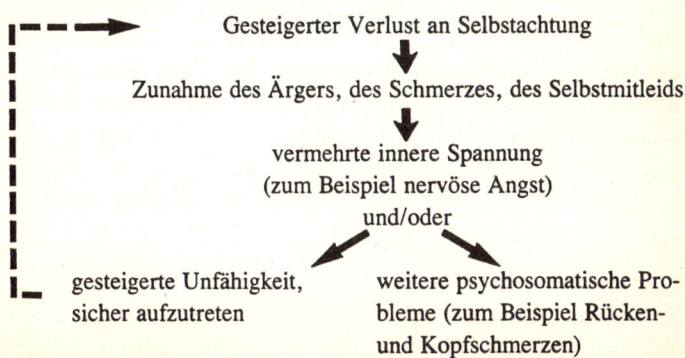

Hierbei kann es an verschiedenen Punkten auch eine »Rolle rückwärts« geben.

Diese langfristigen Konsequenzen sind eindeutig unerwünscht, aber dennoch bleibt es bei der Unsicherheit, gerade wenn sie von den kurzfristigen Auswirkungen noch verstärkt wird.

Auswirkungen der Unsicherheit auf andere

Zunächst werden Sie von den anderen bedauert, wenn Sie sich unsicher verhalten, bedauert, weil Sie mit schwierigen Situationen konfrontiert sind, bedauert, weil Sie unfähig sind, für sich einzustehen. In der Folge bekommen manche ein schlechtes Gewissen, weil sie Vorteile aus Ihrer Unsicherheit ziehen. So etwa, wenn sie eine Bitte an Sie richten, in der Gewißheit, daß Sie nicht »nein« sagen können, selbst wenn Sie eigentlich wollen. Andere mögen gleichgültig reagieren. Nach einer gewissen Zeit fühlen sich andere durch Ihre wiederholte Unsicherheit irritiert und sagen zum Beispiel: »Verflixt, warum sagen Sie nicht, was Sie wollen?«, oder: »Warum haben Sie das nicht gleich gesagt, sondern erst jetzt, wo es zu spät ist?«

Fortgesetzte Unsicherheit führt letztlich zu mangelndem Respekt Ihnen gegenüber, und zwar, weil andere nicht wissen, welchen Standpunkt Sie vertreten, oder an Ihrer Integrität zweifeln in der Annahme, daß Sie das eine sagen und das andere tun. Menschen, die offenen, direkten Umgang mit anderen bevorzugen, werden den Kontakt mit Ihnen häufig auf ein Minimum beschränken. Das Ablaufschema sieht hier so aus:

Zunächst werden Sie von anderen bedauert.

↓

Diese fühlen sich schuldig bzw. werden gleichgültig
(weil sie Vorteile nutzen),

↓

sind irritiert,

↓

verlieren den Respekt Ihnen gegenüber,

↓

meiden den Kontakt mit Ihnen.

Es ist paradox, daß derjenige, der gefallen will und daher unsicher auftritt, letztlich weniger respektiert wird als der aggressive Mensch — dem es gleich ist, ob man ihn mag oder nicht.

Auswirkungen auf das Unternehmen

Die bereits beschriebenen Auswirkungen sind für niemanden wünschenswert. Wir glauben, daß dies auch unerwünschte Folgen für ein Unternehmen hat. Wenn sich in einem Betrieb viele Manager und Spezialisten unsicher verhalten, werden die kritischen Situationen meistens so enden wie oben beschrieben, zum Beispiel:

- Konflikte werden nicht zur Zufriedenheit beider Seiten angegangen. Manager vertreten zum Beispiel nicht die vorrangigen Interessen der Firma gegenüber Gewerkschaften, Kunden und Lieferanten.
- Schwierige Entscheidungen werden umgangen, verzögert oder unbefriedigend durchgezogen.
- Probleme werden zu spät aufgegriffen, sie steigern sich bis zur Unüberschaubarkeit.
- Initiativen werden zu selten ergriffen, so daß überholte Methoden angewandt und Chancen verpaßt werden.

Zusätzlich kann es in der Firma dazu kommen, daß es Stabsstellen oder Abteilungen gibt, die von anderen wegen ihrer Unsicherheit nicht akzeptiert werden. »Warum können Vorgesetzte nicht einmal auf ihrem Standpunkt bleiben?« Die Gefahr ist, daß Vorgesetzte früher oder später aggressiv reagieren, um die Autorität wiederherzustellen. Oder sie wählen den falschen Weg bei der Vertretung ihres Standpunkts. Sie mögen sich nun sagen: »Wenn Unsicherheit so viele negative Auswirkungen hat, warum verhalte ich mich manchmal unsicher (oder warum tun es andere)?«

Warum man unsicher auftritt

Wie bereits erwähnt, ist ein Grund dafür, unsicher zu handeln, der, daß kurzfristige erfreuliche Auswirkungen die Unsicherheit verstärken. Diese Verstärkung kann auch durch andere erfolgen. Zusätzlich ermutigen manche Firmen, bewußt oder unbewußt, zu Unsicherheit, zum Beispiel durch ein Betriebsklima, das Infragestellen oder Einfallsreichtum hemmt. Wenden wir uns nun einigen anderen Gründen für Unsicherheit zu.

Angst vor unerfreulichen Konsequenzen durch sicheres Auftreten

Vielleicht fürchten Sie sich vor dem, was passieren könnte, wenn Sie in einer Situation sicher auftreten. Sie haben zum Beispiel Angst, die Bitte eines Kollegen abzuschlagen, weil er Sie dann nicht mehr mag oder verärgert ist. Ein anderes Mal haben Sie Angst vor Streit oder davor, den Job zu verlieren, den Status quo zu verändern, Ungewißheit zu ernten usw. Wir haben festgestellt, daß Angst vor negativen Konsequenzen ein häufiger Grund für unsicheres Auftreten ist. Diese Angst verringert sich nur, wenn Sie sicher auftreten und daher diese Konsequenzen nicht erleben.

Furcht vor Situationen oder anderen Menschen

Angenommen, Sie sind sich Ihrer Fähigkeit, Ihre Arbeit zu bewältigen, nicht sicher — dann wollen Sie keinerlei Aufmerksamkeit auf sich lenken und daher kein »Profil« annehmen. Deshalb fürchten Sie jede Situation (wie etwa eine Tagung oder Konferenz), in der Sie an die Öffentlichkeit müssen. Sie fürchten jeden, der sich um Ihre Arbeit kümmert, zum Beispiel Ihren Direktor, der die Einhaltung Ihrer Termine prüft. Dies kann zu unsicherem Verhalten führen, indem Sie

- bei Konferenzen oder Tagungen wenig sagen,
- Probleme bei der Einhaltung von Terminen nicht ansprechen.

Die Unfähigkeit, das Recht auf sicheres Auftreten zu akzeptieren

Wenn Sie weder wahrnehmen noch anerkennen, daß Sie gewisse Rechte haben, werden Sie sich für diese auch nicht einsetzen. Wenn Sie zum Beispiel nicht einsehen, daß Sie das Recht haben, Vorgesetzten Änderungen eines bestimmten Arbeitsvorgangs vorzuschlagen, und sich nur bei Kollegen darüber beklagen, aber nicht mit Vorgesetzten sprechen, handeln Sie unsicher.

Die Unfähigkeit, rational über sich selbst nachzudenken

Dies ist häufig der Fall, wenn Sie sich im Vergleich mit anderen abschätzig bewerten, zum Beispiel wenn Sie sagen: »Ich werde meine Ideen nie so gut wie Herr Schulz durchsetzen können.« Dies mag stimmen oder auch nicht, aber Sie werden Ihre Ideen dann jedenfalls nur zögernd vorbringen und beim geringsten Widerstand fallenlassen. Dann ist Ihre Idee natürlich leicht in Gefahr, abgelehnt zu werden — was Ihre Selbsteinschätzung wiederum bestätigt! Diese Denkweisen halten Ihre Unsicherheit aufrecht.

Verwechslung von sicherem Auftreten und Aggression

Wenn Sie in einer Umgebung aufgewachsen sind, in der Unsicherheit die Regel war, werden Sie jeden Anflug sicheren Auftretens anderer als Aggression empfinden. Da Sie nicht als aggressiv gelten wollen, tun Sie alles, um dies zu vermeiden. Sie verhalten sich ehrerbietig und schüchtern. Dies ist der Fall, wenn Sie in einer Firma arbeiten, die bestimmte Mitarbeiter zur Unsicherheit ermutigt. Die Firma tut dies, weil sie nicht weiß, daß die Alternative zu Unsicherheit nicht nur Aggression, sondern auch sicheres Auftreten sein kann.

Die Unfähigkeit, Sicherheit zu gewinnen

Wenn man Sie von klein auf zur Unsicherheit ermutigt hat, erwerben Sie großes Geschick darin. Da Sie nur in »geschützten« Situationen Sicherheit zeigen, sind Sie ungeübt darin, Ihren Standpunkt zu vertreten, sobald er sich von dem anderer unterscheidet.

Vielleicht haben Sie schlechte Erfahrungen mit sicherem Auftreten gemacht, was Sie davon überzeugt, daß es gefährlich und unsinnig ist, sich für eigene Bedürfnisse, Wünsche oder Ansichten einzusetzen.

Das Ergebnis ist, daß Ihr Verhalten von Unsicherheit geprägt bleibt. Vielleicht kommt es manchmal zu aggressiven Ausbrüchen, wenn die aus der Unsicherheit resultierende Spannung zu groß wird.

Verwechslung von Unsicherheit und Höflichkeit

Wie die meisten von uns hat man Sie sicher zu Höflichkeit gegenüber anderen erzogen. Viele Menschen machen den Fehler, zu glauben, man müsse unsicher sein, um höflich zu bleiben. So stimmen Sie vielleicht zum Beispiel lieber mit jemandem überein, statt ihm zu widersprechen, oder erschrecken gar, wenn Sie ein Kollege lobt. Dabei ist es durchaus möglich, eine abweichende Meinung zu vertreten und/oder ein Lob mit einer bestimmten Art von Selbstsicherheit anzunehmen, die weder als unhöflich noch als taktlos eingestuft werden kann. Es ist sowohl höflich als auch selbstsicher, anderen zu danken oder sich zu entschuldigen — es beweist jedoch Unsicherheit, sich für die eigene Meinung zu entschuldigen oder dafür, daß man eines anderen Hilfe bei der Arbeit benötigt.

Verwechslung von Unsicherheit mit Gefälligkeit

Sie mögen glauben, Sie würden durch Ihre Unsicherheit anderen einen Gefallen tun. Doch kann das Gegenteil der Fall sein. Wenden wir uns einem Beispiel aus dem Alltag zu. Ein Freund fragt Sie und andere, ob Sie lieber Kaffee oder Tee wollen. Jeder antwortet: »Das ist mir egal«, und der Freund ist nun genau so schlau wie vorher! Oder im Berufsleben sagt ein Mitarbeiter, es sei ihm gleich, wann er Urlaub macht, in der Annahme, dadurch gefällig zu sein. Aber diese Antwort gibt Ihnen für die Planung der anliegenden Arbeit keinerlei Anhaltspunkte. Mehr noch, sehr oft haben Menschen bestimmte Vorlieben — sprechen sie aber im Bestreben, gefällig zu sein, nicht aus. Später aber werden diese unterdrückten Wünsche deutlich, und zwar dann, wenn eine Entscheidung dagegen fällt.

Natürlich gibt es Momente, wo man wirklich keine bestimmten Wünsche hat und offen sagt: »Mir ist jede Möglichkeit recht.« Das ist etwas ganz anderes, als wenn Sie Wünsche oder auch Zweifel verschweigen, nur um gefällig zu sein. Wenden wir uns nun der anderen Seite, der Aggression, zu und betrachten die Auswirkungen dieses Verhaltensmusters.

Die Auswirkungen der Aggression

Durch Aggression versucht man, wie bereits erwähnt, zu gewinnen, notfalls auf Kosten anderer. Aber welche Auswirkungen hat Aggression auf den Ausgang einer bestimmten Situation, auf Sie, auf andere und auf die Firma?

Die Auswirkungen der Aggression auf den Ausgang einer Situation

Kehren wir zu dem bereits mehrfach benützten Beispiel zurück. Ihr Chef bittet Sie, zusätzliche Arbeit zu verrichten. Sie sind die am besten geeignete Person, haben aber keine Zeit. Eine aggressive Antwort könnte lauten: »Was! Ich stecke jetzt schon bis über den Kopf in Arbeit! Ich kann das auf keinen Fall machen.« Diese Aggression kann zweierlei zur Folge haben. Ihr Chef gibt die Arbeit an andere weiter — eine unbefriedigende Lösung, da sie seinem Wunsch widerspricht. Oder auch er wird aggressiv, sagt etwa: »Tja, das ist Ihr Problem!« und bürdet Ihnen die Arbeit einfach auf. Auch dies ist unbefriedigend, da es Ihren Wünschen widerspricht. Beide Ergebnismöglichkeiten sind unbefriedigend, da beider Wünsche unerfüllt bleiben. Außerdem ist das Ergebnis in jedem Fall schlecht, da die Arbeit darunter leiden wird. In vielen Situationen wird Ihre Aggression zu Ergebnissen führen, die von beiden Seiten unerwünscht und von mangelhafter Qualität sind — überhastete Entscheidungen, Übersehen wichtiger Gesichtspunkte, Abwürgen vielleicht nützlicher Ideen oder Entscheidung für Lösungen, die nur weitere Probleme schaffen.

Die Auswirkungen der Aggression auf Sie

Kurzfristige Auswirkungen

Unmittelbar im Anschluß an aggressives Verhalten empfinden Sie vielleicht Entspannung, da Sie sich von aufgestauten Emotionen befreit haben. Haben Sie nicht zum Beispiel schon einmal wachsenden Ärger in sich verspürt und dann, nachdem Sie diesem Ausdruck verliehen haben, zu sich sagen können: »Es geht mir besser, weil ich das gesagt habe«?

Wenn Aggression erfolgreich zu dem verhilft, was Sie wollten (also Ihre Wünsche erfüllt), können Sie ein gewisses Gefühl der Macht über andere verspüren. Dies und das Nachlassen der Spannung sind erfreuliche Erfahrungen und verstärken Ihre aggressiven Verhaltensmuster.

Lob von anderen kann ebenfalls zu Verstärkung führen. So könnten Sie zum Beispiel hören: »Sie haben ihm sicher gesagt, was Sache ist«, oder: »Fand ich gut, wie Sie's ihm gegeben haben.«

Das Dilemma ist das gleiche wie bei unsicherem Auftreten. Die kurzfristigen Konsequenzen sind erfreulich und lohnen sich für Sie, wohingegen die langfristigen durchaus unerfreulich sein können — für Sie, für andere und für die Firma.

Betrachten wir dies näher.

Langfristige Auswirkungen

Unter anderem könnten Sie nach einer gewissen Zeit Schuld- oder Schamgefühle entwickeln. Vor allem dann, wenn sie sich normalerweise eher unsicher verhalten und nur ab und zu aggressiv werden. Durch diese Schuldgefühle könnten Sie versucht sein, alles wieder gutmachen zu wollen, indem Sie die anderen ständig entschuldigen oder übertrieben hilfsbereit ihnen gegenüber sind.

Statt sich Ihrer Aggression zu schämen, könnten Sie auch andere dafür verantwortlich machen. In dem Fall sind Sie ständig in Alarmbereitschaft, warten auf Angriffe anderer. So verwenden Sie zum Beispiel vor oder während einer Konferenz alle Energie darauf, Ihre Position oder Ihre Abteilung zu verteidigen, indem Sie etwa sagen: »Es soll Veränderungen geben. Das lasse ich nicht zu.« Zweifelsohne werden Sie abends völlig erschöpft sein. Nach einer gewissen Zeit werden Sie dann überzeugt davon sein, daß jeder andere Ihnen gegenüber aggressiv ist. Dies kann zu Haß oder Mißtrauen gegenüber ganzen Gruppen von Menschen führen.

Womöglich beginnen Sie sogar, die gesamte Menschheit zu verachten (»Jeder will heutzutage alles umsonst«). Diese starken negativen Gefühle können zur Isolation führen. Außerdem fällt es Ihnen vielleicht schwer, Freundschaften aufrechtzuerhalten, Sie schwächen unter Umständen Ihre Position in einer Firma, die nicht zur Aggression ermuntert — oder Sie leiden schließlich unter zu hohem Blutdruck.

So sehen die langfristigen Auswirkungen der Aggression auf Sie aus:

Schuld- oder Schamgefühle oder	Abschieben der Verantwortung auf andere
⬇	⬇
Ständiges Entschuldigen oder übertriebene Hilfsbereitschaft	Ständige Alarmbereitschaft Energieverlust
	⬇
	Haß und Mißtrauen gegenüber vielen Menschen
	⬇
	Isolation (eventuell Probleme mit Freundschaften, der Position in der Firma; Bluthochdruck)

Wie bei unsicherem Auftreten sind die langfristigen Auswirkungen unerfreulich für Sie, aber da die kurzfristigen erfreulich und lohnend sein können, bleibt es dennoch bei der Aggression.

Die Auswirkungen der Aggression auf andere

Eine gewisse Zeit lang werden Sie vielleicht von anderen bewundert. Selbst Menschen, die Ihrer Aggression ausgesetzt sind, sagen etwa: »Er hat's mir gezeigt«. Die Bewunderung gilt nicht nur Ihrer Aggression, sondern auch dem Überleben der anderen in diesem »rauhen Betriebskli-

Vitaminreiche Nahrungsmittel

Das sind insbesondere Vollkornprodukte, frisches Obst und Gemüse, Pflanzenöle, Fleisch und Fisch, Naturreis, Kartoffeln, Soja, Milch und Milchprodukte, Nüsse, Getreidekeime, frische Kräuter.

Selenreiche Nahrungsmittel

Vor allem Leber, Getreideprodukte, Hülsenfrüchte und Fleisch.

Nahrungsergänzung – besonders zu empfehlen

Der Körper kann bei einer ausgewogenen Ernährung z.B. mit Obst, Gemüse, Fleisch, Fisch, Reis, Kartoffeln und Milchprodukten für normale Lebens-

- einseitiger Ernährung, z.B. bei einer Diät oder einer Schlankheitskur
- häufigem Verzehr von gekochten Speisen und Lebensmitteln, die durch Zusätze haltbar gemacht wurden
- hoher Belastung in Beruf und Haushalt
- sportlicher Beanspruchung
- überstandener Krankheit
- Tabak- und Alkoholgenuß

Zur Unterstützung der körpereigenen Abwehrkräfte bei erhöhter Belastung in Beruf, Sport und Freizeit ist deshalb oft eine Nahrungsergänzung empfehlenswert.

Ernährungsinformationen

A·C·E + SELEN

**unterstützen die
körpereigenen Abwehrkräfte
bei hoher Belastung**

1 Kapsel täglich = 200% des Tagesbedarfs* an Vitaminen C, E

◆ Antioxidative Schutzstoffe unterstützen Ihre Abwehrkräfte

Über die Jahrmillionen seiner Entwicklung hat der menschliche Körper seine Fähigkeit verloren, bestimmte Vitamine – mit Ausnahme des Vitamin D – selbst zu bilden. Wir müssen das Provitamin A, die Vitamine C und E aber auch das Spurenelement Selen mit der Nahrung aufnehmen.

Provitamin A und die Vitamine C und E werden für vielfältige Funktionen im Organismus benötigt. Besonders wichtig sind diese Vitalstoffe für:

• unseren Stoffwechsel, der täglich dafür sorgt, aus der aufgenommenen Nahrung Körperenergie zu gewinnen. Die Vitamine erfüllen dabei die Aufgabe von Biokatalysatoren. Sie sind mit Zündfunken vergleichbar, deren Anwesenheit erst die Umwandlung von Kohlenhydraten, Fetten und Eiweiß in geistige und körperliche Energie möglich macht.

• den Schutz der Zellen vor den sogenannten freien Radikalen, die verstärkt durch Umweltbelastung, Genußgifte und bei hoher Belastung in Beruf und Freizeit auftreten. Diese freien Radikale können unseren Zellstoffwechsel belasten, körpereigene Stoffe verändern und Vitamine verbrauchen.

Das Provitamin A, die Vitamine C und E sowie das Spurenelement Selen unterstützen den Schutz vor den freien Radikalen.

Vitamine/ Spuren- element	als Nährstoff gut für z.B.	Inhalt je Kapsel	Tages- bedarfs- deckung*
Vitamin C	Zellstoffwechsel, Knochen, Bindegewebe	200 mg	200 %
Vitamin E	Zellstoffwechsel	30 mg	200 %
Provitamin A	Zellstoffwechsel	6 mg	100 %
Selen aus Selenhefe	Zellstoffwechsel	60 µg	85 %

*Berechnungsbasis: Empfehlung Deutsche Gesellschaft für Ernährung

Vertrieb GB: The Force Ten Co. Ltd. · 183 Boundary Road · Woking, Surrey, GU21 5BU, GB
Vertrieb D: Pharma Aldenhoven GmbH & Co. KG, Abt. Nahrungsergänzung · D - 52457 Aldenhoven

ma«. Aber meist wird die Ihrer Aggression ausgesetzte Person verärgert oder beleidigt sein — und das sind Gefühle, die zu offenen oder versteckten Vergeltungsmaßnahmen verleiten. Wenn dies offen geschieht, durch aggressive Beleidigungen, Drohungen, absichtliche Fehler, Streik oder Bummelei, wird deutlich, daß Aggression wieder Aggression hervorruft.

Menschen, die versteckt Vergeltung üben, gehören zu denen, die sicheres Auftreten als zu riskant einschätzen, zum Beispiel Ihre jüngeren Mitarbeiter. Ohne es unbedingt zu merken, zeigen Ihre Untergebenen aufgrund Ihrer Aggression weniger Initiative und neigen zur Ablehnung Ihrer Entscheidungen. Und zwar deshalb, weil sie Ihre Aggression fürchten, falls diese Initiative nicht Ihre Zustimmung findet oder die Entscheidung falsch war.

Auf lange Sicht werden andere Ihnen gegenüber resignieren, sie werden sich versetzen lassen oder kündigen.

So entsprechen die Auswirkungen der Aggression auf andere etwa folgendem Muster:

Andere bewundern sie   oder   sie sind verärgert, verletzt oder beleidigt.

↓

Sie suchen offen oder versteckt nach Vergeltung.

↓

Sie zeigen wenig Initiative

oder

sie resignieren.   sie kündigen/lassen sich versetzen.

Die Auswirkungen der Aggression auf die Firma

Die Firma als Ganzes wird durch die beschriebenen Auswirkungen der Aggression negativ beeinflußt. Wenn mehrere sich aggressiv verhalten, vervielfachen sich diese

Konsequenzen. Vor allem gehen der Firma vielleicht talentierte Mitarbeiter verloren, die nach entsprechenden Vorfällen nicht länger in einer solch aggressiven Umgebung arbeiten wollen. Die verbleibenden Mitarbeiter zeigen weniger Initiative, riskieren nichts, behalten ihre Ideen und Bedenken für sich.

Ein Problem, auf das wir in verschiedenen Firmen stießen, betraf die einseitige Aggression älterer gegenüber jüngeren Managern. Das Problem für die Jüngeren ist, daß es sich um ihre erste Managerstelle handelt. Man erwartet, daß sie sich weiterhin unsicher (sogar ehrerbietig) gegenüber den aggressiven Älteren verhalten, aber gegenüber ihren Untergebenen energisch auftreten. Doch fällt es diesen jungen Managern schwer, plötzlich aggressiv aufzutreten, weil sie im bisherigen Arbeitsleben immer unsicher waren.

Eine Firma kann auch darunter leiden, daß einige Manager untereinander aggressiv sind. Dies führt dazu, daß mehr Energie zum Angriff auf andere aufgewendet wird (was sich oft »Politik machen« nennt) als zur Bewältigung von Problemen. Dies kann zu Managerentscheidungen (wie etwa extensivem Ausbau der »Hausmacht«) führen, die im eigenen Interesse oder dem der Abteilung liegen, aber nicht im Firmeninteresse.

Ein weiteres Problem ist es, wenn größere Gruppen von Menschen innerhalb der Firma aggressiv einander gegenüber sind. Das wohl bekannteste Beispiel hierfür sind Gewerkschaft und Management, wo die gegenseitige Aggression oft zu Polarisierung und dadurch verstärkter Aggression führt. So kommt es nicht nur zu noch mehr Konflikten, sondern diese werden von Anfang an aufgrund der tief verwurzelten Grundeinstellungen aggressiv angegangen. Solche internen Kämpfe stehlen sowohl kurz- als auch langfristig die für den Kunden benötigte Zeit.

Nicht selten müssen Firmen dann nach einer gewissen Zeit feststellen, daß ihr Marktwert gesunken ist.

So hat Aggression viele unerwünschte Auswirkungen, nicht nur für die betroffenen Menschen, sondern auch für die Firma. Wenden wir uns aber nun den Gründen für aggressives Verhalten zu.

Warum man aggressiv auftritt

Wie bereits erwähnt, gibt es etliche kurzfristige Anreize, die die Aggression trotz langfristig unerwünschter Auswirkungen verstärken. Es kann sogar langfristige Belohnungen für Aggression geben, so etwa in Firmen, die bewußt oder unbewußt zu Aggression ermutigen, indem sie aggressive Manager befördern. Meist ist dies der Fall, wenn aggressive Manager aufrücken, bevor noch die langfristigen Auswirkungen ihrer Aggression zutage traten.

Daneben aber gibt es einfach einige Gründe für Aggression, die wir Ihnen nun beschreiben wollen.

Furcht vor Menschen oder Situationen

Wir sagten bereits, daß man bei Bedrohung durch eine Situation oder einen anderen Menschen leicht zu unsicherem Auftreten neigt.

Es gibt jedoch die Alternative »Zuschlagen« nach dem Motto »Angriff ist die beste Verteidigung«.

Die Bedrohung als solche hat viele Gesichter. Es kann ein *tatsächlicher* Angriff durch einen Kollegen sein, der bei einer Besprechung sagt: »Wie kommen Sie bloß auf die Idee, das könnte klappen? Das ist einfach verrückt!« Es kann auch ein nur *eingebildeter* Angriff sein. Ein gutes Beispiel dafür bietet jemand, der etwas vorstellt oder vorschlägt und sich seiner Sache nicht sicher ist. Eine ernsthafte Frage, auf die er keine Antwort weiß, erscheint ihm als Versuch, ihn bloßzustellen. Um seine mangelnde Kenntnis zu verstecken, gibt er einen sarkastischen Kommentar ab: »Wenn Sie zugehört hätten, müßten Sie diese

Frage nicht stellen.« Die Bedrohung kann auch von einem *erwarteten* Angriff durch irgend jemanden ausgehen. Nehmen wir an, Sie hätten ein Zeitlimit nicht eingehalten. Sie müssen davon ausgehen, bei der Besprechung am nächsten Tag von Ihrem Vorgesetzten ins Gebet genommen zu werden.

Also wappnen Sie sich und gehen gleich aggressiv in diese Konferenz.

Ihre Ansichten über Aggression

Wenn Sie glauben, Aggression sei der einzige Weg zum Erfolg, und Sie wollen den Erfolg, dann verhalten Sie sich natürlich aggressiv. Diese Ansicht beruht auf der Einschätzung der Welt als »feindlich« und auf der Meinung, man müsse »die anderen packen, bevor sie einen selbst kriegen«. Wir haben viele Manager getroffen, die diese Ansicht vertraten, und auch Firmen, die ihre Mitarbeiter in dieser Ansicht bestätigen. Es ist eine Vorhersage, die sich automatisch von selbst erfüllt: wenn Sie sich gegenüber Mitarbeitern aggressiv verhalten, werden diese ebenfalls aggressiv. Die Aggressionsspirale dreht sich, so daß der Arbeitsplatz tatsächlich »feindlich« wird.

Vielleicht betrachten Sie obendrein unsicheres Auftreten als einzige Alternative zur Aggression. Dies führt zu Äußerungen wie: »Entweder ich habe meine Mitarbeiter im Griff, oder sie mich.« Sie kommen zur Überzeugung, daß Sie in solch feindlicher Umgebung auch bei unsicherem Verhalten überleben können, aber Sie können sich ausrechnen, daß Sie nicht vorankommen werden. So bleiben Sie bei Ihrem aggressiven Verhalten. Wie wir sehen, liegt der Fehler dieser Denkweise darin, daß sie die Möglichkeit sicheren Auftretens leugnet oder ignoriert.

Wir bestreiten nicht, daß Aggression manchmal zu kurzfristigem Erfolg führt, aber die unerwünschten Nebenwirkungen sind nicht zu übersehen. Unsere Erfahrung zeigt uns, daß sicheres Auftreten ebenso gute Ergebnisse zeitigen kann, und zwar ohne diese unerwünschten Nebeneffekte, und langfristig sogar oft bessere Ergebnisse.

Frühere Unsicherheit

Wenn Sie eine Zeitlang unsicher vorgegangen sind, können Frustration, Schmerz oder Ärger in Ihnen wachsen, weil Sie es nicht länger aushalten. Sie bringen Ihren Ärger oder Trotz aggressiv zum Ausdruck und machen dabei oft andere für die Resultate Ihrer Unsicherheit verantwortlich: »Ich hab' es satt, daß man immer wieder mir die Erledigung dieser undankbaren Aufgaben zuschiebt.« Die anderen wird dieser plötzliche Ausbruch wohl verwirren, da sie sich nicht anders als sonst verhalten haben. Es ist ihnen nicht bewußt, daß dieser Aufschrei der »letzte Ausweg« für Sie war.

Eine andere Gelegenheit, bei der sich unsicheres Auftreten und Aggression miteinander verknüpfen, ergibt sich oft aus unsicherem Verhalten gegenüber Vorgesetzten, wobei Ihre Frustration und Verärgerung erst recht angestachelt werden. Dies kann dann leicht wieder dazu führen, daß Sie sich aggressiv gegenüber Ihren Untergebenen verhalten. So haben Sie sich zum Beispiel mehr Arbeit, als Ihre Abteilung verkraften kann, von Ihrem Vorgesetzten aufladen lassen, und reagieren nun aggressiv auf die Klagen Ihrer Mitarbeiter über diese unzumutbare Arbeitsbelastung.

Überreaktion aufgrund vergangener Vorfälle

Manchmal reagieren Sie auf eine gegenwärtige Situation mit Gefühlen, die auf einem früheren Vorfall basieren. Starke Ressentiments gegenüber einem Kollegen aufgrund eines Vorgangs vom vergangenen Tag kann Sie heute zu aggressiven Äußerungen gegenüber einem anderen Kollegen verleiten, etwa in der Art von: »Lassen Sie mich bloß mit Herrn Müller in Ruhe ...«

Die Unfähigkeit, nüchtern über sich selbst nachzudenken

Dazu kommt es, wenn Sie sich häufig mit anderen vergleichen. Manchmal fallen diese Vergleiche übersteigert zu Ihren Ungunsten aus und führen zu Eifersucht oder Ressentiments gegenüber anderen. Dies macht Sie aggressiv und verleitet Sie vielleicht zu sarkastischen Bemerkungen über einen besonders kompetenten Mitarbeiter Ihrer Abteilung. Ein anderes Mal übertreiben Sie die Vergleiche zu Ihren Gunsten und brüsten sich: »Ich hatte alles voll im Griff.« Es kann auch dazu kommen, daß Sie andere durch negative Vergleiche kritisieren: »Wieso haben Sie nicht die gleiche Antwort wie ich vom Kunden erhalten?«

Die Unfähigkeit, Sicherheit zu entwickeln

Wenn Sie durch Ihre Erziehung oder das Berufsleben zu häufig aggressivem Verhalten ermutigt wurden, wird Ihnen dieses Verhaltensmuster zur Gewohnheit (Sie werden ein Experte darin, andere schlechtzumachen, oder ein Meister des Sarkasmus). Sie könnten die Fähigkeit, erfolgreich selbstsicher zu sein, entwickeln — aber sie auch durch Mangel an Übung verlieren.

Wir haben nun gezeigt, daß sowohl Unsicherheit als auch Aggression unerwünschte Resultate zeitigen, vor allem auf längere Sicht. Dennoch bleibt es bei Unsicherheit und Aggression, wenn man darin durch kurzfristige positive Ergebnisse bestärkt wird. Es gibt verschiedene Wege, diesem unguten Kreislauf zu entrinnen, aber der entscheidende Ausgangspunkt ist wohl, selbstsicherer aufzutreten (wie in Kapitel 4 ausgeführt) und dadurch erfreuliche Erfahrungen mit dem sicheren Auftreten zu machen. Untersuchen wir dies im nächsten Abschnitt.

Warum sollte man sicherer auftreten?

Eine kurze Antwort lautet, daß wir glauben, daß Sie durch sicheres Auftreten erfolgreicher in Ihrem Job sind. Und zwar, weil sicheres Auftreten zu gleichem Verhalten bei anderen führt: Andere werden lieber mit Ihnen als gegen Sie arbeiten. Gleichzeitig werden Sie in vielen von Ihnen zu bewältigenden Situationen bessere Ergebnisse erzielen. Wir wollen dies an den bereits mehrfach verwendeten Beispielen zeigen.

Ihr Chef hat Sie gebeten, zusätzliche Arbeit zu verrichten. Sie sind die am besten geeignete Person, haben aber keine Zeit. Eine selbstsichere Antwort könnte lauten: »Ich verstehe zwar, daß Sie die Arbeit bis zum Monatsende erledigt haben möchten. Ich sehe aber bei meiner gegenwärtigen Arbeitsbelastung wirklich nicht, wie ich das schaffen soll.« Ein Ergebnis dieser Form des sicheren Auftretens wird nach unserer Einschätzung sein, daß Sie die zusätzliche Arbeit annehmen, Ihr Chef jedoch Veränderungen in der bestehenden Arbeitsverteilung vornimmt. Da Sie am besten geeignet sind, die Arbeit zu verrichten, halten wir dies für eine optimale Lösung.

In vielen anderen Situationen ist es ebenso wichtig, optimale Lösungen zu erreichen — anwendbare Lösungen, umgehend zu verwirklichende Arbeitsabläufe, eindeutige Vereinbarungen. Führen wir nun eine Reihe von Situationen an, die Sie sicher positiv lösen wollen:

- Verhandlungen mit einem verärgerten Kunden, ohne falsche Versprechungen zu machen;
- Ihre Bitte um Beförderung, als Anerkennung für die von Ihnen zusätzlich übernommene Verantwortung;
- wichtige telefonische Vereinbarungen mit einem Kollegen, der kein Ende findet und schwer festzulegen ist;
- Übermittlung schlechter Nachrichten an Vorgesetzte;
- Ablehnung unzumutbarer Forderungen von Kollegen, Mitarbeitern oder Vorgesetzten;

- Vorbringung von Einwänden gegen andere Meinungen bei einer Besprechung, ohne daß dies zu Ärger führt;
- Bewertung eines Mitarbeiters, der sich — entgegen Ihrer Ansicht — für beförderungswürdig hält;
- »Nachhaken« bei Leuten, die versprochen haben, Ihnen einen Gefallen zu tun, und dieses Versprechen nicht gehalten haben;
- Einigung mit einem aggressiven Kollegen, ohne selbst aggressiv zu werden und doch den eigenen Standpunkt nicht aufzugeben.

Wir glauben, daß sicheres Auftreten in diesen und vielen anderen Situationen Ihnen dabei hilft, sie erfolgreich zu meistern. Dies trägt rundum zur Steigerung Ihrer Effektivität bei. Außerdem hat sicheres Auftreten noch andere positive Auswirkungen, von denen wir im folgenden einige aufzeigen wollen.

Gesteigerte Bedürfnisbefriedigung

Wenn Sie sicherer auftreten, verdeutlichen Sie Ihre Bedürfnisse, Wünsche, Ideen und Ansichten klarer. Dies erhöht die Chance, daß Ihre Bedürfnisse befriedigt und Ihre Ansichten berücksichtigt werden.

Da Sicherheit auch heißt, die Bedürfnisse und Wünsche anderer nicht zu ignorieren, ermutigen Sie gleichzeitig die anderen, ihre Bedürfnisse anzumelden. Wenn Ihre Bedürfnisse und die der anderen nicht voneinander abweichen, erhöht sich die Chance, auch den Bedürfnissen anderer zu entsprechen. Falls sie nicht übereinstimmen, hilft sicheres Auftreten, Lösungen zu finden, die für beide Seiten akzeptabel sind. Weitere Details hierzu werden in Kapitel 11 ausgeführt.

Gesteigertes Selbstvertrauen

Manchmal werden Ihre Bedürfnisse natürlich nicht völlig befriedigt, ja ab und zu vielleicht überhaupt nicht. Entscheidend ist, daß Sie sich auch dann wohler fühlen, weil Sie immerhin Ihre Bedürfnisse und Ansichten kundgetan haben. Sie können sich sagen: »Ich habe mich gegenüber Frau Beier behauptet, und das, was ich sagen wollte, vernünftig vorgebracht.«

Wenn Sie über eine Situation mit sich im reinen sind, können Sie sie als abgeschlossen betrachten, statt ständig weiter darüber nachdenken zu müssen (»Hätte ich doch etwas gesagt. Ich hätte sagen sollen …«). Dies würde Ihnen wertvolle Zeit und Energie rauben und in der nächsten heiklen Situation weniger Vertrauen geben.

Wenn Sie schwierige Situationen befriedigend gelöst haben, können Sie zu sich selbst sagen: »Ich kann Herrn Müller dazu bringen, daß er sich meine Ideen anhört.« oder: »Ich kann meinen Mitarbeitern sagen, daß ich nicht mit ihnen übereinstimme, ohne Mißbehagen zwischen uns zu schaffen.«

Dies hilft Ihnen, sich und Ihre Fähigkeiten *vernünftig* einzuschätzen und darf nicht verwechselt werden mit Prahlerei, wie etwa »Ich bin der Beste in …« — das wäre Aggression. Es kommt hier zu einem Schneeballeffekt: Sicheres Auftreten führt zu stärkerem Selbstvertrauen, und dieses wiederum fördert das sichere Auftreten.

Stärkeres Vertrauen in andere

Gesteigertes Selbstvertrauen verhilft Ihnen dazu, die Stärken jener zu erkennen und zu akzeptieren, die mit Ihnen oder für Sie arbeiten, statt sie zu fürchten. So machen Sie sich vielleicht die besondere Begabung eines bestimmten Mitarbeiters für Präsentationen zunutze. Gleichzeitig werden Sie auch für Schwächen aufmerksamer. Wenn Sie zum Beispiel etwas delegieren, so werden Sie dies nicht rücksichtslos tun, indem Sie mangelnde Erfahrung auf neuen Gebieten einfach ignorieren, sondern unter realistischer, überlegter Einschätzung vorhandener Grenzen.

Wenn Sie so vorgehen, können Sie darauf vertrauen, daß die Aufgabe zufriedenstellend gelöst werden wird.

Gesteigerte Verantwortung für das eigene Verhalten

Sicheres Auftreten heißt, mehr Verantwortung für das eigene Verhalten zu zeigen. Dadurch kontrollieren Sie auch Ihr eigenes Verhalten stärker. Sie machen andere nicht länger für Ihr eigenes Verhalten verantwortlich. Sie sagen nicht mehr länger Dinge wie: »Ich konnte nicht anders. Nachdem er wieder auf Überstunden zu sprechen kam, ging es einfach mit mir durch.« Gesteigerte Sicherheit verhilft Ihnen zu der Einsicht, daß Sie Ihre Reaktionen in solchen Situationen besser kontrollieren können, als Sie bisher glaubten. Gleichzeitig erkennen Sie, daß Sie die Kontrolle Ihres Verhaltens dem anderen überlassen, wenn Sie nicht aufhören, in solchen Situationen aus der Haut zu fahren und aggressiv zu werden. Er merkt dann nämlich, daß er nur das Wort »Überstunden« erwähnen muß, damit Sie »durchdrehen«.

Vielleicht zweifeln Sie zunächst daran, daß Sie Ihr Verhalten kontrollieren können und sagen: »Es ist völlig natürlich, in solchen Situationen aggressiv zu werden.« Wir aber haben die Erfahrung gemacht, daß man durch die in diesem Buch beschriebenen Techniken die Kontrolle des eigenen Verhaltens erheblich verbessern kann.

Häufigeres Ergreifen der Initiative

Wenn Sie Ihr Arbeitsleben beeinflussen wollen, genügt es nicht, jeweils nur auf bestimmte Situationen zu reagieren. Es ist notwendig und wichtig, Initiative zu ergreifen, um gewisse Situationen entweder herbeizuführen oder zu vermeiden. Dies können kleine Initiativen sein, wie etwa das Einbringen einer Idee bei einer Besprechung, oder große, wie Änderung der Arbeitsverteilung in Ihrer Abteilung.

Wenn Sie sicher auftreten, neigen Sie eher zum Ergreifen solcher Initiativen, da Sie keine Angst davor haben, zu scheitern oder einen Fehler zu machen. Sie wollen natürlich nicht scheitern und setzen daher Ihre volle Kraft ein. Ab und zu wird zwar eine Initiative scheitern, aber Sie können dies akzeptieren und werden damit fertig. Dieses Scheitern hält Sie nicht davon ab, weitere Initiativen zu ergreifen, wie es bei unsicheren Menschen der Fall ist. Ebensowenig machen Sie andere verantwortlich oder behaupten, Ihre Initiative sei gar nicht gescheitert, wie es aggressive Menschen tun.

Energieersparnis

Da Sie nicht mehr vorwiegend mit dem Problem beschäftigt sind, andere nicht zu verärgern (Unsicherheit) oder ausfällig zu werden (Aggression), können Sie eine Menge Energie sparen. Sie werden sich nicht mehr mit der Frage herumschlagen, wie Sie einem Mitarbeiter beibringen, daß er nicht befördert wird, oder mit der Überlegung, wie Sie sich an jemandem rächen können, der Sie in der gestrigen Konferenz bloßstellen wollte.

Außerdem lassen Streß und Anspannung nach. Entscheidungen werden Ihnen leichter fallen, da es Sie weniger beschäftigt, was andere denken, und Sie weniger Angst davor haben, einen Fehler zu machen.

Weil Sie weniger Energie mit solch unnützen Dingen vergeuden, bleibt Ihnen mehr Kraft, um sie auf anderen Gebieten Ihres Arbeitsbereiches produktiv einzusetzen.

Einige Schlußfolgerungen

Niemand neigt ständig zu aggressivem oder unsicherem Verhalten. Üblicherweise sind im Verhalten eines jeden Menschen alle drei Verhaltensvarianten gemischt. Die Größe der Segmente in der nachstehenden Abbildung mag von Mensch zu Mensch differieren. Einige allgemeingültige Feststellungen können wir jedoch treffen. So wäre zum Beispiel das Segment »Unsicherheit« in der Darstellung 1.1 größer, wenn das Zusammenwirken mit Vorgesetzten wiedergegeben werden sollte, als wenn es um den Umgang mit Mitarbeitern geht. Streng genommen kann man daher nicht von aggressiv oder unsicher handelnden Personen sprechen, sondern nur von aggressivem oder unsicherem Verhalten in bestimmten Situationen.

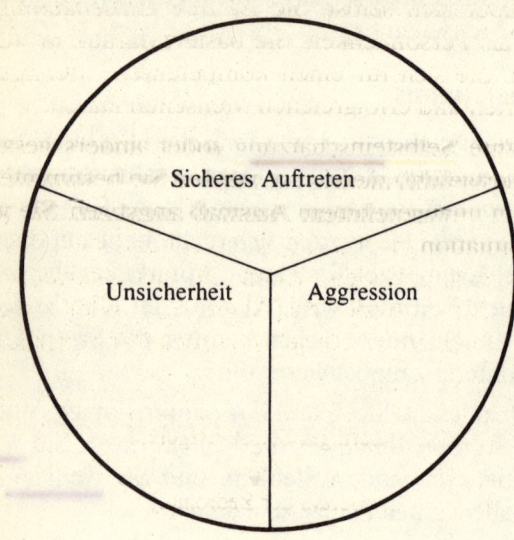

Darstellung 1.1

Ihre Selbstsicherheit kann in schwierigen Situationen schwinden

Wahrscheinlich ist bei Ihnen wie bei vielen Menschen im Berufsleben das Segment »Sicheres Auftreten« in Darstellung 1.1 ziemlich groß. Sie treten vielleicht fast immer sicher auf. Erst in schwierigen Situationen kommen aggressive oder unsichere Verhaltensformen zum Vorschein. Sicherer zu sein, heißt also für Sie, die Selbstsicherheit auch in diesen heiklen Situationen zu verstärken.

Unsicherheit und Aggression haben oft den gleichen Ursprung

Es besteht weitgehende Übereinstimmung darüber (und auch unsere eigenen Erfahrungen sprechen dafür), daß sowohl Unsicherheit als auch Aggression auf geringer Selbsteinschätzung beruhen. Selbsteinschätzung ist Ihr Urteil über sich selbst. Sie ist *Ihre* Einschätzung *Ihres* Wertes als Persönlichkeit. Sie basiert darauf, in welchem Ausmaß Sie sich für einen kompetenten, wichtigen, liebenswerten und erfolgreichen Menschen halten.

Wenn Ihre Selbsteinschätzung (oder anders gesagt, Ihr Selbstwertgefühl) niedrig ist, werden Sie bestimmte Situationen in unangenehmem Ausmaß ängstigen. Sie werden diese Situationen und die entsprechenden Personen als bedrohlich empfinden. Wenn Sie sich bedroht fühlen, schlagen Sie entweder zu (Aggression) oder ziehen sich zum Selbstschutz in sich selbst zurück (Unsicherheit).

Das sieht also so aus:

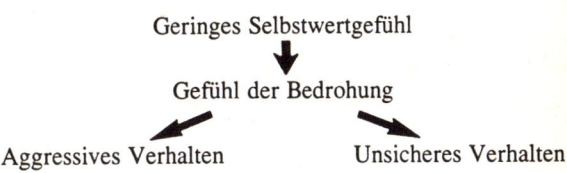

Geringes Selbstwertgefühl

Gefühl der Bedrohung

Aggressives Verhalten   Unsicheres Verhalten

Es ist wichtig zu betonen, daß geringes Selbstwertgefühl sowohl zu Aggression als auch zu Unsicherheit führen kann. Dies mag Sie überraschen, weil viele aggressive Menschen nach außen äußerst selbstbewußt wirken. Diese Aggression soll oft Unsicherheit verbergen, die auf falscher Selbsteinschätzung oder Minderwertigkeitsgefühlen beruht. Vielleicht haben Sie schon erlebt, wie diese Maske fiel, wenn sich jemand gegen diese Person auflehnte.

Die Aggression verpufft und wird von Unsicherheit, z. B. übersteigertem Entschuldigen, abgelöst.

Sicheres Auftreten heißt, Probleme in ihren Anfängen anzugehen

Wir glauben, daß man Probleme angehen sollte, wenn sie noch in den Anfängen stecken und ehe sie zum »großen Knatsch« führen: der so schwer zu bereinigen ist. Sie werden diese Probleme dann auch erfolgreicher lösen. Wenn Probleme eine Zeitlang im Raum standen, an Größe und Relevanz zugenommen haben, ist ihre Lösung schwieriger — nicht nur, weil sie komplexer sind, sondern weil die betroffenen Personen mehr Zeit hatten, entgegengesetzte Positionen zu beziehen. So könnte zum Beispiel ein sarkastischer Kommentar zur rechten Zeit eine noch aggressivere spätere Auseinandersetzung ersparen.

In diesem Kapitel haben wir uns einführend mit dem sicheren Auftreten befaßt. Viele Themen, wie Rechte und negative Empfindungen, werden in den nächsten Kapiteln erneut aufgegriffen, ebenso wie die Anwendung der einzelnen Verhaltenskonzepte.

2. Das Erkennen von sicherem, unsicherem und aggressivem Verhalten

Im vorigen Kapitel haben wir sicheres Auftreten, Unsicherheit und Aggression definiert. Wenn Sie sich sicherer verhalten wollen (und davon gehen wir hier aus), ist es wichtig, zu erkennen, wann Sie und andere sich tatsächlich sicher, aggressiv oder unsicher verhalten. Aber die von uns verwandten Definitionen waren allgemeine Aussagen über diese drei Verhaltensmuster, nur ein Ausgangspunkt für das Erkennen der drei Typen. Im folgenden Kapitel wollen wir spezifischere Unterscheidungen vornehmen. Wir beschreiben das jeweilige *verbale* Verhalten und lassen Sie dann eine Übung dazu machen. Danach wenden wir uns den *nonverbalen* Aspekten der drei Formen zu.

Verbale Aspekte des Verhaltens

Damit meinen wir, *was* Menschen sagen; die Aussage, die sie machen, und die von ihnen benützten Wörter. Wir befassen uns nicht damit, *wie* es gesagt wird. In den nächsten drei Abschnitten beschreiben wir die Aussage- und Frageformen, die in den drei Verhaltensmustern Anwendung finden, und zeigen Beispiele auf.

Verbale Aspekte des sicheren Auftretens

Erinnern wir uns: Sicheres Auftreten heißt, für die eigenen Rechte, Wünsche, Bedürfnisse und Ansichten einzustehen, ohne die anderer zu verletzen. So arbeiten selbstsichere Menschen oft mit:

- »Ich-Aussagen«, wie »Ich denke …«, »Ich stelle mir vor …«, »Ich möchte …«, »Ich hätte gern …«, »Ich würde es vorziehen«, »Ich finde …«. Dies zeigt, daß derjenige eher für sich als für Gesamtheiten wie etwa »die Abteilung« spricht. Also »Ich möchte den Ablauf ändern« statt »Es wäre eine gute Idee, den Ablauf zu ändern.«

- Aussagen, die kurz und schlüssig sind: »Ich möchte, daß diese Woche angefangen wird.« Dies macht klar, was man will. Langatmige Aussagen verwirren den anderen, es ist ihm unklar, was von ihm erwartet wird.

- Unterscheidungen von Tatsachen und Ansichten: »Ich finde …«, »Meiner Meinung nach …«, »Ich habe, was das angeht, andere Erfahrungen gemacht.« Dies verdeutlicht, daß nicht alles schwarz oder weiß, gut oder schlecht ist, sondern je nach Person Unterschiede bestehen können. »Dieses System hat sich meines Erachtens bewährt.« statt »Dieses System ist gut.«

- Erklärungen, die sich deutlich vom Rest des Vortrags abheben, wie etwa: »… weil es nächste Woche zu einer Reihe Unterbrechungen kommen wird.« Gründe, Auslöser, Wirkungen etc. werden »etikettiert«: »Der Grund war, daß …«, »Dies führt zu …«, »Dies bedeutet, daß wir …«.

- Vorschlägen (wie der andere vorgehen könnte), *ohne gute Ratschläge zu erteilen:* »Was halten Sie davon, wenn wir es so machen würden?«, »Wäre es nützlich …«, »Würden Sie gern …« Dies ermöglicht es dem anderen, nach Abwägung der Vorschläge eigene Positionen zu beziehen.

- Konstruktiver Kritik, die sich auf die *Tätigkeit* anderer bezieht, ohne sie als *Person* anzugreifen: »Herr Schmidt, Ihre Berichte lagen nicht rechtzeitig vor.« So werden sowohl grobe Beschuldigungen wie voreilige Schlußfolgerungen vermieden.

- Fragen, um die Gedanken, Wünsche und Ansichten anderer in Erfahrung zu bringen: »Wie paßt das zu Ihren Plänen?«; »Wozu würde das führen?«; »Wie denken Sie über …?« Man sollte mehr Fragen stellen, die nicht nur mit Ja oder Nein beantwortet werden können, um mehr Informationen zu erhalten. Suggestiv-Fragen (die den anderen zur erwünschten Antwort veranlassen, wie etwa: »Sie delegieren doch Ihre Arbeit, oder?«) sind zu vermeiden.

- Vorschläge zur gemeinsamen Problemlösung: »Lassen Sie uns einen Weg zur Klärung suchen.« »Wie können wir dies vermeiden?«; »Sollen wir …?«

Diese Wörter und Sätze unterscheiden sich von denen, die unsichere oder aggressive Menschen verwenden.

Verbale Aspekte der Unsicherheit

Wie gesagt: Unsicheres Verhalten ist die Unfähigkeit, für die eigenen Rechte, Bedürfnisse und Wünsche einzustehen, oder so, daß es anderen leicht fällt, sie zu mißachten. So verwenden unsichere Menschen häufig folgendes:

- Weitschweifige Aussagen, manchmal lang und verwirrend, manchmal, ohne sie zu Ende zu bringen: »Ich dachte, es sei Ihnen recht … hm … also.« Auf diese Weise geht das zu diskutierende Thema unter oder kommt zu kurz (vielleicht in der Hoffnung, daß andere es ansprechen).

- Füllwörter und Verzögerungen: »Äh«, »Sie wissen schon, was ich sagen will …«, »nun ja …«, »nur«, »eben«, »vielleicht«, »hm, hm«. Oft zeigt dies, daß der Sprecher die Aussage verschleiern will oder Mut sammeln muß, um sie vorzubringen.

- Häufige Selbstrechtfertigung: »Normalerweise würde ich dies nicht erwähnen, aber …«, »Ich bin gerade hier

vorbeigekommen, da dachte ich, ich schau mal, ob ...«
Diese Rechtfertigungen schwächen häufig das Auftreten des Sprechers und verleiten den anderen, es für »feig« zu halten. Oft führt dies zu Verwechslung von sicherem Auftreten mit Aggression.

- Übertriebenes Entschuldigen und verzeihungsheischende Aussagen: »Es tut mir wahnsinnig leid, ich wollte wirklich nicht ...«, »Ich möchte Sie keineswegs stören«, »Ich hoffe, es macht Ihnen nichts aus, aber wäre es wohl möglich, daß ...«, »Entschuldigen Sie bitte, aber könnten wir vielleicht ...« Oft wird hier Höflichkeit mit Unsicherheit verwechselt. Es ist höflich, sich zu entschuldigen, wenn man jemandem Bier über den Anzug geschüttet hat; es ist Unsicherheit, es wie ein »getretener Hund« zu tun, oder sich im voraus für eigenes Fehlverhalten zu entschuldigen. Menschen, die ständig um Verzeihung bitten, haben die Selbstbestimmung anderen überlassen.

- Selbstverpflichtende Aussagen: »Ich sollte«, »Ich muß«, »Ich sollte mit X weitermachen«. Dies zeigt, daß die Person die Kontrolle an andere abgegeben hat, denen sie sich zum Gehorsam verpflichtet fühlt. Dies können Eltern, Ehepartner, Kollegen, Chefs, Abteilungen usw. sein.

- Nur selten »Ich-Aussagen«, und dann noch oft relativierend: »Es ist zwar nur meine persönliche Meinung, aber ...«, »Ich glaube, es funktioniert, aber ich kann mich natürlich täuschen.« Diese Relativierungen spielen die Tatsache, daß die Person für sich spricht, herunter und machen es wahrscheinlich, daß andere über ihre Ansichten hinweggehen werden.

- Aussagen, die die eigenen Bedürfnisse und Wünsche ausklammern: »Ich müßte Überstunden machen, aber das macht wirklich nichts aus«; »... aber das ist unwichtig«; »Ja, aber keine Sorge, ich krieg' das schon hin.« Dies mindert das Risiko direkter Ablehnung, die verwirrend oder schmerzlich wäre. Der andere wird förmlich dazu aufgefordert, Bedürfnisse und Wünsche zu ignorieren.

- Sätze, mit denen Sie sich selbst heruntersetzen: »Da hab' ich wenig Hoffnung ...«, »Sie kennen mich ja, dazu tauge ich wohl kaum«, »Ich kann sicher ... nicht«. Dadurch soll der andere zum Widersprechen herausgefordert werden oder dazu, »auf die Schulter zu klopfen«. Manchmal schwelgen Menschen, die solche Aussagen machen, in Selbstmitleid, statt sich zu ändern, um irgendwelche Schwächen zu überwinden.

Menschen, die solche Aussagen machen, werfen Probleme auf und reagieren nur auf andere, wenn auch verschüchtert oder voll Selbstverachtung. Außerdem verhalten sich Menschen oft auch unsicher, indem sie *gar nichts* sagen. Sie sind unfähig, Probleme, die sie selbst betreffen, aufzuzeigen, verschweigen ihre Zweifel und ihr Nichteinverständnis.

Die oben aufgeführten Wörter und Sätze unterscheiden sich jedoch wiederum von denen aggressiv auftretender Menschen.

Verbale Aspekte der Aggression

Wie gesagt heißt aggressives Verhalten, für die eigenen Rechte, Bedürfnisse, Wünsche und Ansichten so einzustehen, daß die anderer Menschen verletzt oder ignoriert werden. Aggressive Menschen neigen zu folgendem:

- »Ich-Aussagen« im Übermaß, mit starker Betonung auf dem Ich-Teil: »*Ich* glaube, daß es klappt.« »*Meine* Meinung ist ...«, »*Ich* würde gern ...« Diese Betonung gibt zu verstehen, daß die Meinung des Sprechers wichtiger ist, und hält die anderen ab, sie anzugreifen.

- Prahlerei: »*Ich* schließe meine Projekte immer pünktlich ab.« Hier ist *vorausgesetzt,* daß der andere — im Vergleich — schlechter abschneidet. Oder dies wird noch ausdrücklicher betont: »Ich habe damit nie Probleme, im Gegensatz zu *Ihnen.*«

- Hinstellung von Meinungen als Tatsachen: »Das klappt nicht«, »Niemand will das machen«, »Dieses Vorgehen ist sinnlos«. Hier ist ausgedrückt, daß der Betreffende für alle spricht, sein Urteil auf die eigenen Erfahrungen stützt, und die der anderen ignoriert.

- Furchteinflößende Fragen: »Warum in aller Welt haben Sie das gemacht?«, »Haben Sie immer noch keine Lösung gefunden?« Dies entnervt den anderen, weil er unter Druck gesetzt wird. Die Fragen machen das Gespräch zu einer Inquisition.

- Forderungen in Form von Belehrungen oder sogar Drohungen: »Sie sollten besser folgendes tun«, »Ich will diese Information auf der Stelle«, »Dieser Bericht ist morgen fertig, oder ...!« Die Drohung kann versteckt oder offen zum Ausdruck gebracht werden, auf jeden Fall zeigt die Ermahnung, daß der eine den anderen kontrollieren will.

- Überzogene Anweisungen, wie der andere vorgehen sollte: »Das sollten Sie so machen«, »Reißen Sie sich gefälligst am Riemen!«, »Sie sollten ...«, »Sie müssen ...« All dies zitiert ein verstecktes »Buch der Regeln« zur Kontrolle des anderen. Es werden moralische Urteile gefällt, »schlecht«, »falsch«, »schwach«, wann immer jemand nicht gehorcht. Manchmal haben die Anweisungen »väterlichen« Charakter, strotzen von gut gemeinter Überzeugungskraft: »Also wenn ich Sie wäre ...«, »Warum machen Sie denn nicht ...«, Alle diese Vorschläge, ob väterlich oder nicht, halten den anderen davon ab, eigene Einschätzungen vorzunehmen und sich eigene Ansichten zu bilden.

- Tadel für vergangene Ereignisse, oft ohne konstruktive Hinweise auf Möglichkeiten der Änderung: »Das wäre

nicht passiert, wenn Sie nicht …«, »Sie haben alles vermasselt!«, »Also, die Jungen/die Arbeiter/das Management von heute sind schuld«, »Ihre Einstellung ist
völlig falsch«. Diese verallgemeinernden Kommentare
zeigen keine speziellen Gründe oder Auswirkungen einer Verhaltensform auf. Es ist schwierig für den anderen, etwas gegen allgemeine Mißlichkeiten wie »Ver-
masseln« oder »falsche Einstellung« zu tun, und infol-
ge des übertriebenen Herummeckerns wird er das
auch gar nicht tun wollen.

● Unterstellungen in bezug auf Menschen und Ereignisse: »Ich nehme nicht an, daß Sie das gemacht haben«,
»Dafür sollten Sie nicht lange brauchen«, »In der Produktion wurde das Zeitlimit mal wieder nicht eingehalten, wie üblich«. Solche Unterstellungen beruhen auf
Einschätzungen wie: »Ich kenne euch besser, als ihr
euch kennt«, oder »Diese Leute sind doch alle gleich.«

● Sarkasmus und entsprechende Aussagen: »Das soll
wohl ein Witz sein«, »Das ist bestenfalls Ihre Meinung«, »Das ist doch Mist«. Dies macht den anderen
»fertig«, weil seine Ansichten, Vorschläge oder Bedürfnisse mißachtet werden.

In den letzten drei Abschnitten haben wir die verbalen
Aspekte des sicheren Auftretens, der Unsicherheit und
der Aggression beschrieben. Wahrscheinlich ist Ihnen
manches durch den Kopf gegangen, wie: »Hm, das könnte
von mir stammen«, oder »Mein Chef/Kollege sagt solche
Sachen«. Das freut uns, denn dann wollen Sie sicherlich
weitermachen und mehr regelmäßig vorkommende Beispiele für die drei Verhaltensmuster haben. Doch wenn
Sie sich vorher versichern wollen, daß Sie die drei Typen,
zumindest auf dem Papier, unterscheiden können, machen Sie zunächst die Übung in Tabelle 2.2. Als Gedächt-
nisstütze werden die verbalen Inhalte der drei Verhaltensmuster in Tabelle 2.1 wiederholt. Zum Schluß zeigen wir

Tabelle 2.1 Zusammenfassung der verbalen Aspekte des Verhaltens

	Unsicher	*Selbsicher*	*Aggressiv*
Verbal-formen	Lange ausschweifende Aussagen; Füllwörter wie »Vielleicht«; häufige Rechtfertigungen; Entschuldigungen und Um-Verzeihung-bitten; »Ich müßte«, »Ich sollte«; wenige »Ich-Aussagen« (häufig relativiert); Aussagen, die eigene Bedürfnisse herunterspielen wie: »wirklich nicht wichtig«; geringe Einschätzung der eigenen Möglichkeiten: »Ich habe da wenig Hoffnung«.	Kurze, klare Aussagen, die den Kern erfassen; »Ich-Aussagen« wie: »Ich würde gern«; Unterscheidung zwischen Tatsachen und eigenen Ansichten; Vorschläge ohne »gute Ratschläge«; weder »sollte« noch »müßte«; konstruktive Kritik ohne Tadel oder Unterstellung; Fragen, um die Gedanken, Ansichten und Wünsche der anderen herauszufinden; Wege zur Problemlösung.	Überzahl an »Ich-Aussagen«; Prahlerei, »meine« eigenen Ansichten als Tatsachen darstellen; bedrohliche Fragen; Forderungen als Belehrungen oder Drohungen; überzogene Anweisungen in Form von »sollte« und »müßte«; Tadel; Annahmen, Unterstellungen; Sarkasmus und andere Formen der Herabsetzung.

Ein Beispiel:

Ein Kollege ruft Sie an, als Sie gerade an einem Bericht arbeiten, den Sie unbedingt zu Ende bringen wollen. Er möchte mit Ihnen über die in der nächsten Woche stattfindende Sicherheits-Konferenz sprechen. Sie wollen dieses Gespräch erst später führen.

	Unsicher	*Selbstsicher*	*Aggressiv*
Ihre Antwort	»Oh, ich hoffe, es macht Ihnen nichts aus, aber im Moment bin ich ein bißchen unter Druck. Wäre es Ihnen recht, wenn ich Sie am Nachmittag wieder anrufe?«	»Gut. Ich möchte mich gern mit Ihnen über die Sicherheits-Konferenz unterhalten, aber jetzt möchte ich erst meinen Bericht fertigstellen. Ich rufe Sie dann heute nachmittag nochmals an, ja?«	»Sie können doch nicht erwarten, daß ich mich jetzt mit dieser Sicherheits-Konferenz beschäftige — ich stecke mitten in einem Bericht! Sie müssen mich später wieder anrufen!«

51

ein Beispiel, wie der gleiche Vorgang auf die drei verschiedenen Arten angegangen werden kann: selbstsicher, unsicher und aggressiv.

Übung zum Erkennen von selbstsicherem, unsicherem und aggressivem Verhalten

Die Übung in Tabelle 2.2 enthält 20 Beispiele, die eine Situation beschreiben, auf die eine Antwort erfolgt. Bitte entscheiden Sie, ob die einzelnen Antworten sicher, unsicher oder aggressiv sind. Notieren Sie dies in der Spalte ganz rechts (abgekürzt: s, u, a). Die richtige Antwort finden Sie (gleichermaßen abgekürzt) in der Spalte ganz links, jeweils ein Kästchen tiefer. Sie können Ihre Antwort also überprüfen, bevor Sie zum nächsten Beispiel übergehen. Dadurch verringern Sie das Risiko, den gleichen Fehler mehr als einmal während der Übung zu machen. Es ist wohl das beste, sich immer nur ein Beispiel vorzunehmen und die Antwort in der linken Spalte abzudekken, bis Sie Ihre Entscheidung getroffen haben.

Wenn Ihnen unklar ist, warum eine Lösung so oder so ausgefallen ist, machen Sie sich bitte einen Vermerk und vergleichen Sie mit den Erklärungen, die wir am Ende der Übung geben (Tabelle 2.3), oder lesen Sie im vorausgegangenen Kapitel noch einmal die detaillierten Beschreibungen und Beispiele nach.

Tabelle 2.2 Übung

Die Ant- wort ist	Situation	Antwort	Ihre Antwort
	1. Der Zeitpunkt für das nächste Treffen eines Kommitees, in dem Sie Mitglied sind, wird festgelegt. Sie möchten unbedingt daran teilnehmen, aber zu dem von allen anderen vorgeschlagenen Zeitpunkt sind Sie verhindert. Als der Vorsitzende fragt: »Ist das für alle okay?« sagen Sie:	»Ja, also gut, es scheint ja allen anderen zu passen.«	
u	2. Ein Kollege bittet Sie, ihn nach Hause zu fahren. Das paßt Ihnen nicht, Sie haben sich bereits verspätet und die Fahrt bedeutet einen Umweg. Sie sagen:	»Ich habe mich bereits um 20 Minuten verspätet, ich kann Sie nicht fahren. Wenn Sie möchten, lasse ich Sie an der nächsten Bushaltestelle raus.«	
s	3. Der Einstieg in einen Bericht fällt Ihnen schwer. Sie sehen keinen logischen Ausgangspunkt. Sie sagen zu einem Kollegen:	»Berichte zu schreiben, fällt mir reichlich schwer. Ich weiß noch nicht einmal, wie ich anfangen. Ich werde offenbar alt!«	

▷

53

Tabelle 2.2 (Fortsetzung)

Die Ant- wort ist	Situation	Antwort	Ihre Antwort
u	4. Ihr Chef fragt Sie, was schief gegangen ist, als Sie bei einem Kunden eine neue Maschine installiert haben. Sie sagen:	»Sie haben mich viel Zeit gekostet! Sie haben mir nicht einmal gesagt, daß er noch nicht mal den Platz für die Maschine freigemacht hatte!«	
a	5. Ein Untergebener unterbricht Sie während eines wichtigen Telefonats mit einem Lieferanten. Sie sagen:	»Ich möchte erst dieses Telefonat beenden, dann beantworte ich Ihre Frage gern.«	
a	6. Ihre Sekretärin macht Ihren Terminplan für den heutigen Tag. Sie fragt: »Wann kommen Sie ins Büro zurück?« Sie sagen:	»Sobald Sie mich zur Tür hereinkommen sehen.«	
a	7. Ein Kollege hört, wie Sie mit einem schwierigen Kunden sprechen. Danach lobt er Ihr Vorgehen. Sie sagen:	»Nun, ich hab's mit Müh und Not noch hingekriegt.«	

u

8. Sie haben eine Präsentation miterlebt, die einer Ihrer Mitarbeiter gemacht hat. Sie fanden es optimal. Sie sagen:

»Das war eine sehr gute Präsentation. Besonders gut gefallen hat mir, wie Sie das Interesse für das Material geweckt haben.«

s

9. Einer Ihrer Mitarbeiter muß einen Kunden besuchen, der als »Schlitzohr« bekannt ist. Sie wissen, daß Ihr Untergebener im Umgang mit anderen gehemmt ist. Sie sagen zu ihm:

»Sie *müssen* sich behaupten gegen ihn, Herr Meier. Sagen Sie ihm, was geht und was nicht. Lassen Sie sich bloß nicht rumkriegen wie beim letzten Mal.«

a

10. Ein Kollege hat gerade einen guten Arbeitsplan für seine Abteilung angefertigt. Sie hätte gerne seine Hilfe für Ihre eigene Abteilung. Sie sagen:

»Ihr Arbeitsplan hat prima Ansätze. Hätten Sie vielleicht eine halbe Stunde Zeit, den für meine Abteilung mit mir auszuarbeiten?«

s

11. Eine Mitarbeiterin möchte die Verantwortung für eines der anliegenden Projekte übernehmen. Sie sagen:

»Um Himmels willen, wie kommen Sie denn auf die Idee? Sie werden doch so kaum mit Ihrer Arbeit fertig!«

▷

55

Tabelle 2.2 (Fortsetzung)

Die Antwort ist	Situation	Antwort	Ihre Antwort
a	12. Ein Vertreter hat alles daran gesetzt, Ihnen ein Gerät zu verkaufen. Sie sind noch unsicher und wollen sich noch verschiedene andere Fabrikate anschauen, bevor Sie sich entscheiden. Sie sagen:	»Tja, das ist schon mehr oder weniger, was ich suche. Ich wollte noch andere Fabrikate anschauen, aber vielleicht nehme ich doch dieses.«	
u	13. Ein Kollege aus einer anderen Abteilung hat ohne Rücksprache mit Ihnen einem jüngeren Manager Ihre Hilfe bei der Erstellung seines Finanzberichts angeboten. Sie sagen:	»Sie haben Nerven! Warum haben Sie mich nicht erst gefragt? Auf keinen Fall kann ich auch noch anderen aushelfen — ich stecke selbst bis über die Ohren in der Arbeit. Er soll das gefälligst alleine machen, wie alle anderen auch!«	
a	14. Ihre Chefin will, daß Ihr Mitarbeiter Meier in den nächsten zwei Wochen ein	»Nun, ich weiß nicht. Herr Meier hat gerade eine Arbeit für Firma Packer angefangen, aber vielleicht	

kann man die jemand anderem übertragen. Herr Schmidt ist dafür zwar nicht so geeignet, aber vielleicht kann ich ihm dabei unter die Arme greifen.«

Gutachten für sie anfertigt. Ihnen wäre es lieber, Herr Schmidt würde dies tun. Sie sagen:

15. Ein Kollege hatte seine Anwesenheit bei einer Sonderkonferenz zugesagt und kam dann nicht. Sie rufen ihn an:

u

»Herr Baum, Sie wollten doch zu dieser Konferenz kommen. Ich hätte Sie gern dabei gehabt. Was war denn los?«

16. Einer Ihrer Mitarbeiter (Sie wissen nicht, wer) hat vergessen, Einzelheiten der Bestätigung eines Kunden zu notieren. Sie bemerken dies und sagen zu Ihren Mitarbeitern:

s

»Einer von Ihnen hat vergessen, die Einzelheiten der Bestätigung von Schultze + Gerhard zu notieren. Es ist mir völlig egal, wer das war, ich will, daß das in Ordnung gebracht wird, und zwar sofort!«

17. Ihr Chef hat ein Memorandum geschickt, das besagt, daß Kundenbesuche nur noch mit seinem Einverständnis gemacht werden dürfen. Dies gefällt Ihnen nicht, und Sie sagen zu ihm:

a

»Herr Paul, diese Neuerung gefällt mir nicht. Meiner Einschätzung nach schränkt das den notwendigen Entscheidungsspielraum ein. Ich möchte das mit Ihnen besprechen.«

▷

Tabelle 2.2 (Fortsetzung)

Die Ant-wort ist	Situation	Antwort	Ihre Antwort
s	18. Ein Mitarbeiter will zu einem Zeitpunkt, wo die Abteilung hektisch mit den Monatsabschlüssen beschäftigt ist, Urlaub, um einen kranken Verwandten zu besuchen. Sie sagen:	»Ich hoffe, Sie halten mich nicht für gemein, aber dem Chef würde es gar nicht gefallen, daß Sie morgen frei nehmen wollen. Es tut mir wirklich leid, aber es geht nicht.«	
u	19. Ihr Chef bittet Sie um Teilnahme an einer Besprechung. Als Sie das letzte Mal dort waren, hatte sie keinerlei Bedeutung für Ihre Abteilung. Sie möchten deshalb nicht teilnehmen und sagen:	»Ich habe diese Woche so viel mit den Aufstellungen zu tun. Ich fürchte, ich habe einfach keine Zeit, um hinzugehen.«	
u	20. Sie machen gerade ein paar Kopien, als eine Kollegin, die Sie häufig bittet, Kopien für sie zu machen, sagt: »Können Sie eben diese 30 für mich mitmachen?« Sie sagen:	»Ich helfe Ihnen immer gern, aber heute morgen habe ich wirklich keine Zeit, zusätzliche Kopien zu machen.«	

Falls Sie sich über einige unserer Bewertungen in Tabelle 2.2 wundern, werden die Kommentare in Tabelle 2.3 unsere Einstufungen erklären.

Tabelle 2.3 Kommentare zu Bewertungen der Tabelle 2.2

Beispiel	Bewertung	Kommentar
3	u	Geringschätzung der eigenen Person — Hilflosigkeit
4	a	Tadel, voreilige Schlüsse (der Chef hat die fragliche Information vielleicht gar nicht gehabt)
6	a	Sarkasmus; Bestreiten der Notwendigkeit, daß Ihre Sekretärin das weiß; vielleicht können Sie keine Antwort geben, aber das nimmt der Frage nicht ihre Berechtigung
7	u	Sie stellen Ihr Licht unter den Scheffel (außerdem wird das Lob des anderen herabgemindert)
9	a	überzeugende Anweisung
10	s	Offene Anerkennung der Arbeit des Kollegen, ohne sich anzubiedern oder die eigene Person herabzusetzen; ebenso keine Belehrung, daß er sich Zeit für Sie nehmen muß
11	a	Mißachtung der Wünsche der Untergebenen, Infragestellen ihres Urteilsvermögens
16	a	»Jetzt sofort und auf der Stelle« schließt die Drohung »sonst passiert es!« mit ein
18	u	Ablehnung eigener Verantwortung für die Entscheidung, unangebrachte Entschuldigung
19	u	Keine Offenheit, es wird ein Vorwand genannt, und nicht der wahre Grund

Wenn Sie die Beispiele aus Tabelle 2.2 durchgearbeitet haben (oder auch einfach aufgrund bisheriger Erfahrungen), werden Sie vielleicht sagen: »Aber kommt es denn nicht darauf an, *wie* man etwas sagt?« Die Antwort lautet Ja und Nein zugleich. Gehen wir zunächst auf das »Nein« ein. Angenommen, Sie sagen (wie in Beispiel 3 der Tabelle) etwa: »Berichte zu schreiben, fällt mir reichlich schwer«, so halten wir dies für Geringschätzung der eigenen Person. Es kann ja sein, daß Ihre Sprache beim Schreiben von Berichten holprig ist und es mit den Argumenten hapert, aber das heißt noch lange nicht, daß Sie unfähig sind. Sie verhalten sich nur, wie wir es nennen, unsicher. Im Gegensatz dazu sagen Sie vielleicht zu einem Untergebenen (wie in Beispiel 11) Dinge wie: »Um Himmels willen, wie kommen Sie auf die Idee?« Dies ist für uns Mißachtung des anderen, Verleugnung seines Rechts, andere Wünsche und Ansichten als Sie zu haben — anders ausgedrückt, aggressives Verhalten. Bei diesen Beispielen wird durch die Art, *wie* man eine Aussage vorbringt, der Inhalt eigentlich nicht verändert. Es sind die verwendeten Ausdrücke, die diese und viele andere Aussagen unsicher und aggressiv gestalten.

Doch nun zum »Ja«. Manchmal hängt es davon ab, *wie* man etwas sagt, egal ob es selbstsicher, aggressiv oder unsicher ist. Versuchen Sie einmal, den folgenden Satz (Beispiel 5) jeweils unterschiedlich zu sprechen. Legen Sie die Betonung dabei jeweils auf andere Wörter, oder machen Sie ab und zu eine Pause, etwa folgendermaßen:

1. »*Ich* möchte erst dieses *Telefon*gespräch beenden, *dann* beantworte ich Ihre *Frage* gern.«

2. »*Ich möchte* erst dieses *Telefongespräch* beenden, dann beantworte ich Ihre *Frage gern.«*

3. »Ich möchte … erst … dieses Telefongespräch … beenden, dann … beantworte ich … Ihre … Frage … gern.«

Im Wissen um die Beschränktheit des geschriebenen Worts haben wir versucht, 1. als aggressiv, 2. als selbstsicher und 3. als unsicher darzustellen. Ob Sie diese beabsichtigten Unterschiede bemerkt haben oder nicht, Sie haben sicherlich festgestellt, daß die Aussage, je nachdem, wie Sie die Betonung vorgenommen haben, unterschiedlich ausfiel. Dies beruht nicht auf den Wörtern als solchen (es waren immer die gleichen), sondern darauf, *wie* Sie die Wörter aussprachen — die Betonung, der Tonfall, die Verzögerungen. Hierbei handelt es sich um Beispiele für das, was wir nonverbales Verhalten nennen. »Ah«, sagen Sie nun vielleicht, »ich habe Fernsehsendungen über ›Körpersprache‹ gesehen und darüber, was es bedeuten kann, sich am Kopf zu kratzen, in den Ohren zu puhlen und ähnliches. Hat denn wirklich jede Bewegung und Geste eine tiefere Bedeutung?« Dies kann zutreffen, ist aber für uns hier nicht immer wesentlich. Wir beschäftigen uns nur mit den nonverbalen Verhaltensmustern, die Sicherheit, Unsicherheit und Aggressivität ausdrükken, und vor allem denjenigen, die unsere Selbstsicherheit verstärken können. Gehen wir nun also diesbezüglich ins Detail.

Nonverbale Aspekte der Selbstsicherheit, Aggression und Unsicherheit

Damit meinen wir alle im Zusammenhang mit Sprechen auftretenden Aspekte des Verhaltens — abgesehen von den Wörtern als solchen. Wir denken sowohl an hörbare als auch sichtbare Aspekte und halten folgende für wichtig:

Stimme	Tonlage: sarkastisch oder ernsthaft, warm oder kalt, ausdrucksvoll oder flach;

	Lautstärke: schreiend, kaum hörbar, normal
Sprechweise	Langsam, zögernd, schnell, hektisch, abrupt oder gleichbleibend bis monoton
Gesichtsausdruck	Stirn: mit Falten oder glatt Augenbrauen: hochgezogen, gerunzelt oder normal Kiefer: verkrampft oder entspannt
Blickkontakt	Ob der Sprecher andere anschaut oder um sich sieht, und wie lange
Körperbewegung	Bewegung einzelner Körperteile, z. B. Kopf, Hände Bewegung und Haltung des ganzen Körpers

Warum das nonverbale Verhalten für sicheres Auftreten wichtig ist

Wir haben bereits erwähnt, daß manche Aussagen auf ganz verschiedene Weise gemacht werden können, und es vom nonverbalen Verhalten (Stimmlage, Betonung usw.) abhängt, ob diese Aussagen selbstsicher, aggressiv oder unsicher wirken. Wichtiger ist es jedoch für Menschen, die ihre Selbstsicherheit verstärken wollen, *daß das nonverbale Verhalten selbstsicher vorgetragene Aussagen Lügen strafen kann.* Verdeutlichen wir dies:

Stellen Sie sich vor, ein Kollege sagt völlig selbstsicher zu Ihnen: »Ich wüßte gern, was Sie von X halten.« Er schaut Sie mit einem offenen Gesichtsausdruck an, ist entspannt und wartet darauf, daß Sie zu sprechen beginnen. Alles verdeutlicht, daß er Ihnen aufmerksam zuhören wird. Aber nehmen Sie nun im Gegensatz dazu einmal an, daß er dann die Arme krampfhaft über der Brust verschränkt, sich ein wenig von Ihnen wegdreht und Sie mit leicht verkrampftem Unterkiefer anstarrt. Wären Sie immer noch sicher, daß er Ihnen vorurteilslos zuhören will? Wohl kaum.

So kann nonverbales Verhalten das verbale nicht nur beeinträchtigen, sondern es sogar Lügen strafen. Wenn Sie sicher auftreten wollen, müssen Sie die nonverbalen Aspekte den verbalen anpassen. Wenn dies der Fall ist, unterstreichen sie Ihre verbalen Aussagen und steigern damit die Wahrscheinlichkeit, daß Ihr Verhalten von anderen als sicheres Auftreten angesehen wird.

Wir beschreiben die nonverbalen, mit sicherem, unsicherem und aggressivem Verhalten zusammenhängenden Aspekte in Tabelle 2.4 und den darauf folgenden Abschnitten. Sollten Sie nicht sicher sein, inwieweit Ihnen nonverbales Verhalten bewußt ist, sollten Sie das bereits Beschriebene noch einmal durchlesen. Versuchen Sie einmal, wenn Sie das nächste Mal in einem Lokal oder am Arbeitsplatz sind, eine Gruppe zu beobachten, die sich ohne Ihre Teilnahme unterhält. Oder machen Sie sich, wenn Sie gerade etwas Langweiliges im Fernsehen anschauen, Notizen über das Verhalten der Personen auf dem Bildschirm (dies ist besonders faszinierend, wenn Sie den Ton abschalten).

Eine gewisse Einschränkung

Ein einmal erhobener Zeigefinger muß noch nicht Aggression bedeuten. Um zu entscheiden, ob ein Verhalten selbstsicher, aggressiv oder unsicher ist, müssen wir auch einen Blick auf die anderen nonverbalen Verhaltensmuster werfen. Die Beispiele in Tabelle 2.4 sind nur als Richtlinien gedacht; viele davon gehören vielleicht nicht zu Ihrem nonverbalen »Repertoire«, oder Sie verfügen über davon abweichende. Wichtig ist, daß Sie diejenigen ausscheiden, die Sie von der Steigerung Ihrer Sicherheit abhalten, und sie sich bewußt vor Augen halten. Unsere Erfahrung hat gezeigt, daß es noch niemandem gelungen ist, seine Selbstsicherheit durch eine ganz allgemeine und

Tabelle 2.4 Nonverbale Aspekte von Selbstsicherheit, Unsicherheit und Aggression

	Unsicher	Selbstsicher	Aggressiv
Stimme	Manchmal zitternd; »Singsang«-Ton oder weinerlich: zu weich oder zu warm; häufig ausdruckslos und monoton; leise, zum Schluß unhörbar	Stabil und fest; mittlere Tonlage, ausdrucksvoll und warm; ehrlich und klar; nicht zu laut und nicht zu leise;	Sehr bestimmt; sarkastischer, manchmal kalter Tonfall; hart und scharf; sehr laut, oft schreiend, wird gegen Ende immer lauter
Sprechweise	Zögernd und mit Pausen; Sprünge von schnell zu langsam; häufiges Räuspern	Flüssig, wenige Verzögerungen; Betonung von Schlüsselwörtern; ruhig, fast friedlich	Flüssig, wenige Verzögerungen; oft abrupt, umkippend; Betonung von Tadel; häufig schnell
Gesichtsausdruck	»Verhuschtes« Lächeln, wenn Verärgerung ausgedrückt wird oder Kritik	Lächeln bei Freude; Stirnrunzeln bei Ärger; sonst stabile Mimik; ent-»offen«; stabile Mimik; ent-	»schiefes« Lächeln; grollt bei Ärger; hochgezogene Augenbrauen vor Verwun-

	Unsicher	*Selbstsicher*	*Aggressiv*
	von anderen kommt; hochgezogene Augenbrauen in Erwartung (zum Beispiel von Vorwürfen); schnell wechselnde Mimik	spannter, aber nicht hängender Unterkiefer	derung/Ungläubigkeit; Kiefer fast verkrampft; vorgeschobenes Kinn
Blick	Ausweichend; gesenkt	Fest, aber nicht starrend	Versucht, die Augen zu senken, aber dominierend
Körperbewegungen	Händeringen; Schulterzucken; Schritte rückwärts; Hand vor dem Mund; Nervosität (Zuckungen usw.); Arme zum Schutz verschränkt	Offene Handbewegungen (zum Sprechen auffordernd); gemessene Bewegungen der Hände; sitzt aufrecht und entspannt, nicht »hängend« oder zusammengekauert; steht mit erhobenem Kopf da	Erhobener Zeigefinger; geballte Faust; sitzt aufrecht da oder beugt sich nach vorn; steht aufrecht, den Kopf »in die Luft gereckt«; unruhiges Umhergehen; verschränkte Arme als Zeichen von Abwehr und Unnahbarkeit

umfassende Anpassung des nonverbalen Verhaltens zu steigern. Aber manche haben zum Beispiel die Fähigkeit, flüssig zu sprechen, durch langsameres, aber bestimmtes Sprechen und das Betonen von Schlüsselwörtern gesteigert.

Zusatzbemerkungen

Falls Sie ausreichend über die verschiedenen nonverbalen Verhaltensformen informiert sind, können Sie den nun folgenden Kommentar überspringen.

Sprechweise

»Schlüsselwörter betonen« heißt beim sicheren Auftreten gewisse Wörter langsam, bestimmt und ausdrucksvoll auszusprechen, ohne sie aufzubauschen. Meist handelt es sich dabei um Substantive und Verben, von denen wir wollen, daß die anderen sie deutlich vor Augen haben oder sie sich einprägen, wie etwa: »Ich *denke, das Pro*gramm entspricht unseren *Bedürfnissen,* aber ich brauche noch *zwei Tage,* um es im *Detail* zu prüfen.«

Gesichtsausdruck

»Verhuschtes« Lächeln bei der Unsicherheit zeigt sich auf dem Gesicht einer Person, wenn sie angegriffen wird, oder wenn sie jemand anderen kritisiert. Ein »schiefes« Lächeln begleitet dagegen oft sarkastische Äußerungen (Aggression), die Mundwinkel werden nach oben gezogen.

»Schnell wechselnde Mimik« bei Unsicherheit heißt, daß sich der Gesichtsausdruck innerhalb eines Satzes schnell verändert, von Lächeln zu Stirnrunzeln und herunterhängendem Unterkiefer. Man hat das Gefühl, die Person habe keine Kontrolle über ihren Gesichtsausdruck.

Blicke

Blicke sind eine der Möglichkeiten, durch die ein Gespräch geprägt wird. Haben Sie beim Telefonieren bemerkt, wie schwierig es ist, zu merken, wann der andere seinen Satz beendet hat? Man braucht Blickkontakt, um dem anderen zu signalisieren, wann er zu sprechen beginnen kann, wie die Reaktionen der einzelnen sind, was verstanden wurde. Man muß auch von Zeit zu Zeit wegschauen können, um seine Gedanken zu sammeln oder sich etwas vor Augen zu rufen.

Körperbewegung

In gewisser Hinsicht werden alle Verhaltensformen durch die Körperbewegungen zusammengefaßt. Bei Unsicherheit windet man sich förmlich aus Schutzbedürfnis vor der Welt, bei sicherem Auftreten richtet man sich auf, um sich der Welt zu stellen, und bei Aggression beugt man sich nach vorne in Angriffshaltung gegenüber der Welt.

Zusammenfassung

In diesem Kapitel haben wir dargelegt:

- Gewisse Wörter und Aussagen können als (selbst-) sicher, unsicher oder aggressiv betrachtet werden;
- gewisse nonverbale Verhaltensformen hängen mit Selbstsicherheit, Unsicherheit oder Aggression zusammen;
- das nonverbale Verhalten muß dem verbalen angepaßt sein, um die verbale Sicherheit zu unterstreichen;
- die Selbstsicherheit wird verstärkt, wenn man sich auf einen speziellen Aspekt des verbalen oder nonverbalen Verhaltens, und nicht auf mehrere gleichzeitig, konzentriert.

3. Rechte!

Sicherlich sind Sie mit dem Begriff »Rechte« vertraut, zum Beispiel im Zusammenhang mit Leistungsbewertungen in Firmen, bei denen der Einzelne oft das Recht hat, gegen eine bestimmte Bewertung Stellung zu nehmen. Um Rechte geht es auch, wenn das Management das Recht auf Führung, und die Gewerkschaft das Recht auf Mitbestimmung beanspruchen. Vielleicht gefällt Ihnen das Wort Rechte nicht, weil es oft, vor allem in letzterem Beispiel, mit Konfrontation und Aggression verknüpft ist. Aber das muß nicht der Fall sein. Das Problem liegt nicht im *Begriff* der Rechte als solcher, sondern darin, *wie* jemand für seine Rechte eintritt. In der Tat definiert das Wörterbuch, und wir auch, Recht schlicht als »etwas, was einem zusteht«. Rechte sind ein zentrales Thema der Selbstsicherheit. Und zwar, weil Selbstsicherheit für uns heißt, sich für die eigenen Rechte, Wünsche, Bedürfnisse und Gefühle einzusetzen, ohne die der anderen zu verletzen.

Das Ziel dieses Kapitels ist es, Ihnen Klarheit über die jeweiligen Rechte zu verschaffen, um die es in bestimmten Situationen geht. Wir beschäftigen uns mit der Frage, warum Rechte für das sichere Auftreten wichtig sind, zeigen ein paar Beispiele für allgemeine Rechte und worauf sie beruhen, und verweisen anschließend auf spezielle Rechte und Verantwortungen im Arbeitsbereich.

Warum Rechte für sicheres Auftreten wichtig sind

Rechte sind wichtig, weil sie einer der Ausgangspunkte für die Entscheidung sind, ob sich andere Ihnen gegenüber aggressiv, unsicher oder selbstsicher verhalten. Ganz einfach: Wenn Sie Ihre Rechte nicht kennen, wird Ihnen das Urteil darüber schwerfallen, ob diese Rechte von anderen verletzt werden. Nehmen Sie an, Ihr Chef verlangt, daß Sie auf eine Ihrer vier Urlaubswochen verzichten. Wenn Sie nun wissen, daß Sie ein Recht auf vier Urlaubswochen haben, können Sie beurteilen, daß Ihr Chef durch sein Beharren auf seiner Forderung Ihr Recht verletzt — er verhält sich aggressiv. Wenn Sie solch ein Urteil fällen können, ist es Ihnen möglich, darüber zu entscheiden, ob und wie Sie für Ihr Recht eintreten werden.

Ein zweiter Grund, warum Rechte wichtig sind, ist, daß Unklarheit darüber es Ihnen erschwert, sich selbstsicher zu verhalten. Ist Ihnen jemals folgendes passiert:

- Sie zögerten, ein Thema anzuschneiden?
- Sie haben ein Thema angeschnitten, waren aber unsicher, wie weit Sie gehen können?
- Sie sind im Ungewissen über ihre Behauptungen, beharren aber weiter auf Ihrem Standpunkt?

Ein leitender Angestellter erzählte uns, er habe einmal einen neuen, aber defekten Autoreifen zum Händler zurückgebracht, und der hätte ihm gesagt, falls er kostenlos einen Ersatzreifen wolle, müsse er auf einen aus dem Werk warten. Oder sie würden einen anderen montieren, aber den müsse er dann bezahlen. Der Kunde wußte nicht recht, was tun, entschloß sich dann für einen neuen aus dem Werk, was aber eine Woche Wartezeit bedeutete. In diesem Fall war der Mann unsicher darüber, ob er das Recht auf Lieferung eines Ersatzreifens durch den Händler hatte oder nur das auf Lieferung durch das Werk. Deshalb brach er die Diskussion darüber ab (mit leichtem Bedauern) und verhielt sich damit unsicher. Daher befähigt Sie das Wissen um Ihre Rechte und die Rechte anderer in jeder Situation zur richtigen Entscheidung: ob andere Ihre Rechte verletzen, ob Sie die Rechte anderer verletzen, ob ein bestimmtes Thema angeschnitten werden und wie weit man gehen kann.

Jetzt sagen Sie vielleicht: »Fein, aber was sind denn nun meine Rechte in jeder beliebigen Situation?« Viele unserer Antworten werden Sie wiederum zu der Frage veranlassen: »Aber wer sagt das?« Deshalb wollen wir uns im nächsten Abschnitt der Frage »Wer sagt das« zuwenden und etwas dazu sagen, worauf »allgemeine« Rechte beruhen. In den zwei darauf folgenden Abschnitten gehen wir dann auf Ihre »allgemeinen« und »beruflichen« Rechte ein.

Worauf beruhen »allgemeine« Rechte?

Unter allgemeinen Rechten verstehen wir Rechte im Umgang mit Arbeitskollegen, Familienangehörigen, Freunden, Nachbarn und Ladenbesitzern. Wir möchten die allgemeinen Rechte aufgrund ihrer jeweiligen Herkunft in drei Hauptgruppen unterteilen:

- die gesetzlich verankerten Rechte,
- die von Ihnen aufgrund Ihrer Erfahrungen akzeptierten Rechte,
- Ihre Rechte im Bereich »Selbstsicherheit«.

Die gesetzlich verankerten Rechte

Im vorausgegangenen Beispiel mit dem Autoreifen verhielt sich der Händler aggressiv (allerdings unbewußt), da er das Recht des Kunden verletzte, wie es gesetzlich verankert ist. Der leitende Angestellte hätte ein Recht auf Lieferung eines kostenlosen Ersatzreifens durch den Händler gehabt. In einem anderen Land, mit anderen Gesetzen, wäre dies vielleicht nicht der Fall gewesen. Die meisten Gesetze sind so ausgelegt, daß ein Gleichgewicht in den Beziehungen der jeweils Betroffenen aufrechterhalten wird, so etwa in bezug auf das Verhältnis zwischen unterschiedlichen Rassen im gleichen Land, Diskriminierung der Frau usw. Viele Gesetze gehen auf die Bemühungen bestimmter Gruppen zurück, die der Ansicht waren, daß manche ihrer Rechte nicht gewahrt waren. Dann werden entsprechende Gesetze verabschiedet. Wenden wir uns nun aber der zweiten Art allgemeiner Rechte zu.

Die von Ihnen aufgrund Ihrer Erfahrungen akzeptierten Rechte

Diese Rechte sind Bestandteil Ihres Glaubens, Ihrer Überzeugungen, Bewertungen und Wertschätzungen. Dazu gehören Ihr religiöser Glaube, Ihre politischen Ansichten, Ihre Einschätzung der Menschheit oder Ihre Meinung darüber, wie man mit anderen Menschen umgehen sollte, wie man am effektivsten arbeitet, ebenso wie Ihre Selbsteinschätzung. Andere kennen Ihre diesbezüglichen Maßstäbe nicht (es sei denn, Sie unterrichten sie darüber), sie können sie nur aus Ihren Ansichten, Ideen und Verhaltensweisen ableiten. Wenn Sie Ihre Mitarbeiter zum Beispiel in eine Entscheidung mit einbeziehen, so ziehen die anderen den Schluß daraus, daß Sie das Heranziehen der Mitarbeiter für wichtig halten.

Ihr Wertsystem hat sich über die Jahre hin aufgebaut, beeinflußt von den Erfahrungen, die Sie gemacht haben, und von den Folgerungen, die Sie daraus gezogen haben. Nehmen Sie an, Sie hätten Vorschläge gemacht, und andere hätten diese abgelehnt und zum Beispiel gesagt: »Wozu das?«, »Das funktioniert nicht!«, »Welch ein Unsinn!« Ihre Interpretation dieser Erfahrungen könnte zu der Meinung führen, daß Ihre Ideen schlechter sind als die anderer. Als Folge davon wird wieder Ihre Bewertung der Ihnen selbst zustehenden Rechte davon beeinflußt. Sie könnten sich vielleicht selbst das Recht bestreiten, Ihre Ideen zur Begutachtung vorzutragen. Dies führt dazu, daß Sie Ihre Vorschläge zurückhalten oder sie verwerfen, wenn sie abgelehnt werden.

Wenn die anderen jedoch folgendermaßen auf Ihre Vorschläge reagiert hätten: »Fantastische Idee«, »Wieso bin ich nicht selbst darauf gekommen?« und ähnlich, dann hätten Sie leicht meinen können, Ihre Ideen seien immer besser als die anderer. Womöglich verweigern Sie dann anderen das Recht, ihre Ideen vorzubringen. Oder Sie nehmen sich dann nicht nur das Recht, Ihre Ideen vorzubringen, sondern vertreten sie sehr barsch, selbst wenn andere nicht einverstanden sind.

Dies ergibt ein Muster gemäß der Darstellung 3.1:

Ihre Erfahrungen und Ihre Schlußfolgerungen daraus

Ihre Ansichten über: Religion, Politik;
die Menschheit;
andere Menschen;
sich selbst.

Die Rechte: die Sie sich selbst zubilligen;
die Sie anderen zubilligen;

Ihr Verhalten: was Sie tun;
was Sie sagen.

Darstellung 3.1

Ihre Rechte im Bereich »Selbstsicherheit«

Diese beruhen auf verschiedenen Überzeugungen hinsichtlich der allgemeinen Menschenrechte, wie etwa »Alle Menschen sind gleich«, »Alle Menschen haben ein Recht auf Freiheit«. Sie entsprechen den Gesetzen der Verfassungen vieler Länder und der weltweiten Deklaration der Menschenrechte.

Alle Menschen sind gleich

Das heißt nicht, daß sich alle Menschen gleichen, sondern daß sie ungeachtet der Nationalität, der Hautfarbe, des Glaubens, des sozialen Umfeldes oder des Verhaltens gleichwertige Menschen sind. Wenn Ihr Kollege andere Vorschläge als Sie macht (manche können vielleicht sagen, »bessere Vorschläge«), so heißt das nicht, daß er ein besserer Mensch ist als Sie oder wertvoller — es heißt nur, daß er anders ist.

Alle Menschen haben ein Recht auf Freiheit

Das heißt, daß jeder die Freiheit hat, zu tun und zu sein, was er will, solange er dem anderen nicht schadet, ihn nicht seiner Entscheidungsfreiheit beraubt. So können Sie zum Beispiel am Strand Radio hören, solange Sie nicht andere gegen deren Willen zwingen, mitzuhören.

Wie bei jedem anderen Wertsystem, beeinflußt ein selbstsicheres Wertsystem die Rechte, die Sie sich und anderen zubilligen, und dies wirkt sich wiederum auf Ihr Verhalten aus.

Nachdem wir nun die drei Hauptgruppen von Rechten betrachtet haben, wenden wir uns den allgemeinen Rechten im Rahmen des sicheren Auftretens zu.

Ihre allgemeinen Rechte bei sicherem Auftreten

Wir zählen nun einige allgemeine Rechte auf, die Ihnen in bezug auf sicheres Auftreten zustehen. Wir halten sie für wichtig, wenn Sie sich in vielen Lebensbereichen selbstsicher verhalten wollen:

- Das Recht, Ihre eigenen Meinungen, Ansichten und Ideen zu haben und auszudrücken, mögen sie denen anderer widersprechen oder nicht;
- das Recht, daß man diese Meinungen, Ansichten und Ideen anhört und respektiert (sie müssen nicht unbedingt akzeptiert oder als unantastbar betrachtet werden, aber als *Ihnen* wichtig anerkannt werden);
- das Recht auf Bedürfnisse und Wünsche, die von denen anderer abweichen;
- das Recht, darum zu bitten (nicht zu fordern), daß andere Ihren Bedürfnissen und Wünschen entgegenkommen;
- das Recht, eine Bitte abzuschlagen, ohne sich schuldig oder egoistisch zu fühlen;
- das Recht, Gefühle zu haben und sie selbstsicher vorzutragen, wenn Sie den Wunsch danach haben;
- das Recht, »menschlich« zu sein, das heißt sich vielleicht manchmal auch zu irren;
- das Recht, sich nicht zu erklären, also zum Beispiel, sich zu einem bestimmten Thema nicht zu äußern;
- das Recht, Sie selbst zu sein — ob es nun dem, wie andere Sie sehen wollen, entspricht oder widerspricht (etwa in bezug auf Wahl der Freunde oder Interessen);
- das Recht auf Respektierung Ihrer Rechte durch andere.

All dem liegt das *Recht auf Selbstsicherheit* zugrunde.

»Überzählige« Rechte

Wahrscheinlich beanspruchen Sie einige der oben aufge-
zählten Rechte gar nicht, oder sie sind für Ihr Wertsystem
nicht wichtig. Wenn dies der Fall ist, verstärkt sich Ihre
Chance, daß Sie sich in Situationen, in denen diese Rechte betroffen sind, selbstsicher verhalten.

Abweichende Rechte

Unsere Liste mag durchaus Rechte nennen, die Ihnen au-
genblicklich fremd sind. Das kann daran liegen, daß einige der von Ihnen vertretenen Ansichten von jenen abweichen, die Selbstsicherheit untermauern. Wenn Sie es zum
Beispiel für Ihre Lebensaufgabe halten, anderen zu die-
nen, wird es Ihnen schwerfallen, das Recht anzuerkennen,
eine Bitte ohne Schuldgefühle abzuschlagen.

Ebenso kennen Sie vielleicht Rechte, die wir nicht aufge-
zählt haben. Überdenken Sie Ihr Wertsystem, um diese
herauszufinden. Wenn Sie zum Beispiel überzeugt davon
sind, daß Menschen dumm sind (vor allem diejenigen, die
nicht mit Ihnen einverstanden sind), räumen Sie sich sicherlich das Recht ein, anderen Vorschriften zu machen.
Wenn Sie glauben, daß Menschen, die sich gegen Sie äußern, schlecht oder schwach sind, werden Sie sich das
Recht nehmen, sie zu »bestrafen« oder Ihren eigenen
Kopf durchzusetzen.

Ein selbstsicheres Wertsystem darf in unseren Augen
nicht die Verletzung der Rechte anderer einschließen,
selbst wenn diese Ihre Rechte verletzt haben. Es beinhal-
tet aber das Einstehen für die eigenen Rechte, wenn sie
von anderen verletzt wurden, und zwar auf selbstsichere
Art und Weise.

Das Akzeptieren von Rechten

Die oben genannten Rechte zu verstehen und zu akzeptieren, daß sie einem zustehen, ist nur die eine Seite. Das heißt noch lange nicht, daß Sie diese Rechte wirklich bewußt in Anspruch nehmen werden. Sie kennen vielleicht Ihr Recht, um einen Preisnachlaß beim Teppichkauf zu bitten, aber möglicherweise stellen Sie die Frage danach nicht, oder nicht selbstsicher genug. Um Ihre Rechte geltend zu machen, müssen Sie sie tatsächlich akzeptieren. Testen Sie, ob Sie ein bestimmtes Recht wirklich akzeptieren, indem Sie sich fragen:

- Geht meine Selbstsicherheit beim geringsten Anzeichen von Widerstand verloren?
- Habe ich nach einem selbstsicheren Auftreten Schuldgefühle, bereue ich es, oder frage ich mich, ob ich mich richtig verhalten habe?
- Wie oft muß ich mir ins Gedächtnis rufen, daß ich dieses Recht habe?
- Muß ich mich für ein solches Verhalten erst »stark machen«?

An dieser Stelle bietet es sich an, die Liste der allgemeinen Rechte noch einmal durchzugehen und zu prüfen, ob es darunter welche gibt, die Sie nur schwer akzeptieren können. Denken Sie daran, akzeptieren heißt, für diese Rechte einzustehen, wenn Widerstand von anderen kommt. Fragen Sie sich in bezug auf jene Rechte, deren Inanspruchnahme Ihnen schwerfällt:

- Woran kann das liegen (besteht unter Umständen eine Differenz zu ihrem Wertsystem?)
- Welche Erfahrungen, und mit wem, haben vielleicht zu diesem Problem geführt?
- Wie wirkt es sich auf Ihre Arbeit, Ihre Freizeit und Ihre Beziehung zu anderen aus, wenn Sie diese Rechte nicht akzeptieren?

Die Beantwortung solcher Fragen kann als solches schon helfen, das fragliche Recht zu akzeptieren. Bezüglich jener Rechte, bei denen Sie noch Zweifel haben, sollten Sie sich zum Beispiel sagen: »Ich *habe* das Recht, zu ...«, oder »Ich räume *mir* das Recht ein, zu ...«

Rechte im Arbeitsleben

Wir haben einige der allgemeinen Rechte aufgeführt, die man im Umgang mit anderen Menschen in Anspruch nehmen kann. Wenden wir uns nun den Rechten in einem bestimmten Bereich zu — Ihrem Arbeitsleben. Diese Rechte hängen von der Art Ihres Jobs ab und können verschiedene Quellen haben:

1. die in den Gesetzestexten verankerten Rechte;
2. die von Ihrer Firma festgelegten Rechte;
3. die Rechte im Verhältnis zwischen Ihnen und Ihren Mitarbeitern.

Die in Gesetzestexten verankerten Rechte

Diese wurden in den letzten zwanzig Jahren erheblich verstärkt — denken wir nur an Arbeitsgesetze, Vorschriften für Arbeitsverträge, Urlaubsansprüche, Tarifverträge, Betriebsverfassungsgesetz, Sicherheitsvorschriften usw. Vielleicht sind Sie sich ab und zu über die Einzelheiten dieser Rechte im unklaren. Sie wissen aber, daß Sie Rechte in diesem Bereich haben, und wenn Sie das Gefühl haben, daß sie verletzt werden, sollten Sie sich über die Details informieren, bevor Sie einen bestimmten Standpunkt einnehmen.

Die von Ihrer Firma festgelegten Rechte

In manchen Firmen haben die Angestellten zusätzliche Rechte zu den gesetzlich festgelegten wie Lohnfortzahlung oder Urlaub, so etwa:

- mindestens einmal im Jahr eine Arbeitsplatzbewertung;
- eine zusätzliche Gewinnausschüttung;
- Weiterbildung bei fortlaufenden Bezügen.

Vielleicht kennen Sie auch hier die Einzelheiten nicht, wissen aber, wie Sie sich darüber informieren können.

Die Rechte im Verhältnis zwischen Ihnen und Ihren Mitarbeitern

In unseren Augen ist dies die wichtigste Kategorie der Rechte in Ihrem Arbeitsleben. Und zwar, weil sie den Großteil des Tages über Ihr Verhalten beeinflussen. Über einige dieser Rechte besteht zwischen Ihnen und jenen, mit denen oder für die Sie arbeiten, Einverständnis und sie werden von beiden Seiten akzeptiert.

Dies kann zum Beispiel für Rechte gelten, die auf der Beschreibung Ihres Arbeitsplatzes beruhen, etwa das Recht, Ausgaben bis zu einem bestimmten Betrag veranlassen zu können. Andere Rechte sind für Sie vielleicht unklar oder zwischen Ihnen und anderen nicht ausreichend abgestimmt. Solange sie nicht eindeutig abgeklärt sind, sollte man sie nicht als Rechte betrachten. Die nun folgende Liste enthält viel mehr Rechte als die meisten Menschen glauben, in ihrem Arbeitsleben zu haben:

- das Recht auf Klarheit, was von mir erwartet wird;
- das Recht, zu wissen, wie mein Vorgesetzter meine Leistung einschätzt;
- das Recht, meine Arbeit auf meine Weise zu erledigen, sobald über Ziele und Einschränkungen Einigung erzielt wurde;
- das Recht, ab und zu Fehler zu machen;
- das Mitspracherecht bei der Auswahl der Personen, die für mich arbeiten sollen;
- das Recht, von meinen Mitarbeitern eine bestimmte Arbeitsqualität zu erwarten;

- das Recht, die Arbeit eines Mitarbeiters zu kritisieren, wenn sie dem erforderlichen Standard nicht entspricht;
- das Recht, bei mich betreffenden Entscheidungen gehört zu werden;
- das Recht zu eigenen Entscheidungen in Angelegenheiten, die meine Abteilung oder meinen Arbeitsbereich betreffen;
- das Recht, unvernünftige Forderungen abzulehnen (aber lesen Sie dazu den nachfolgenden Kommentar über Arbeitsplatzbeschreibungen).

Es kann zwischen den oben genannten Rechten und den Ihren Abweichungen geben, die von den Richtlinien Ihrer Firma, Ihrem Arbeitsvertrag oder Ihrer Arbeitsplatzbeschreibung herrühren. Wenn dies der Fall ist, haben die letztgenannten drei Aspekte Priorität gegenüber den von uns aufgelisteten Rechten, und zwar, weil Sie Ihr Einverständnis kundgetan haben (wovon wir ausgehen), als Sie den Job annahmen.

Mangelnde Klarheit über Rechte

Wir haben vielleicht den Eindruck vermittelt, daß die Rechte zwischen Ihnen und Ihren Mitarbeitern klar definiert und gegenseitig anerkannt sind. Das ist nicht immer der Fall. Zeigen wir ein Beispiel hierfür und die Folgen daraus.

Herr Erichsen, der Abteilungsleiter, informiert einen seiner Mitarbeiter, Herrn Grüner, daß er sich entschlossen hat, Änderungen bei der zukünftigen Arbeitsverteilung vorzunehmen. Herr Grüner hört dies zum ersten Mal und ärgert sich wieder einmal, daß Herr Erichsen ihn vor Einführung der Änderungen nicht gefragt hat.

Herr Grüner: »Mir gefällt das gar nicht. Für mich bedeutet das mehr Auswertungstätigkeit, und das kann ich kaum mit der anliegenden Arbeit vereinbaren.«

Herr Erichsen: »Nun, das mag sein, aber die Arbeit ändert sich, und wir müssen uns darauf einstellen.«

Herr Grüner: »Wie wäre es denn, wenn Herr Bauer einen Teil der Auswertungsarbeit macht?«

Herr Erichsen: »Er ist schon anderweitig völlig ausgelastet und wird Ihnen nicht helfen können.«

Herr Grüner beendet das Gespräch an diesem Punkt, obwohl ihn das Resultat nicht befriedigt. Später stellt er fest, daß es weniger die Änderungen waren, die ihn verärgert haben, sondern vielmehr die Tatsache, nicht befragt worden zu sein. Er hat aber zu Herrn Erichsen nichts in der Art gesagt wie: »Ich wäre gern gefragt worden, denn Änderungen in der Arbeitsverteilung bedeuten, daß ich vieles umorganisieren muß.« Dies wäre eine Bemerkung gewesen, die das, was er als sein Recht auf Befragung betrachtet, unterstützt hätte, was ja für ihn der springende Punkt war. Aber, wie so oft, drehte sich das Gespräch mehr um die oberflächlichen Probleme (in diesem Fall um die Rechtfertigung der Änderung der Arbeitsverteilung). Da das eigentliche Thema — ob Herr Grüner nämlich das Recht hat, vor einer Änderung der Arbeitsverteilung befragt zu werden — gar nicht besprochen wurde, ist es sehr wahrscheinlich, daß das Problem erneut auftauchen wird.

So kann Mangel an Klarheit über Rechte Ihr Verhalten in einer Situation, den Ausgang der Situation und Ihr Empfinden darüber beeinflussen. In jeder Situation, in der Ihre Rechte unklar sind, können Sie Schritt für Schritt zu einer Klärung kommen.

Fragen Sie sich stets *vor einer solchen Situation:*
- »Was sind meine Rechte?«
- »Was sind die Rechte des anderen?«
- »Akzeptiert er meine Rechte?«
- »Akzeptiere ich seine Rechte?«

Während einer Situation, in der Sie glauben, der andere habe Ihre Rechte beschnitten, aber wo dies nicht eindeutig geklärt ist, müssen Sie

- Einzelheiten aus dem Spiel lassen;
- zwar sagen, was Sie für Ihr Recht halten, aber dabei möglichst nicht das Wort »Recht« verwenden, sondern lieber Formulierungen wie etwa »dazu gerne vorher gehört werden«;
- prüfen, ob der andere dieses Recht anerkennt.

Bisher haben wir uns damit befaßt, was Ihre allgemeinen Rechte und Ihre Rechte im Arbeitsbereich sein können, aber vielleicht kommt Ihnen das etwas wie eine »Einbahnstraße« vor. Wenn das der Fall ist, führt es leicht zu Verwechslung von Selbstsicherheit und Aggression. Wenden wir uns deshalb der anderen Seite des Themas zu: der Verantwortung.

Rechte und Verantwortungen

Wenn Sie bei der Vertretung Ihrer Rechte selbstsicher und nicht aggressiv wirken wollen, ist es unabdingbar, die mit den Rechten verknüpften Verantwortungen zu akzeptieren. Die Tabelle 3.1 zeigt einige Verantwortungen auf, die mit den bereits erwähnten Rechten im Arbeitsbereich verbunden sind. Wenn Sie diese Verantwortungen nicht akzeptieren, fällt es anderen Menschen um so schwerer, Ihre entsprechenden Rechte zu akzeptieren.

Vorrangige Verantwortungen

- Wenn Sie sich selbstsicher für Ihre Rechte einsetzen wollen, haben Sie die Verantwortung, selektiv mit diesen Rechten umzugehen. Wenn Sie stets stur auf Ihrer

Tabelle 3.1:   Rechte und Verantwortungen

Rechte	*Verantwortungen*
Ihre Arbeit auf Ihre Weise zu erledigen, sobald über Ziele und Einschränkungen Einigung erzielt wurde: mitentscheiden zu können, darüber, wer für Sie arbeiten soll;	Sich an die vereinbarten Einschränkungen zu halten; produktive Zeitnutzung bei der Arbeit mit diesen Methoden; dieses Recht nicht persönlich auszunützen (etwa durch Einspruch gegen eine Person, in der Sie eine Bedrohung Ihrer Position sehen);
ab und zu einen Fehler zu machen;	einen Fehler zuzugeben, statt andere dafür zu tadeln; ihn auszubügeln; aus ihm zu lernen, das heißt, ihn nicht zu wiederholen;
von Ihren Mitarbeitern eine bestimmte Arbeitsqualität zu erwarten;	den Mitarbeitern die Anforderungen verdeutlichen;
die Arbeit der Mitarbeiter zu kritisieren, wenn sie dem erforderlichen Standard nicht entspricht.	das selbstsicher tun; erkennen, daß es dafür berechtigte Gründe geben mag.

Meinung herumreiten, dies und jenes sei Ihr Recht, und jedesmal »den Aufstand proben«, selbst wenn Ihre vermeintlichen Rechte nur geringfügig angetastet wurden, schaden Sie sich womöglich nur selbst.

● Sie haben die Verantwortung, die Rechte der anderen zu akzeptieren und zu respektieren. Es kommt schnell soweit, daß man sich so stark mit den eigenen Rechten beschäftigt, daß man dabei die der anderen aus den

Augen verliert. Damit wollen wir uns im nächsten Abschnitt näher befassen.

Die Rechte anderer

Die Betonung in diesem Kapitel lag bisher auf der Akzeptierung Ihrer eigenen Rechte. Dies ist wichtig, wenn Sie sich selbstsicher statt unsicher verhalten wollen. Wenn Sie sich andererseits selbstsicher und nicht aggressiv verhalten wollen, müssen Sie die Rechte anderer unbedingt erkennen und akzeptieren. Was also die bereits erwähnten allgemeinen Rechte betrifft: Akzeptieren Sie diese nicht nur für sich, sondern auch für andere? Wir verwenden auch hier bewußt das Wort »akzeptieren«, weil es nicht nur die rein verstandesmäßige Anerkennung bezeichnet, sondern eine Gesamthaltung, die Ihr Verhalten beeinflußt. Akzeptieren Sie die Rechte bei allen, oder nur bei einigen Personen? Wenn nur bei einigen, wer sind diese, und warum gestehen sie anderen die gleichen Rechte nicht zu?

In bezug auf die Rechte am Arbeitsplatz mag es zwischen den Ihren und denen Ihrer Mitarbeiter Unterschiede geben. Wenn Sie diesen jedoch die gleichen allgemeinen Rechte wie sich selbst zugebilligt haben und mit ihnen in der gleichen Firma arbeiten, sollten Sie wohl etliche Rechte aus dem Arbeitsbereich für allgemein halten. Wenn Sie sich zum Beispiel das Recht nehmen, ab und zu einen Fehler zu machen, können Sie das dann anderen verwehren? Wenn Sie akzeptieren, daß auch andere das Recht auf gelegentliche Fehler haben, und sich das im Ernstfall vor Augen halten, können Sie das Problem selbstsicher statt aggressiv angehen.

Das Akzeptieren und Respektieren der Rechte anderer auf diese Weise ist eine der entscheidenden Verantwortungen für jeden, der sich selbstsicher verhalten will. Das

Akzeptieren dieser Verantwortung ermutigt andere nicht nur zur Respektierung Ihrer Rechte, sondern beweist auch, daß Ihre Selbstsicherheit wirklich eine solche und nicht versteckte Aggression ist.

Zusammenfassung

In diesem Kapitel sind wir im Zusammenhang mit dem Thema »Rechte« auf selbstsicheres Auftreten zurückgekommen. Wir sagten, daß:

- Klarheit über die eigenen Rechte und die der anderen und deren Akzeptierung Sie befähigt, zu wissen, wie sich andere Ihnen gegenüber verhalten, und Ihnen hilft, sicher aufzutreten;
- die von Ihnen akzeptierten Rechte zum Teil von Ihrem Wertsystem bestimmt werden, was wiederum auf den von Ihnen gemachten Erfahrungen beruht;
- die Akzeptierung der Verantwortungen, die mit Ihren Rechten verknüpft sind, Sie befähigt, sich selbstsicher statt aggressiv zu verhalten.

4. Der Weg zu größerer Selbstsicherheit

In den vorausgegangenen Kapiteln haben wir uns mit den eher theoretischen Aspekten des sicheren Auftretens beschäftigt: den Begriffen als solchen, dem Erkennen von selbstsicheren, aggressiven und unsicheren Verhaltensmustern, und den Rechten im Rahmen des sicheren Auftretens. Im folgenden Kapitel beginnen wir mit den praktischen Übungen zur Steigerung der Selbstsicherheit am Arbeitsplatz.

Wir glauben, daß jede Fähigkeit, ob Schreibmaschinenschreiben, öffentliches Reden oder der Kontakt mit anderen, durch Übung verbessert werden kann. Dies gilt auch für sicheres Auftreten. Wir beginnen also die Einübung mit einigen Situationen aus dem Arbeitsleben. Es sind Situationen, in denen Sie vielleicht manchmal aggressiv oder unsicher sind. Sie treten häufig auf, man kann sich also immer wieder darin üben. Meist sind es kurze Vorkommnisse, mit unmittelbaren Ergebnissen, ein idealer Ausgangspunkt also, um das sichere Auftreten zu verbessern. Für jede Situation geben wir mehrere Hinweise, wie man sich selbstsicher verhalten könnte.

Situation 1:
Bitten an jemanden richten

Finden Sie es manchmal schwierig, bei der Arbeit eine Bitte an jemanden zu richten, oder tun Sie dies zögernd oder schroff? Manchmal hängt es auch ganz davon ab, an wen die Bitte gerichtet wird. Es ist zum Beispiel sicher leichter, einen Kollegen zu fragen und nicht einen Vorgesetzten oder ein Mitglied der Geschäftsleitung. Typische Situationen könnten sein: einen Kollegen früher als vorgesehen um einen Bericht bitten, einen Abteilungsleiter um die Änderung einer Zuständigkeit bitten, einen Mitarbeiter um eine zusätzliche Arbeit übers Wochenende bitten. Wenn Sie unfähig sind, Bitten selbstsicher vorzutragen, können Chancen verpaßt werden, Initiativen werden unterlassen, Möglichkeiten werden nicht optimal genutzt; andererseits könnten Sie dadurch andere veranlassen, Ihnen etwas nachzutragen und unkooperativ zu werden.

Bestimmte Schwierigkeiten, denen Sie begegnen, können sich aus der Einstellung ergeben, die Sie bei einer Bitte an den Tag legen, wie etwa:

- Ich bringe die Leute in eine Lage, in der sie nicht nein sagen können;
- wenn jemand nein sagt, mag er mich nicht;
- es ist ein Zeichen der Schwäche, um etwas zu bitten;
- meine Bedürfnisse sind nicht wichtig/nicht so wichtig wie die anderer;
- wenn jemand etwas für mich tut, bin ich ihm verpflichtet;
- ich habe kein Recht, um etwas zu bitten.

Wenn Sie obige Einstellungen erkennen lassen, werden Sie Bitten vermeiden oder stets nur entschuldigend vorbringen. Das heißt, Sie verhalten sich unsicher.

Im Gegensatz dazu könnten Sie denken:

- Niemand hat das Recht, sich zu weigern;
- eine Weigerung ist ein persönlicher Angriff auf mich;
- meine Bedürfnisse sind wichtiger als die anderer;
- andere sollten sich freuen, mir helfen zu dürfen.

In diesen Fällen verhalten Sie sich beim Vortrag Ihrer Bitte feindlich oder fordernd. Die unausgesprochene Drohung, die in dem Ton mitschwingt, mit dem Sie Ihre Bitte äußern, ist: »Wag' es nur, dich zu weigern!« Sie verhalten sich also aggressiv.

Es ist nur natürlich, daß Sie im Arbeitsleben Bitten an andere stellen müssen. Bei einigen dieser Bitten wird es für die Leute wohl auch darum gehen, »mehr als ihre Pflicht zu tun«. Wir nennen beides »Bitten im Arbeitsleben«. Außerdem mag die Bitte auch lauten, nach Hause gefahren zu werden oder in der Mittagspause auf einen Schluck mitzukommen. Das nennen wir »persönliche Bitten«. Bei all diesen Bitten beruht das sichere Auftreten auf der Überzeugung, daß *Sie das Recht haben, zu bitten, der andere aber das Recht hat, auf selbstsichere Art gefragt zu werden — und auch das Recht, die Bitte abzulehnen.* In bezug auf letzteres gibt es manchmal Ausnahmen, man hat nicht immer das Recht, eine Bitte abzuschlagen. So steht vielleicht im Arbeitsvertrag, daß man auf sein Recht verzichtet, zu einem bestimmten Zeitpunkt oder unter bestimmten Umständen Arbeit zu verweigern. *Aber selbst dann hat man das Recht, die durch die Anforderung ausgelösten Probleme zur Sprache zu bringen.*

Übrigens machen wir keinen Unterschied zwischen berechtigten oder unberechtigten Bitten, da dies in jedem Fall subjektiv beurteilt wird. Außerdem könnte das Wort »unberechtigt« emotional überladen sein und Sie zu aggressiver Reaktion verleiten. Wenn Sie die oben erwähnten Rechte für beide Seiten akzeptieren, verliert das Thema »berechtigt« oder »unberechtigt« rasch an Bedeutung.

Tips, wie man richtig bittet

Man sollte offen und direkt um etwas bitten und es dem anderen auch nicht schwer machen, die Bitte abzuschlagen.

Keine Entschuldigungsfloskeln. Vermeiden Sie Formulierungen wie etwa »Es tut mir leid, Sie zu belästigen, ich hoffe, es macht Ihnen nichts aus …«, oder »Glauben Sie bitte nicht, ich wolle Sie ausnützen, aber meinen Sie nicht, Sie könnten vielleicht ...«

Seien Sie direkt. Sagen Sie zum Beispiel ruhig zu einer Kollegin: »Fräulein Schmidt, ich möchte den Bericht über das Waldbauer-Projekt gern Ende nächster Woche. Ist das zu schaffen?« Wenn Sie Andeutungen statt direkter Bitten vorbringen, wird der andere skeptisch oder ungeduldig oder beides, und sagt sich: »Warum kommt er nicht zur Sache?«

Fassen Sie sich kurz. Ausschweifende Erklärungen machen konfus und verleiten Sie nur zu Selbstrechtfertigungen.

Rechtfertigen Sie Ihre Bitten nicht unnötig. Keine Sätze wie »Eigentlich würde ich niemanden bitten. Ich will niemanden ausnützen, aber das Auto ist kaputt und der Nachbar ist krank.«

Begründen Sie Ihre Bitte, wenn Sie das für sinnvoll halten, aber seien Sie ehrlich und machen Sie es kurz: »Herr Meier, ich habe morgen mein Auto nicht, könnten Sie mich mitnehmen?«, oder »Herr Albers, ich brauche die Zahlen für die Besprechung nächste Woche, kann ich Ihre bis Freitag bekommen?«

Verknüpfen Sie Ihre Bitte nicht mit Schmeichelei oder Aussicht auf Belohnung. Also nicht so: »Frau Degen, Sie sind die einzige richtige, könnten Sie ...«, oder »Herr Beier, ich bin ganz sicher, das interessiert Sie ...«

Nutzen Sie nicht die Freundschaft mit jemanden oder seine Gutmütigkeit aus, wie etwa: »Sei ein guter Kumpel und bring mir das um die Mittagszeit«, oder »Es wäre wirklich sehr nett von Ihnen, wenn Sie ...«

Nehmen Sie eine Absage nicht persönlich, selbst wenn die Bitte eher persönlichen Charakter hat oder der Kollege zugleich ein Freund ist. Sonst könnte er Schuldgefühle wegen der Absage bekommen.

Respektieren Sie das Recht des anderen, nein zu sagen.

Akzeptieren Sie bei einer persönlichen Bitte »Nein« als Antwort. Fangen Sie nicht an, unsicher zu betteln oder aggressiv zu drängen. Geben Sie bei einer Bitte im Arbeitsbereich mehr Information und weitere Erklärung, und versuchen Sie herauszufinden, warum der andere Ihrer Bitte nicht entsprechen kann. Wenn es dann immer noch »nein« heißt, konzentrieren Sie sich eher auf eine gemeinsame Problemlösung als darauf, den anderen weiterhin zur Erfüllung lhrer Bitte zu drängen. (Weitere Erläuterungen hierzu finden Sie in Kapitel 11).

Situation 2:
Das Abschlagen von Bitten

Häufig fällt es leitenden Angestellten und Fachleuten schwer, eine berufliche Bitte abzuschlagen — oder aber das »Nein« kommt wie ein Schlag mit dem Hammer. Wie bei der Äußerung von Bitten hängen viele Probleme auch hier davon ab, welche Ansichten Sie vertreten, wie zum Beispiel:

● die anderen sind verärgert/verletzt, wenn ich ablehne;
● sie mögen mich nicht mehr;
● es ist hartherzig/egoistisch, abzulehnen;
● ich habe nicht das Recht, nein zu sagen;
● wenn ich das abschlage, verliere ich das Recht, andere um etwas zu bitten;
● ihre Bedürfnisse sind wichtiger als meine.

Diese Einstellungen veranlassen Sie, ja zu sagen, obwohl Sie eigentlich nein sagen wollen, Schuldgefühle beim Neinsagen zu entwickeln, oder Entschuldigungen statt der wahren Gründe für das Abschlagen vorzubringen. Ein Beispiel für letzteres wäre die Antwort: »Ich kann den Bericht momentan nicht machen, mir fehlt die Zeit«, statt zuzugeben, daß Sie den Bericht für sinnlos halten. All dies bedeutet *unsicheres Auftreten*.

Wenn Sie dann ja statt ehrlicherweise nein gesagt haben, stellen Sie vielleicht später fest, daß Sie sich übernommen haben. Möglicherweise ärgern Sie sich nun auch darüber, daß Sie (oder andere) Dinge tun, die Ihnen alles andere als behagen. Vielleicht machen Sie das demjenigen zum Vorwurf, der die Bitte gestellt hat, obwohl Sie sich eigentlich über sich selbst ärgern, weil Sie nicht nein gesagt haben.

Im Gegensatz dazu könnten Sie auch *die Ansicht vertreten,* daß

- andere kein Recht haben, solche Bitten an Sie zu stellen;
- andere mit sich selbst zurecht kommen sollten;
- Sie schnell als »Waschlappen« dastehen, wenn Sie die Bitten anderer erfüllen.

Diese Ansichten führen zu Antworten wie: »Also bitte, Sie haben ja Nerven!« oder: »Warum fragen Sie immer mich?« Beispiele für *aggressives* Abschlagen von Bitten.

Der Schlüssel selbstsicheren Abschlagens von Bitten ist die Überzeugung, daß andere das Recht haben, Bitten zu stellen und Sie das Recht haben, Bitten abzuschlagen.

Wenn die Definition Ihres Arbeitsbereichs das Abschlagen von Bitten beschränkt, dann denken Sie daran, daß Sie immer noch das Recht haben, auf die Probleme zu verweisen, die durch die gestellte Bitte entstehen.

Tips, wie man Bitten selbstsicher abschlägt

Geben Sie kurze Antworten, vermeiden Sie weitschweifige Rechtfertigungen wie »Normalerweise würde ich das nicht sagen, aber ... Sie wissen, wie's ist, ich hoffe, es macht Ihnen nichts aus.«

Lehnen Sie klar und deutlich ab: »Nein, ich möchte nicht ...«, oder »Es ist mir lieber, nicht ...«, oder »Es paßt mir nicht ...«. Diese Absageformen bieten sich vor allem bei persönlichen Bitten an.

Begründen Sie, wenn Sie wollen, Ihre Absage, aber erfinden Sie keine Entschuldigung.

Vermeiden Sie »Ich kann nicht«-Aussagen, sie klingen schnell wie Entschuldigungen.

Keine Entschuldigungsfloskeln wie »Es tut mir so leid …«, oder »Ist es sehr schlimm, wenn …«.

Spenden Sie dem Betreffenden Anerkennung, wenn Sie jemand einladen möchte oder eine sonst unübliche Initiative ergriffen wurde, Sie aber nicht darauf eingehen können: »Danke, Frau Anders, das ist sehr nett, aber ich kann jetzt noch keine Kaffeepause machen«, oder »Ich bin an der Besprechung wirklich interessiert, Herr Paul, aber …«.

Geben Sie Beschränkungen/Möglichkeiten ehrlich zu: »Ich bin nicht in der Lage, zu …«, »Nein, das ist schwierig/unmöglich … aber ich werde …«. Dies bietet sich vor allem bei Bitten im Arbeitsleben an!

Bitten Sie um Erklärungen oder mehr Informationen, etwa »Welche Details muß der Bericht enthalten?« oder »Brauchen Sie ihn Freitag morgen oder erst am Nachmittag?«

Erbitten Sie mehr Zeit, um eine Entscheidung zu treffen, zum Beispiel, wenn Sie die Arbeitsbelastung prüfen wollen.

Nonverbales Verhalten: Vor allem bei kurzen Antworten müssen Sie ruhig bleiben, sprechen Sie klar und warm, sonst können Antworten wie »Nein, ich möchte nicht …« zu schroff wirken.

Wenn der »Bittsteller« beharrt

Oft ignorieren andere Ihr Recht, etwas abzuschlagen, und beharren auf ihrer Bitte. Wir denken dabei weniger an Leute, die um Klärung oder mehr Information bitten, wenn Sie verneinen, sondern an solche, die zum Beispiel so vorgehen, um Sie umzustimmen:

- Ihre Entscheidung hinterfragen: »Sind Sie wirklich sicher?«;
- unsicher »betteln«: »Sie würden mir, hm … wirklich aus großer Verlegenheit helfen, wenn Sie …«;
- aggressiv (manchmal »väterlich«) drängeln: »Ach, kommen Sie, natürlich können Sie das!« oder vorwurfsvoll werden: »Also Sie lassen mich da wirklich mit einem furchtbaren Problem sitzen!«

Wenn jemand hartnäckig bleibt, schlagen wir folgendes vor:

Wiederholen Sie Ihre Absage, nennen Sie, wenn nicht schon geschehen, den Grund, sonst nicht. Sprechen Sie langsam, und betonen Sie jedes Wort, das Sie wiederholen.

Suchen Sie nicht nach »besseren« Begründungen. Das führt nur zu wackeligen Entschuldigungen, gegen die der andere entweder Einwände vorbringt oder die er einfach nicht gelten läßt. Hier ein Beispiel dafür:

Ursprüngliche selbstsichere Ablehnung: »Ich halte Herrn Steuer nicht für die geeignetste Person, um den Jahresbericht zu erstellen.«

Beharren: »Man könnte ihn aber schnell einarbeiten.«

Entschuldigung: »Ich habe keine Zeit dafür.«

Beharren: »Herr Maus könnte das für Sie machen.«

Entschuldigung: »Außerdem ist Herr Steuer mit den Rechnungen beschäftigt.«

Beharren: »Die können doch erstmal liegenbleiben.«

Sobald Sie Entschuldigungen/Ausreden vorbringen, werden Sie unglaubwürdig und machen sich das Leben schwer. So wäre es nach dem ersten Beharren ehrlicher und produktiver gewesen, zum Beispiel zu sagen: »Nein, ich möchte lieber, daß Herr Steuer an den Rechnungen weiterarbeitet.« Wenn Sie versehentlich eine Entschuldigung/Ausrede benützt haben, dann bereinigen Sie schnellstens die Situation bei der nächsten Gelegenheit, indem Sie den wahren Grund nennen.

Situation 3:
Nicht einverstanden sein und die eigene Meinung vertreten

Im Arbeits- und Privatleben machen Sie mit anderen Menschen in unterschiedlichen Situationen Erfahrungen, selbst gleiche Situationen können von Ihnen unterschiedlich erlebt werden. All dies führt verständlicherweise zur Bildung einer eigenen Meinung. Manchmal entspricht sie der anderer Menschen, manchmal nicht. Wahrscheinlich tauschen Sie diese Meinung mit Kollegen, Untergebenen und Vorgesetzten aus. Sowohl bei gelegentlichem Zusammentreffen, wo die Standpunkte mehr oder weniger als solche zum Ausdruck gebracht werden, als auch bei formelleren Besprechungen, wo Nicht-einverstanden-Sein und Meinung-Vertreten Teil des größeren Prozesses der Entscheidungsfindung und Problemlösung ist. Leider gleichen beide Situationen manchmal Kämpfen von Streithähnen, wo gestritten statt debattiert wird, oder sie bekommen Cocktail-Party-Atmosphäre, wo jeder jedem nach dem Mund redet. Das folgende Beispiel zeigt beide Aspekte auf.

Bei dieser Situation geht es darum, daß ein neues Budgetierungs-System einen Monat lang im Testlauf war und dies nun in einer Konferenz diskutiert wird:

Herr David: »Für mich ist das neue System eine echte Verbesserung. Das alte hat nie richtig funktioniert.«

Herr Koller: »Das stimmt nicht. Das alte war viel besser. Das neue braucht viel zu lang bei der Eingabe, es gehört auf den Müll.«

Frau Lieser: »In Ordnung, wenn Sie wissen, was Sie tun.« (»Punkte-Machen«)

Herr Koller: »Im Gegenteil, es ist okay, wenn Sie so viel Zeit übrig haben.« (»Punkte-Machen«)

Herr David: »Also, zugegeben, in gewisser Hinsicht braucht es zuviel Zeit.« (»Nach-dem-Mund-Reden«)

Bei diesem Gespräch versucht keiner, sich mit der Meinung des anderen wirklich auseinanderzusetzen. Tatsächlich sind alle Standpunkte vertretbar, weil das neue System zwar nicht für Herrn Koller, aber wohl für Frau Lieser und Herrn David günstig ist. Das Ergebnis ist: Welches System auch immer Anwendung finden wird, es wird dem Wunsch einer, vielleicht zweier, aber nicht aller drei Personen entsprechen. Sinnvoller wäre ein System, das allen entgegenkommt. Aber um diese Lösung zu erzielen, müßte das Verhalten selbstsicher und nicht — wie hier — aggressiv bis unsicher sein.

So vergrößert aggressives Verhalten oft den Konflikt durch Steigerung der Meinungsverschiedenheiten und Unterdrücken einer möglichen Einigung. Es verwirft die Ideen und Ansichten des anderen als wertlos, gibt Ansichten als Tatsachen wieder und verhärtet die Position. Es schmälert den anderen durch Sarkasmus oder direkte Feindseligkeit. Es kommt zu Aussagen wie:

- »Quatsch, das funktioniert so nicht.«
- »Sie wissen nicht, wovon Sie reden.«
- »Das führt nur zu Problemen.«
- »Diese Maschine ist reine Zeitverschwendung.«
- »Noch ein Vorschlag von Ihnen, wie man Zeit spart, na, wie wär's?«
- »Was Sie sagen, interessiert mich nicht. Mir geht es um …«

Aggressives Verhalten beruht auf Ansichten wie:

- Alles ist schwarz oder weiß, es gibt keine Zwischentöne;

- andere können nur recht haben, wenn ich unrecht habe, beide Seiten können nicht recht haben;
- ich bin verletzlicher, wenn man merkt, daß ich unrecht habe;
- es ist Schwäche, wenn ich meine Meinung ändere;
- andere haben kein Recht, anderer Meinung als ich zu sein.

Das unmittelbare Ergebnis bei Meinungsverschiedenheiten und aggressivem Vertreten der einzelnen Standpunkte kann sein, daß das Thema untergeht, weil die Emotionen überhandnehmen. So gehen neue Tatsachen, wichtige Gesichtspunkte und vielleicht nützliche Ideen verloren. Gleichzeitig sind die Ergebnisse, also Lösungen und Entscheidungen, lange nicht so effektiv, wie sie sein könnten.

Unsicheres Verhalten stuft die eigenen Ideen und Ansichten als wertloser und unwichtiger als die anderer ein. Man versucht, Konflikte zu vermeiden, indem jegliche Meinungsverschiedenheit übergangen und das Fähnchen nach dem Wind gehängt wird. Wenn überhaupt, werden abweichende Meinungen und Gesichtspunkte zögernd und entschuldigend vorgebracht. Zweifel werden völlig verschwiegen oder später verschiedenen Leuten nebenbei mitgeteilt. Die Stellungnahmen lauten zum Beispiel:

- »Hmm, ich glaube, Sie haben recht ... wirklich.«
- »Tja, ... ich bin nicht sicher, ob ich das befürworten kann.«
- »Ich will ja nicht unbedingt widersprechen, aber ... hm ...?«
- »Oh ... wirklich? ... nun ... vielleicht habe ich einen falschen Eindruck.«

Dies beruht auf Einstufungen wie:

- Nicht einverstanden sein führt zu Konflikten, und das ist unerfreulich;
- die Leute halten mich bloß für lästig, wenn ich Zweifel anmelde;

- die anderen ärgert oder langweilt es nur, wenn ich anderer Meinung bin;
- wenn ich meinen Standpunkt vertrete, riskiere ich nur, unrecht zu haben/mich lächerlich zu machen;
- beide Seiten können nicht recht haben;
- ich habe eigentlich immer unrecht;
- ich habe kein Recht, nicht einverstanden zu sein.

Das unmittelbare Ergebnis der Unsicherheit gegenüber Nichteinverständnis und Vertreten der eigenen Meinung ist, daß gewisse durchaus vorhandene Schwierigkeiten nicht klargelegt werden und daher bei der Problemlösung nicht in Betracht gezogen werden. Oder es werden Entscheidungen gefällt, ohne daß Sie voll damit einverstanden sind. Andere werden verständlicherweise irritiert sein, wenn Sie später sagen: »Nun, ich war damals nicht einverstanden, wollte es aber nicht sagen.«

Selbstsicheres Verhalten heißt, offen ja oder nein zu sagen und die Standpunkte klar und deutlich zu vertreten. Sie mindern weder sich noch andere dabei herab. Dies beruht auf Ansichten wie:

- Ich und andere haben das Recht auf Meinungsbildung unterschiedlicher Prägung;
- ich und andere haben das Recht, Meinungen zu vertreten und nicht einverstanden zu sein;
- Nichteinvernehmen führt nicht unbedingt zu Konflikten;
- Meinungen müssen nicht unbedingt richtig oder falsch sein, sondern sie sind vielmehr einfach unterschiedlich.

Tips, wie man abweichende Meinungen und die eigenen Standpunkte selbstsicher vertritt

Drücken Sie sich klar aus: »Nein, damit bin ich nicht einverstanden«, »Nein, ich bin nicht der Ansicht, daß …«

Drücken Sie Zweifel konstruktiv aus: »Führt das wirklich

zu …?« oder »Die Schwierigkeit besteht für mich in … Kriegen wir das hin?«, statt nur herumzunörgeln mit Floskeln wie »Das funktioniert sicher nicht« oder »Das führt doch sicher bloß zu …«

Benützen Sie »Ich-Aussagen«, um Ihre persönliche Meinung von Tatsachen und Ihre eigenen Erfahrungen von denen anderer zu unterscheiden:

»In meinen Augen …«, »Ich glaube …«, »Ich finde, daß …«, »Ich habe die Erfahrung gemacht, daß …«

Ändern Sie Ihre Meinung angesichts neuer Informationen (und nicht wegen des emotionalen Verhaltens der anderen) und geben Sie dies auch offen zu: »Angesichts … glaube ich jetzt …«

Begründen Sie Ihr Nichteinverständnis, wenn dies vielleicht zu einer sinnvollen Fortentwicklung führen kann: »Ich bin mit X wegen der Auswirkungen auf Y nicht einverstanden.«

Sagen Sie, mit welchen Punkten Sie einverstanden oder nicht einverstanden sind: »Ich bin mit der Änderung einverstanden, aber nicht so schnell, wie von Ihnen vorgeschlagen.«

Erkennen Sie die Standpunkte anderer an: »Ich akzeptiere, daß Sie anderer Ansicht sind als ich«, »Es ist mir bewußt, das dies für Sie andere Auswirkungen hat.«

Das Ergebnis dieses sicheren Vorbringens Ihrer Meinungen und sicheren Vertretens Ihrer abweichenden Standpunkte ist, daß Informationen, Standpunkte und Ideen nicht verlorengehen und Probleme nicht umgangen oder zerredet werden. Die Chance erhöht sich, daß auch in Zukunft Mitarbeiter gegenseitig akzeptierbare Lösungen vorbringen.

Situation 4:
Lob aussprechen

Wir hören oft Sätze wie: »Herr David meldet sich nur, wenn etwas nicht in Ordnung ist.« Recht häufig arbeiten Menschen in einer Umgebung, in der Lob nicht existiert, oder in den selten vorkommenden Fällen mit »Was will er damit wohl erreichen?« kommentiert wird. Es gibt eine Reihe von Gründen, nicht zu loben, wobei wieder folgende Grundansichten zur Geltung kommen:

- Lob ist ein Zeichen von Schwäche und Weichlichkeit
- wenn ich die Leute lobe, lassen sie bloß bei der Arbeit nach;
- schließlich werden sie für das, was sie tun, bezahlt;
- sie könnten glauben, ich wolle etwas von ihnen;
- Menschen steigern ihre Fähigkeit nur, wenn man sie auf ihre Fehler verweist, Lob hat keinen Sinn.

Außerdem waren Ihre bisherigen Erfahrungen mit Lob vielleicht nicht lohnenswert:

- Sie fühlten sich unbehaglich oder waren verlegen;
- Sie fanden die richtigen Worte nicht;
- das Lob »stieß Ihnen sauer auf«;
- es wurde falsch verstanden.

Das könnte bedeuten, daß Sie nun *unsicher* handeln und es vermeiden, jemanden zu loben, oder nur noch etwa wie folgt:

- Entschuldigend: »Ich hoffe, es stört Sie nicht, daß ich das sage, aber ich fand es wirklich gut, wie Sie mit dem Kunden umgegangen sind.«
- Zögernd, *wirkt* daher weniger ehrlich: »Frau Silber, mir gefällt ... ehem, ich meine, Ihr Bericht ist wirklich sehr gut.«
- Indem Sie sich gleichzeitig herabsetzen: »Herr Paul,

ich fand Ihre Präsentation gut. Wenn meine nur auch so gut gewesen wäre.«

Im Gegensatz dazu könnte das Lob auch aggressiv vorgebracht werden, also zum Beispiel

- *widerwillig und einschränkend:* »Also, das haben Sie ja diesmal nicht schlecht gemacht« oder »Sie haben's ja schließlich doch noch hingekriegt«. In diesen Fällen geben Sie und nehmen doch gleichzeitig zurück.

- *doppeldeutig:* »Die Präsentation war interessant, Herr Jörns. Hat Frau Beier Ihnen bei der Vorbereitung geholfen?« Es klingt nach Lob, aber zwischen den Zeilen steht, daß Herr Jörns es wohl nicht allein geschafft hätte.

- *überschwenglich:* »Das war super, Herr Bauer. Sie waren einfach fantastisch. Prima! Machen Sie so weiter.« Das Lob klingt entweder unehrlich oder gönnerhaft — als handele es sich um Vater und Kind.

Anmerkungen

1. Manchmal werden Menschen sarkastisch: »Das war in der Tat *mal wirklich* ein Bericht« — das ist kein Lob, sondern in Lob verpackte Kritik.

2. Die obigen Aussagen könnten scherzhaft gemacht werden, wie zum Beispiel: »Sie haben's ja doch noch hingekriegt.« Wenn Sie den anderen gut genug kennen, wird er Ihnen den Scherz nicht verübeln, da er weiß, daß Sie das darin versteckte Lob ernst meinen.

Wenn Sie unfähig sind, auf selbstsichere Art zu loben, können die anderen immer nur raten, ob Sie mit ihrer Arbeit einverstanden sind, oder sie nehmen eine Haltung ein wie »solange man nichts hört, ist alles in Ordnung«.

Selbstsicheres Verhalten heißt, Gedanken, Gefühle, Ansichten und Wünsche direkt, ehrlich und angemessen zum Ausdruck zu bringen. Aufgrund des Gedankenaustauschs zwischen Kollegen ist es unvermeidlich, daß sie gelegentlich jemandem Anerkennung zollen wollen für das, was er gesagt oder getan hat. Das kann ein Kollege, ein Mitarbeiter oder ein Vorgesetzter sein, aber ebenso ein Kunde oder Lieferant. Loben heißt nicht nur Anerkennung zeigen, sondern kann auch eine »Lehrfunktion« haben. Man lernt nicht nur aus Fehlern, sondern auch aus Erfolgen. Lob, vor allem unmittelbar auf den Einzelfall zugeschnittenes, vermittelt dem anderen ein Bild Ihrer Erwartungen und zeigt ihm, ob er sie erfüllen konnte.

Tips, wie man Lob erteilt

Behalten Sie Blickkontakt, aber locker, schauen Sie nicht weg, als wäre es Ihnen peinlich, ein Lob zu erteilen, aber starren Sie den anderen auch nicht an.

Formulieren Sie das Lob kurz und klar, vermeiden Sie Ausschweifungen.

Verwenden Sie »Ich-Aussagen« wie »Ich finde den Bericht über ... gut«, »Mir gefällt es, wie Sie den Kundenbesuch gestaltet haben.«

Gehen Sie so unmittelbar wie möglich auf Details der Arbeit ein: »Ich finde den Bericht über ... gut. Ich finde es eine gute Idee, die Zusammenfassung an den Anfang zu stellen, das macht es dem Leser leichter ...« Aussagen wie diese begründen den Erfolg einer Tätigkeit anhand der Auswirkungen, die sie hat. Das zeigt dem anderen, was auch weiterhin sinnvoll ist und warum.

Situation 5:
Lob entgegennehmen

Allzuoft fühlen Sie sich vielleicht unbehaglich oder kommen sich dumm vor, wenn Sie gelobt werden. Das kann an Ihrer Erziehung und Umwelt liegen, wo zum Beispiel folgende Ansichten vertreten wurden:

- Es ist unhöflich/prahlerisch, Lob anzunehmen.
- Lob anzunehmen heißt, jemandem verpflichtet/ihm Dank schuldig zu sein.

Sie machen dann vielleicht einen der folgenden Fehler:

Bei unsicherem Verhalten:

- Das Lob zurückweisen: »Oh, das war doch nichts, wirklich gar nichts«;
- das Lob erwidern: »Hm, Ihr letzter Bericht war doch genauso gut«;
- sich herabsetzen: »Also, ich bin eigentlich nicht wirklich gut, Herr Keller dagegen organisiert solche Untersuchungen wirklich glänzend.«

Bei aggressivem Verhalten:

- Das Urteil des anderen anfechten: »Das fanden Sie gut? Ich selbst fand es zweitklassig«;
- den anderen herabsetzen: »Ja, es war einen Deut besser als Ihre letzte Arbeit«;
- prahlen: »Ja, das war es allerdings. Ich mache immer gute Präsentationen.«

Sowohl die unsicheren als auch die aggressiven Antworten schmälern das Lob. Sie reduzieren die Chance, daß derjenige, der das Lob gegeben hat, dies wiederholen wird.

Tips, wie man Lob selbstsicher entgegennimmt

Fassen Sie Ihre Antwort kurz: »Danke, Herr David, es freut mich, daß es Ihnen gefallen hat.«

Bedanken Sie sich mit einfachen Worten: »Vielen Dank, Herr David.«

Akzeptieren Sie das Lob oder stimmen Sie ihm zu: »Danke, Frau Lieb, ich finde auch, die Präsentation lief gut« oder »Danke, mir hat's selbst gefallen, wie es lief.« Sagen Sie ruhig, wenn auch Ihnen etwas gefallen hat.

Anmerkung

Wenn Sie mit dem Lob nicht einverstanden sind, so
schränken Sie es ein, aber bedanken Sie sich trotzdem:
»Danke, Frau Schmal ... ich war allerdings noch nicht so
ganz zufrieden mit mir.«

Zusammenfassung

Die fünf von uns aufgezeigten Situationen stellen einen
nützlichen Ausgangspunkt für verstärktes sicheres Verhalten dar, da sie leicht verständlich und nicht allzu kom-
plex sind. In diesen Situationen erfolgreicher vorzugehen,
lohnt die investierte Zeit allemal.

In Kapitel 7 beschäftigen wir uns mit dem Gegenstück
von »Lob erteilen und empfangen«, nämlich mit »Kritik
ausüben und Kritik entgegennehmen«. Dieses Thema ist
komplizierter und wird am besten erst behandelt, wenn
man die nächsten zwei Kapitel gelesen hat.

5. Die verschiedenen Argumentationsformen (Ausdrucksweisen)

Wir haben uns bisher mit drei Verhaltensmustern beschäftigt: selbstsicherem Auftreten, Unsicherheit und Aggression. Sicherlich haben Sie erkannt, daß es sich um übergreifende Kategorien handelt, die eine Vielzahl einzelner Verhaltensweisen abdecken. Es gibt natürlich verschiedene Arten des sicheren Auftretens ebenso wie der Unsicherheit und der Aggression.

In folgendem Kapitel zeigen wir sechs verschiedene Ausdrucksweisen oder Argumentationsformen bei sicherem Auftreten und geben Hinweise darauf, wann und wie sie angewandt werden können. Am Kapitelende folgt ein kurzer Test zum Erkennen der verschiedenen Varianten.

Wir schlagen vor, Sie betrachten diese Formen als einige der Argumentationsmöglichkeiten, die Ihnen in diesem Bereich zur Verfügung stehen. Einige werden Sie vielleicht bereits anwenden, unter Umständen in leicht abgewandelter Weise. Die Anwendung aller Formen vergrößert Ihren Verhaltensspielraum in jeder Situation. In späteren Kapiteln (zum Beispiel Kapitel 9, »Umgang mit der Aggression anderer«) werden wir diese verschiedenen Arten in den Umgang mit bestimmten Situationen einbauen.

Die sechs Argumentationsformen/ Ausdrucksweisen

Es gibt verschiedene Ausdrucksweisen bei sicherem Auftreten. Wir halten die folgende Einteilung für sinnvoll:

grundsätzlich	auf negative Gefühle abhebend
einfühlsam	die Folgen aufzeigend
auf Abweichungen	
verweisend	fragend

Wir geben jetzt Definitionen und Beispiele für jede dieser Ausdrucksweisen, damit Sie die Unterschiede feststellen können.

Grundsätzliche Ausdrucksweise

Hier geht es um direkte Aussagen, wenn Sie sich für Ihre Rechte einsetzen. Das schließt klare Aussagen über die eigenen Bedürfnisse, Wünsche, Ansichten, Meinungen oder Gefühle ein, wie zum Beispiel:

- »Ich finde, das System arbeitet gut.«
- »Die Präsentation beginnt um 9 Uhr im Beratungsraum.«
- »Ich muß um 5 Uhr weg sein.«
- »Die Kosten betragen 2000 DM.«
- »Es gefällt mir sehr gut, wie das Thema behandelt wurde.«

Anwendung

Hierbei handelt es sich um die gebräuchlichste Form des sicheren Auftretens, die Sie täglich anwenden, um Ihre Bedürfnisse, Wünsche und Ansichten kundzutun. Gleiches geschieht, wenn Sie jemanden loben oder Informationen oder Tatsachen an andere weitergeben. Besonders bietet es sich an, wenn Sie über ein Thema zum erstenmal mit jemandem reden, zum Beispiel als Ausgangspunkt für eine Diskussion mit Ihrem Vorgesetzten über eine andere Einstufung Ihrer Position. Sie könnten sagen: »Herr Dorsch, ich möchte gern über eine andere Einstufung mit ihnen reden. Ich finde (Sie geben Ihre Meinung ab) ... Ich hätte gern ... (Sie machen Ihren Vorschlag).« All dies sind grundsätzliche, sozusagen »ganz normale« Aussagen. Sie können eine grundlegende Aussage auch wiederholen, um Ihren Bedürfnissen und Wünschen Nachdruck zu verleihen, wenn Sie das Gefühl haben, diese seien zunächst ignoriert oder heruntergespielt worden.

Einfühlsame Ausdrucksweise

Bei dieser Form sicheren Auftretens geht es um das Element der Einfühlung, um Ihre Bedürfnisse und Wünsche besser zur Geltung zu bringen. Mit Einfühlung meinen wir die Fähigkeit, sich in die Position des anderen versetzen zu können und seine Gefühle, Bedürfnisse und Wünsche zu erkennen. Hier einige Beispiele dafür:

- »Ich akzeptiere, daß Ihnen der neue Arbeitsablauf nicht gefällt, möchte aber, daß Sie Ihre Mitarbeiter zur Weiterarbeit veranlassen, solange er nicht geändert ist.«
- »Ich weiß, Sie sind im Moment im Druck, Herr Jörgensen, ich möchte Ihnen aber gern eine Frage stellen.«
- »Ich weiß, daß es in diesem Stadium schwierig ist, genaue Kostenangaben zu machen, es wäre aber sehr hilfreich, wenn Sie mir wenigstens eine grobe Schätzung vorlegen.«

Wie Sie an diesen Beispielen sehen, unterscheidet sich Einfühlung von »Sympathie«, obgleich die beiden manchmal verwechselt werden. Sympathie heißt meist, den anderen zu bemitleiden, aber ihn so stehen zu lassen — mit seinem Selbstmitleid. Das widerspricht sicherem Auftreten gegenüber dem anderen. Ein Beispiel dafür: »Welch eine Schande, daß Sie den Job nicht bekommen haben. Ich weiß, daß Sie jetzt sehr enttäuscht sind. Also ... was ich sagen wollte ...« Im Gegensatz dazu heißt Einfühlung echte Einsicht in die Lage eines anderen und kann ihn und auch Sie selbst weiterbringen: »Ich weiß, daß Sie sehr enttäuscht sind, den Job nicht bekommen zu haben ... Ich denke aber, es wird noch andere Gelegenheiten für Sie geben.«

Anwendung

Einfühlsame Aussagen sind dann am Platze, wenn der andere in einer Schwierigkeit ist und Sie ihm zeigen wollen, daß Sie sich dessen bewußt sind und seiner Lage Aufmerksamkeit schenken. Zu akzeptieren, daß der andere sehr beschäftigt ist, eine andere Meinung vertritt oder ein bestimmtes Thema in den Vordergrund stellt, heißt, daß Sie ihn ernst nehmen, was wiederum die Chance erhöht, daß er Ihre Position gelten läßt und selbstsicher reagiert. Einfühlung ist von großer Bedeutung in Konfliktsituationen, wo sich Menschen aggressiv verhalten (wir kommen darauf in Kapitel 9 zurück).

Einfühlung hält auch von Überreaktion mittels Aggression ab. Einfühlung heißt, sich die Zeit zu nehmen, für eine Vergegenwärtigung der Position des anderen und so vorschnelles Reagieren zu vermeiden. Dann stufen Sie den anderen nicht voreilig als Person ein, die die Erfüllung Ihrer Bedürfnisse durch Aggression verhindert. Sie können dann gelassen bleiben und ihm gegenüber sicher auftreten.

Einfühlung kann sehr dominant sein, benützen Sie sie daher nicht als ein Mittel, Ihre Bedürfnisse auf Kosten anderer zu verwirklichen. Man sollte nicht zu oft sagen: »Ich akzeptiere Ihre Meinung dazu, aber ...« und damit die Einfühlung untergraben. Ständiges Wiederholen solcher Aussagen ist in Wirklichkeit getarnte Aggression, da man die Ansichten und Gefühle des anderen nicht tatsächlich in Erwägung zieht.

Ebenso besteht die Gefahr des unsicheren Verhaltens, wem man sich ständig in die Lage des anderen versetzt. Wenn Sie sehen, daß ein Kollege zu sehr beschäftigt ist, sagen Sie sich vielleicht »Oh, es wäre unfair, Herrn Boll um Hilfe zu bitten«, und fragen ihn nicht einmal danach.

In diesem Fall verleugnen Sie Ihr Recht, um etwas zu bitten, und zugleich das seine, nein zu sagen. Sie entscheiden dabei für den anderen, Ihre Einfühlung geht in Mitleid über.

Auf Abweichungen verweisende Argumentation

Damit meinen wir den Hinweis auf Abweichungen zwischen dem, was zunächst vereinbart wurde, und dem, was wirklich geschieht oder geschehen wird. Oft schließt ein solcher Hinweis mit einer Aussage über Ihre Bedürfnisse und Wünsche, wie zum Beispiel:

- »Ich dachte, wir waren uns einig, daß Projekt A absoluten Vorrang hat. Nun bitten Sie mich, mehr Zeit auf Projekt B zu verwenden. Ich möchte klären, was nun Priorität hat.« Oder:
- »Herr Meier, bei meiner letzten Arbeitsplatzbewertung sagten Sie, Sie würden mir mehr Korrespondenzarbeit geben. Ich bin daran immer noch sehr interessiert.«

Anwendung

Hinweise auf Abweichungen sind ein guter Ausgangspunkt, wenn Sie das Gefühl haben, daß ein Widerspruch besteht zwischen dem, was vereinbart wurde, und dem, was wirklich geschieht oder geschehen soll. Sie können dadurch feststellen, ob wirklich ein Widerspruch vorhanden ist, oder nur ein Mißverständnis zwischen Ihnen und dem anderen. Ist letzteres der Fall, können Sie das Problem klären und eine neue Vereinbarung treffen. Wenn jedoch ein Widerspruch besteht, können Sie als nächstes erst einmal den Grund dafür zu erfahren suchen, bevor Sie zu weiteren Aktivitäten schreiten. Wenn der andere die ursprüngliche Vereinbarung nur vergessen hat, reicht Ihr Verweis auf die Abweichung gewöhnlich, um den Status quo wiederherzustellen. Wenn sich der andere aber entschieden hat, die Vereinbamng zu ignorieren, verdeutlicht Ihre entsprechende Aussage, daß Sie die Vereinbarung in Erinnerung bringen und ihre Einhaltung erwarten. Gleichzeitig hat der andere die Möglichkeit, die Vereinbarung wieder aufzugreifen, oder es wird klar, daß er sich nicht länger daran gebunden fühlt. Sie können dann herausfinden, welche Veränderung in den Umständen vielleicht dazu geführt hat, daß die Vereinbarung nicht mehr aufrechtzuerhalten ist. Hat sich nichts geändert, so können Sie mit einer grundsätzlichen Äußerung auf die von Ihnen gewünschte Einhaltung der Vereinbarung verweisen.

Verweis auf Abweichungen ist auch angebracht, wenn sich jemand selbst widerspricht oder wenn ein Widerspruch zwischen Wort und Tat offenkundig ist, so zum Beispiel, wenn ein Kollege sagt: »Ich bin überzeugt, daß wir die Kooperation zwischen Ihrer und meiner Abteilung verbessern können«, dann aber mit einem wortreichen Angriff auf Ihre Mitarbeiter fortfährt: »Das Problem mit Ihrer Abteilung ist, daß zu viele Leute drin sind, die glauben, Sie könnten alles besser. Sie werden nie ... Sie können nicht ... Ich kann mir nicht einmal vorstellen, daß ... war.« Ein Hinweis auf die Abweichungen wird deutlich machen, wie sehr sein widersprüchliches Verhalten sich gegen ihn und seinen eigenlichen Wunsch auswirkt. »Aber Herr Paul, einerseits wollen Sie die Zusammenarbeit zwischen unseren Abteilungen verbessern, andererseits machen Sie Äußerungen, die uns die Kooperation schwer machen. Ich bin ja mit Ihnen über die *Möglichkeit verbesserter Zusammenarbeit* einig, also werde ich mich damit auseinandersetzen.« Dies ermutigt den anderen auch, zu entscheiden, was er nun wirklich will.

Auf negative Gefühle abhebend

Hierbei machen Sie eine Aussage, die die Aufmerksamkeit des anderen auf die unerwünschten Auswirkungen seines Verhaltens lenkt. Enthalten sind die folgenden vier Elemente, aber nicht unbedingt in dieser Reihenfolge:

1. Wenn Sie … (objektive Beschreibung des Verhaltens des anderen)

2. Es wird dazu führen, daß … (Auswirkung dieses Verhalten auf Sie)

3. Ich finde, daß … (Beschreibung Ihrer Gefühle)

4. Ich möchte gern … (eine Aussage darüber, was Sie möchten oder bevorzugen)

Beispiel:

Wenn Sie Ihren Bericht so spät zu mir bringen,
dann muß ich übers Wochenende arbeiten.
Ich finde das ärgerlich,
und möchte daher in Zukunft den Bericht gern freitags um die Mittagszeit.

Anwendung

Diese Argumentationsform ist angebracht, wenn jemand immer wieder über Ihre Rechte hinweggeht, obwohl Sie darüber schon mehrfach gesprochen haben; oder auch wenn jemand Ihre Rechte während eines einzelnen Vorgangs wiederholt verletzt. In diesem Moment werden Sie sehr starke negative Gefühle haben — Verärgerung, Entrüstung, Wut usw. —, und der Vorteil dieses »mit negativen Gefühlen Arbeitens« besteht dann darin, daß Sie diese Gefühle offen und ohne einen unkontrollierten emotionalen Ausbruch ausdrücken können und auch ohne Verleugnung Ihrer Gefühle. (Mehr über den Umgang mit negativen Gefühlen in Kapitel 6). Dieses Abheben auf negative Gefühle ermöglicht es Ihnen, sich für diese Gefühle verantwortlich zu zeigen und sie selbstsicher zum Ausdruck zu bringen. In einem späteren Abschnitt gehen wir auf das richtige Verhalten bei dieser Argumentationsform ein.

Außerdem können Sie den anderen dadurch betont auf die Auswirkungen seines Verhaltens auf Sie verweisen — selbst ohne den »Ich-finde-Teil«. In manchen Situationen werden Sie vielleicht nicht mehr über Ihre Gefühle sprechen wollen (zum Beispiel in Gegenwart bestimmter Leute oder in einem bestimmten Betriebsklima). In diesem Fall empfehlen wir, den »Ich-finde-Teil« wegzulassen und statt dessen die Aussagen des »Wenn« und die Hinweise auf die Auswirkungen zu betonen (ohne dem anderen Vorwürfe zu machen), und dann zu sagen, was Sie gern hätten. In vielen Fällen genügt dies dem anderen, um einer Änderung zuzustimmen. Manchmal aber ist es nur der erste Schritt, da ein bisher verdecktes tieferliegendes Problem zwischen Ihnen hierbei aufgedeckt wird. So könnte die verspätete Berichtrückgabe in obigem Beispiel auf Arbeitsüberlastung beruhen. Dann wird dies das Problem sein, welches Sie zunächst lösen müssen.

Aufzeigen der Folgen

Hierbei wird der andere über die Konsequenzen informiert, zu denen es kommen wird, wenn er sein Verhalten nicht ändert. Zugleich erfolgt die Empfehlung, das Verhalten zu ändern, bevor die Auswirkungen zum Tragen kommen. Hier einige Beispiele:

- »Wenn Sie die Information weiterhin zurückhalten, sehe ich mich gezwungen, den Produktionsleiter darauf anzusprechen. Das würde ich lieber vermeiden.«

- »Ich kann nicht zulassen, Herr Jungermann, daß irgendeiner meiner Mitarbeiter mit den Ihren zusammenarbeitet, solange Sie ihnen nicht die gleichen Hilfsmittel zur Verfügung stellen wie Ihren Leuten.«

- »Wenn das noch einmal vorkommt, sehe ich keine andere Möglichkeit, als den formellen Disziplinarweg zu gehen. Ich würde lieber darauf verzichten.«

Anwendung

Da es sich hierbei um die gewichtigste Argumentationsform handelt, halten wir sie für die zuletzt zu wählende
Variante; sie sollte nur sparsam Verwendung finden und
nur, wenn die anderen Möglichkeiten gescheitert sind. Sie
kann leicht wie Drohung und daher Aggression wirken.
Einige Tips, wie man dies vermeiden kann, geben wir
später in diesem Kapitel.

Aussagen über Konsequenzen können Sie nur machen,
wenn Sie wirklich die Möglichkeit für Sanktionen haben.
Dazu könnte zum Beispiel gehören, daß Sie das Problem
auf höherer Ebene vortragen, daß eine Anforderung eine
geringere Dringlichkeitsstufe als üblich erhält, daß ein
Etat reduziert wird, daß Sie Ihre Mitarbeit einschränken,
oder daß Sie eine disziplinarische Untersuchung einlei-
ten. Und Sie können damit auch nur drohen, wenn Sie dazu entschlossen sind, sonst verlieren Sie an Glaubwürdigkeit. Selbst wenn Sie die Möglichkeit zu Sanktionen haben und dazu auch bereit sind, stellt sich immer die Frage:
»Welche Sanktionen könnte der andere gegebenenfalls im
Gegenzug gegen mich einsetzen?«

Angesichts all dessen werden Sie vielleicht von der Argumentationsform »Verweis auf Konsequenzen« Abstand
nehmen. Die Alternative wäre das Arbeiten mit dem Verweis auf negative Gefühle unter Betonung des »Ich-finde-
Teils«.

Fragende Argumentationsform

Wir haben diese Form an die letzte Stelle der Liste gesetzt, nicht etwa, weil sie am unwichtigsten wäre, sondern
weil ihr Aspekt anders geartet ist. Hierbei liegt nämlich
die Betonung darauf, herauszufinden, welche Bedürfnisse, Wünsche, Ansichten und Gefühle der andere hat.

Dies kann durch offene Fragen erreicht werden, aber
auch durch Formulierungen, die indirekt deutlich ma-

chen, daß Sie etwas wissen möchten. Hier ein paar Beispiele für beide Formen:

- »Was sind Ihre Vorbehalte gegenüber der neuen Methode?«
- »Wieviel Zeit können Sie mir geben, um ihn zu überzeugen?«
- »Welche Probleme schafft das für Sie?«
- »Was würden Sie denn lieber tun?«
- »Herr Jürgens, ich würde gern Ihre Meinung dazu hören.«
- »Ich möchte gern, daß Sie mir sagen, welche Methode Sie aus der Sicht Ihrer Abteilung für besser halten.«

Anwendung

Die fragende Form dient dazu, herauszufinden, ob Sie die Rechte der anderen bei der Vertretung Ihrer eigenen nicht verletzen. Sie kommt in Frage, wenn sich der andere unsicher verhalten, nichts gesagt hat oder nur indirekte Aussagen gemacht hat, und Sie nun seine Bedürfnisse, Wünsche, Meinungen usw. herausfinden wollen. Ebenso angewandt wird diese Ausdrucksweise (unabhängig davon, ob sich der andere aggressiv, unsicher oder selbstsicher verhalten hat), wenn Sie wissen wollen, ob eine bestimmte Vorgehensweise für die anderen akzeptabel ist. Gleiches gilt, wenn Sie Informationen von anderen wollen, zum Beispiel: »Herr David, bis zu welchem Termin muß dieses Projekt abgeschlossen sein?« Sie wenden Befragung an, wenn Sie glauben, es gäbe ein Mißverständnis, das zu Schwierigkeiten führen könnte. Sie prüfen dabei Ihre Auffassung von dem, was der andere sagt, oder finden seine Einschätzung heraus.

Die fragende Ausdrucksweise kann für sich stehen oder in Verbindung mit anderen Aussageformen, vor allem mit den grundsätzlichen, denen der Einfühlung und den auf Abweichungen verweisenden. Aussagen wie »Als erstes möchte ich über das Thema Überstunden sprechen, ist Ihnen das recht?« verdeutlichen nicht nur Ihre Präferenz, sondern ermutigen auch den anderen, seine Meinung zu sagen. Der Fragecharakter der Formulierung hat zwei Auswirkungen. Erstens wirkt Ihr Verhalten dadurch eher selbstsicher als aggressiv. Zweitens erhöht sich die Wahrscheinlichkeit, daß der andere seine Stellungnahme dazu sicher vorbringt. Dies ist vor allem bei Menschen der Fall, die zu Unsicherheit neigen. Die Frageform macht es somit möglich, daß Gespräche beiderseits von Selbstsicherheit geprägt sind und ein sachlicher Gedankenaustausch stattfindet. Das ist von höchster Wichtigkeit, wenn die Bedürfnisse beider Seiten befriedigt und Probleme wirklich gelöst werden sollen (siehe Kapitel 12).

Wir haben nun sechs Formen der Argumentation und Ausdrucksweise beschrieben und jeweils Beispiele dafür gegeben. Eine Zusammenfassung darüber findet sich in Tabelle 5.1 am Ende des Kapitels. Wir haben bisher dargelegt, wann Sie die verschiedenen Formen anwenden sollten. Im nächsten Abschnitt machen wir ein paar allgemeine Bemerkungen über die Verwendung all dieser Formulierungsvarianten.

Allgemeine Bemerkungen über die Verwendung der verschiedenen Aussageformen

Als Leitfaden für die Wahl der Form des sicheren Auftretens empfehlen wir: Wählen Sie immer die »unterste Stufe« zur Erreichung Ihres Ziels. In den meisten Situationen werden Sie später eine »höhere Stufe« wählen müssen. Heißt dies nun, daß die Formen je nach ihrer Stärke einer strikten Rangfolge unterliegen? Nicht direkt, aber Sie werden uns sicher zustimmen, daß »Konsequenz-Formulierungen« stärker sind als einfühlsame Aussagen. Der Einfachheit halber unterscheiden wir zwei Stufen:

● untere Stufe: grundsätzlich, fragend, einfühlsam;
● höhere Stufe: Verweise auf Abweichungen, negative Gefühle und unangenehme Folgen.

Dennoch ist dies nur eine grobe Unterscheidung, denn die Stärke der Aussageform hängt ja auch von den verwendeten Wörtern und dem nonverbalen Verhalten ab. Zeigen wir dieses Prinzip der untersten Stufe an einem Beispiel auf. Frau Jahn bringt einen Gegenstand in den Laden zurück, weil er defekt ist und sie ihn durch einen neuen ersetzt haben möchte.

Frau Jahn: »Ich habe diesen Wecker gestern bei Ihnen gekauft. Der Knopf, um die Zeiger zu stellen, ist defekt, deshalb möchte ich den Wecker umtauschen.« (grundsätzlich)

Der Verkäufer kann nun den Wecker anstandslos umtauschen oder um das Problem »herumreden«:

»Man hätte den Wecker prüfen müssen, bevor Sie ihn mitnahmen.«

Frau Jahn könnte nun antworten:

»Ich sehe ein, daß dies die Dinge vereinfacht hätte, möchte aber trotzdem einen neuen Wecker.« (einfühlsam)
oder oder
»Ich möchte ihn trotzdem umtauschen.« (grundsätzlich)

An diesem Punkt kann der Verkäufer zustimmen oder auch nicht. Nachdem ein paar Sätze gewechselt wurden, wählt Frau Jahn eine stärkere Ausdrucksweise:

Frau Jahn: »Ich möchte den Wecker umgetauscht haben. Wenn Sie dazu nicht bereit sind, möchte ich den Geschäftsführer sprechen. Ich möchte das jetzt jedenfalls erledigt haben.« (die Folgen aufzeigend)

Sie fragen sich vielleicht: Warum nicht gleich der Hinweis auf die Folgen, das würde eine Menge Zeit sparen. Leider können wir dies weder beweisen noch widerlegen. Aber einer der Nachteile bei der Argumentation, die auf Folgen verweist, oder jeder anderen Form der höheren Stufe, ist klar: Wenn dies zu früh geschieht, berauben Sie sich gewisser Möglichkeiten in einer Situation und engen Ihren Spielraum ein. Wenn Sie den Hinweis auf Konsequenzen schon gebracht haben und der andere Ihr Recht immer noch bestreitet, dann müssen Sie auf die untere Stufe zurück oder die angekündigte Sanktion wahrnehmen. Die Gefahr besteht darin, daß Sie die Sanktionen gegen besseres Wissen vollziehen müssen.

Ein anderer Nachteil der Methode »Erst schießen, dann fragen« ist, daß Sie nie wissen, ob Ihr Opfer vielleicht unschuldig war. Bei dem Beispiel mit dem Verkäufer würden Sie nie erfahren, ob er zugestimmt hätte, wenn Sie zunächst eine untere Stufe der Argumentation gewählt hätten. Es ist erstaunlich, wie viele heikle Situationen, denen wir begegneten, auf der unteren Formulierungsstufe gemeistert werden könnten. Aber das sollten Sie selbst ausprobieren! Außerdem können Sie nichts verlieren, Sie können die Stufen leichter hinauf- als herabklettern.

Wenn Sie in einer Situation früh zu einer starken Aussage greifen, kann dies zweifellos eher als Aggression aufgefaßt werden. Wenn das der Fall ist, wird der andere entweder aggressiv oder unsicher reagieren (es sei denn, der andere hat gelernt, selbstsicher mit Ihnen umzugehen); dabei ist das Ziel aber eigentlich selbstsicherer Austausch von beiden Seiten, da dies für alle Beteiligten befriedigender ist.

Nachdem Sie nun etwas vertrauter mit den verschiedenen Ausdrucksweisen sind, fragen Sie sich natürlich, ob Sie bei Verwendung bestimmter Varianten (zum Beispiel beim Verweis auf Folgen oder Abweichungen) selbstsicher wirken würden. Es hilft enorm, wenn Sie das Prinzip der jeweils niedrigstmöglichen Stufe befolgen. Ebenso wichtig ist, daß Ihr nonverbales Verhalten und die von Ihnen gebrauchten Wörter Sicherheit ausstrahlen. Der nächste Abschnitt will Ihnen in diesen beiden Bereichen weiterhelfen.

Anwendung der Aussageformen auf selbstsichere Art

Bei Verwendung der beschriebenen sechs Argumentationsformen kann es Ihnen leicht passieren, daß Ihr Verhalten als Unsicherheit oder Aggression eingestuft wird. Das kann an den verwendeten Wörtern oder dem damit verbundenen nonverbalen Verhalten liegen. Daher wollen wir zunächst im Rest dieses Abschnitts die in Kapitel 2 beschriebenen verbalen und nonverbalen Kennzeichen des sicheren und unsicheren Auftretens, sowie der Aggression, vervollständigen und genauer herausarbeiten, und zwar in bezug auf die sechs Ausdrucksweisen.

Grundsätzliche Ausdrucksweise

Das einzige Neue, was wir hier sagen wollen, ist, daß die Wiederholung einer grundlegenden Aussage Ihre Bedürfnisse und Wünsche stärker betont. Wenn Ihre Aussage stärker ausfallen soll, können Sie sie kürzer fassen als die ursprüngliche, jedes Wort langsamer und lauter aussprechen und jedem Wort mehr oder weniger Gewicht geben: »Ich ... möchte ... dies ... umgetauscht ... haben.« Oder Sie behalten die Länge der Aussage bei, betonen aber die Schlüsselwörter stärker: »Ich möchte das *trotzdem* gegen ein *anderes umgetauscht* haben.«

Einfühlsame Formulierung

Wir haben bereits gesagt, daß es wichtig ist, diese Aussageform nicht zur Gewohnheit werden zu lassen. Sie können langsamer sprechen und die Passagen »Ich habe Verständnis dafür« / »Ich sehe ein« betonen. Der Tonfall sollte warm und ehrlich sein, und nicht gereizt oder irritiert. Blickkontakt verstärkt die Glaubwürdigkeit ebenfalls.

Verweis auf Abweichungen

Bei dieser Formulierungsform ist es wichtig, die Abweichung sachlich als Tatsache festzustellen, sonst könnte es so aussehen, als wolle man den anderen beschuldigen, die Vereinbarung gebrochen zu haben (»Sie haben doch gesagt, Sie könnten dies bis Ende letzter Woche erledigen« — das schließt unterschwellig mit ein: »... und Sie sind schuld, daß es nicht geschehen ist.« Dies kann eine heikle Unterstellung sein.) Ihre Aussage in der »Tatsachen-Form« heißt, ruhig zu sprechen und die Stimme gegen Ende nicht zu heben. Wenn Ihre Aussage Wörter enthält, die *Ihre* Interpretation der Vereinbarung betonen (»Ich ging davon aus«, »Ich habe es so in Erinnerung«), hilft dies, Mißverständnisse schon zu Beginn des Gesprächs auszuschalten.

Abheben auf negative Gefühle

Solche Formulierungen können ebenfalls schnell als Anschuldigung oder Tadel verstanden werden. Auch hier ist es wichtig, sie als Tatsachen vorzubringen. Außerdem können Sie noch zwei andere Dinge tun. Eines ist, Ihre Aussage etwa so zu formulieren: »Wenn Sie X machen, führt das zu Y, ich empfinde Z als ...«, statt: »Wenn Sie X machen, führt das zu Y, und ich muß dadurch Z empfinden.« Dies mag wie ein nur geringer Unterschied wirken, aber in ihrer Bedeutung und ihren Auswirkungen weichen die beiden Formen entscheidend voneinander ab. In der zweiten beschuldigen Sie nämlich den anderen, sich durch ihn so zu fühlen, wie Ihnen zumute ist: das kann zu einer aggressiven Antwort wie »Das ist Ihr Problem« oder zu unsicheren Entschuldigungen führen. In der ersten

Version machen Sie sich selbst für Ihre Gefühle verantwortlich, was eher zu selbstsicherer Reaktion führt: »Ich war mir dessen nicht bewußt«, oder: »Das war nicht meine Absicht.« Auf das Thema »Verantwortung für Gefühle« gehen wir in Kapitel 6 eingehender ein.

Zum zweiten: Drücken Sie sich präzise aus, wenn Sie das Verhalten des anderen und dessen Auswirkungen beschreiben, zum Beispiel:

- »Wenn Sie weiterhin die Vorschläge anderer bei unseren Abteilungskonferenzen abschlägig behandeln, machen Sie uns eine Einigung schwer.«

statt

- »Wenn Sie sich bei unseren Abteilungskonferenzen so negativ verhalten, machen Sie mir das Leben schwer.«

Je allgemeiner die Beschreibung des Verhaltens ausfällt, desto schwerer fällt es der betroffenen Person, die Verbindung zwischen ihrem Verhalten und den Auswirkungen davon herzustellen. Desto eher kann es dann als persönlicher Angriff angesehen werden, und die Reaktion fällt aggressiv aus.

Aufzeigen der Folgen

Diese Formulierungsvariante stellt für viele die größte Schwierigkeit dar, da sie die stärkste Argumentationsform ist. Sie steht der Aggression am nächsten und kann schnell als Bedrohung betrachtet werden. Um dies zu vermeiden, müssen Sie sachlich bleiben; werden Sie nicht emotional oder persönlich. So ist zum Beispiel der Satz »Wenn Sie X machen, habe ich keine andere Möglichkeit, als Y zu tun« kein persönlicher Angriff, sondern eine sachliche Feststellung dessen, was geschehen wird. Beschreiben Sie X und Y präzise und nicht allgemein, vermeiden Sie Aussagen wie: »Wenn Sie meine Position weiterhin unterminieren, muß ich Vergeltungsmaßnahmen ergreifen.« Selbst wenn Sie von der Wortwahl her selbstsicher argumentieren, können Sie durch die nonverbalen Begleiterscheinungen vielleicht bedrohlich wirken. Versuchen Sie einmal, die folgende »Konsequenz-Aussage« auf unterschiedliche Weise laut auszusprechen:

»Wenn Sie die Information weiterhin zurückhalten, sehe ich mich gezwungen, den Produktionsleiter einzuschalten. Das möchte ich vermeiden.«

Haben Sie:

- es sehr schnell gesagt und die Stimme bei »Produktionsleiter« angehoben?
- starke Betonung auf »Wenn Sie« gelegt?
- irgendeine imaginäre Person angeschaut?
- Ihren Kopf oder Körper nach vorn gebeugt?

Wenn ja, hätten Sie sicherlich bedrohlich gewirkt. Wenn Sie also die Information neutral vermitteln wollen, dann

- sprechen Sie in normaler Lautstärke und mit gleichmäßigen Hebungen und Senkungen;
- betonen Sie lieber Schlüsselwörter wie Zeit- und Hauptwörter (zurückhalten/Information/gezwungen usw.) als persönliche Fürwörter (Sie, ich);
- sagen Sie den letzten Satz langsamer;
- halten Sie Blickkontakt und Ihren Kopf aufrecht.

Wir finden auch, daß Aussagen wie »Das möchte ich vermeiden« oder »Das würde ich gern unter uns klären« dem anderen die Möglichkeit geben, die erwähnten Konsequenzen zu überdenken und unter deren Berücksichtigung sein Verhalten irgendwie zu verändern.

Fragende Ausdrucksweise

Obwohl dies ein ganz anderes Verhalten ist als das vorhergehende, kann es sehr bedrohlich wirken, obgleich der andere befragt wird. Folgende Frage wird gestellt, um eine »neutrale« Information zu erhalten:

»Herr Peters, wie lange, sagten Sie, brauchen Sie für diesen Bericht?«

Versuchen Sie, dies auf verschiedene Art zu sagen.

Es kann ungläubig klingen, oder als wollten Sie ihn der Lüge bezichtigen, oder als würden Sie seinem Urteil nicht trauen — je nach Betonung und Stimmlage.

Um dies zu vermeiden, schlagen wir vor, ein paar Fragen, bei denen es um sachliche Information geht, vor sich hin zu sprechen, und dann zu schwierigeren Fragen überzugehen — beide sollten im gleichen Tonfall gesprochen werden. Ein Beispiel: »Herr Peters, wie viele Kilometer sind es nach Mannheim?« und dann: »Herr Peters, wie ist Ihr Kundenbesuch letzte Woche abgelaufen?«

Zusammenfassung

Tabelle 5.1 faßt übersichtlich die verschiedenen Argumentationsformen und Ausdrucksweisen zusammen, und zwar mit Definitionen und Beispielen dafür.

Damit Sie dann Ihre eigene Vertrautheit mit den verschiedenen Formen testen können, schlagen wir vor, die Erkennungsübung in Tabelle 5.2. durchzuarbeiten. Tabelle 5.1 stellt dafür ein nützliches Hilfsmittel dar.

Tabelle 5.1 Zusammenfassung der Argumentationsformen

Form	Definition	Beispiele
grundsätzlich	Eine direkte Aussage, die Ihre Rechte, Bedürfnisse, Wünsche, Ansichten, Meinungen oder Gefühle verdeutlicht	»Ich finde, das System arbeitet gut.« »Ich muß um 17 Uhr weg sein.« »Mir hat es sehr gut gefallen, wie das Problem gelöst wurde.«
einfühlsam	Eine Formulierung, die sowohl Einfühlung in die Probleme des anderen als auch Aussagen über eigene Bedürfnisse und Wünsche einschließt	»Ich akzeptiere, daß Ihnen der neue Arbeitsablauf nicht gefällt, möchte aber, daß Sie Ihre Mitarbeiter zur Weiterarbeit veranlassen, solange er nicht geändert ist.« »Ich weiß, Sie sind im Moment im Druck, Herr Jörgensen, ich möchte Ihnen aber gern eine Frage stellen.«
auf Abweichungen verweisend	Eine Aussage, die den Unterschied zwischen dem, was früher vereinbart wurde, und dem, was nun geschieht oder geschehen wird, verdeutlicht	»Ich dachte, wir waren uns einig, daß Projekt A absoluten Vorrang hat. Nun bitten Sie mich, mehr Zeit auf Projekt B zu verwenden. Ich möchte klären, was nun Priorität hat.«

▷

Tabelle 5.1 (Fortsetzung)

Form	Definition	Beispiele
auf negative Gefühle abhebend	Eine Aussage, die die Aufmerksamkeit des anderen auf die unerwünschten Auswirkungen lenkt, die sein Verhalten auf Sie hat. Das kann folgende Formulierungen beinhalten: Wenn ...; das würde dazu führen, daß ...; ich finde, daß ...; ich möchte gern ...;	»Wenn Sie Ihren Bericht so spät zu mir bringen, muß ich übers Wochenende arbeiten. Ich finde das ärgerlich und möchte daher den Bericht in Zukunft gern freitags um die Mittagszeit.«
die Folgen aufzeigend	Ein Hinweis, der den anderen darüber informiert, welche Konsequenzen es hat, wenn er sein Verhalten nicht ändert. Dies gibt ihm auch die Möglichkeit, sein Verhalten zu ändern	»Ich kann nicht zulassen, Herr Jungermann, daß irgendeiner meiner Mitarbeiter mit den Ihnen zusammenarbeitet, solange Sie ihnen nicht die gleichen Hilfsmittel zur Verfügung stellen wie Ihren Leuten.« »Wenn das noch einmal vorkommt, sehe ich keine andere Möglichkeit, als den formellen Disziplinarweg zu gehen. Ich würde lieber darauf verzichten.«

Form	Definition	Beispiele
fragend	Eine Ausdrucksweise, die die Bedürfnisse, Wünsche, Ansichten und Gefühle des anderen zu erfragen sucht	»Welche Probleme schafft das für Sie?« »Was würden Sie denn lieber tun?« »Herr Jürgen, ich würde gern Ihre Meinung dazu hören.«

Die folgende Übung enthält 25 Beispiele von Argumentationsvarianten, und Sie sollen entscheiden, um welche Aussageform es sich dabei jeweils handelt. Es geht nicht um einen Gedächtnistest, benützen Sie also Tabelle 5.1 als Hilfe.

Schreiben Sie Ihre Antwort in die Spalte rechts. Die richtige Lösung steht in der linken Spalte jeweils ein Kästchen tiefer. Sie können also Ihre Antwort überprüfen, bevor Sie zum nächsten Beispiel übergehen: Decken Sie die Lösungen auf der linken Seite ab, und schauen Sie Beispiel für Beispiel nach.

Am Ende der Übung sollten Sie sich nochmals alle Beispiele ansehen, wo Ihre Antwort und die richtige Lösung voneinander abgewichen sind. Versuchen Sie dabei herauszufinden, ob Ihnen eine bestimmte Aussageform besondere Schwierigkeiten macht. Wenn ja, schlagen wir vor, die Original-Definitionen und die Beispiele dafür noch einmal durchzulesen.

Wenn Sie bei mehr als 20 Antworten richtig liegen, ist das zu diesem Zeitpunkt sehr gut.

Tabelle 5.2 Übung zur Erkennung der jeweiligen Argumentationsformen

Richtige Antwort	*Beispiel*	*Ihre Antwort*
	1. »Was fällt Ihnen zur Verbesserung der bestehenden Methoden ein?«	
fragend	2. »Es sind etwa 15 Leute beschäftigt.«	
grundsätzlich	3. »Darüber habe ich bisher nicht nachgedacht. Ich brauche noch etwas Zeit, um über Ihre Idee nachzudenken.«	
grundsätzlich	4. »Wenn Sie mich ständig unterbrechen, während ich die Bilanzen erstelle, muß ich ganz von vorn anfangen. Das irritiert mich, und ich möchte, daß Sie warten, bis ich eine Bilanz fertig habe.«	
auf negative Gefühle abhebend	5. »Ich dachte, wir hätten den Umfang der Untersuchung festgelegt, jetzt aber sprechen Sie von Weiterentwicklung. Ich bleibe erst einmal bei unserem Plan und komme später auf die Weiterentwicklung zurück.«	
auf Abweichung verweisend	6. »Was meinen Sie zu diesem Ergebnis? Wird es Probleme geben?«	

fragend	7. »Ich möchte, daß Sie diese Frage ernst nehmen, sonst müssen wir sie mit dem Abteilungsleiter diskutieren. Das möchte ich lieber nicht.«
die Folgen aufzeigend	8. »Herr David, ich merke, daß Sie ein wenig plaudern wollen, aber ich habe jetzt keine Zeit mehr. Ich muß mit den Briefen weitermachen.«
einfühlsam	9. »Mir gefällt unsere Arbeit. Ich meine, sie wird eine Menge von weiteren Entwicklungen auslösen.«
grundsätzlich	10. »Bei mir hat das anders funktioniert.«
grundsätzlich	11. »Herr Meier, ich möchte, daß Sie sagen, ob Sie einverstanden sind oder nicht.«
fragend	12. »Wenn ich mich recht erinnere, wollten Sie die Broschüre bei der Bestellung mitliefern, weil Sie für unsere Arbeit nützlich ist. Jetzt kam das nicht zusammen an. Ich möchte, daß dies zukünftig der Fall ist.«
die Folgen aufzeigend	13. »Herr Pauly, wann ist die Bestellung erledigt?«
fragend	14. »Ich wollte damit sagen, daß wir nicht immer die Zeit dazu haben werden.«

▷

Richtige Antwort	Beispiel	Ihre Antwort
grundsätzlich	15. »Ich sehe ein, daß Sie den nächsten Abschnitt beginnen möchten. Ich möchte jedoch, daß Sie warten, bis der neue Mann kommt.«	
einfühlsam	16. »Ich schlage vor, wir bauen das in den letzten Abschnitt ein.«	
grundsätzlich	17. »Herr Jürgens, wenn Sie so etwas sagen, klingt es, als sei die ganze Abteilung einverstanden. Doch ich bin darüber nicht sonderlich glücklich. In Zukunft möchte ich, daß Sie mit einem von uns reden, bevor Sie zusätzliche Arbeit verteilen.«	
auf negative Gefühle abhebend	18. »Wenn Sie nicht bereit sind, erst mit uns zu sprechen, bevor Sie zusätzliche Arbeit verteilen, werden wir das künftig nicht mehr hinnehmen.«	
die Folgen aufzeigend	19. »Wenn Sie sagen ›der Arbeitsablauf‹, an wen denken Sie dann?«	
fragend	20. »Sollen wir die Listen separat bearbeiten und erst zum Schluß unsere Ergebnisse überprüfen?«	

fragend	21. »Ich weiß, daß Sie nicht so gern mit Herrn Peters zusammenarbeiten, aber Sie und er wären am geeignetsten, um die Probleme mit dem neuen Design anzugehen.«
einfühlsam	22. »Alles in allem bin ich mit dieser Idee einverstanden, solange wir damit ein paar Probleme aus der Welt schaffen können.«
grundsätzlich	23. »Einerseits waren Sie damit einverstanden, die Zusammenarbeit mit unserer Abteilung zu verbessern, andererseits gehen Sie jetzt über unsere Probleme hinweg. Ich wüßte gern, wie's jetzt steht.«
auf Abweichungen verweisend	24. »Frau Meiners, warum glauben Sie, daß es Probleme geben wird?«
fragend	25. »Sie brauchen immer noch sehr lange für den ersten Teil, also muß ich mit dem zweiten hetzen, damit wir den Termin halten können. Das finde ich ärgerlich; bitte schlagen Sie vor, was wir tun können, um den ersten Teil zu beschleunigen.«
auf negative Gefühle abhebend	

6. Umgang mit negativen Gefühlen

Manager erzählen uns oft, es sei ihnen gelungen, ihr Verhalten so zu ändern, daß sie meistens selbstsicher auftreten könnten. Es gäbe aber Zeiten, wo sie so negative Gefühle hätten, daß ihnen sicheres Auftreten schwerfalle. Das kann vielleicht auch auf Sie zutreffen. Vielleicht passiert auch Ihnen zum Beispiel folgendes:

- Sie ärgern sich über eine sarkastische Bemerkung, reagieren aggressiv, und das Ganze steigert sich daraufhin?
- Sie ärgern sich über die Reaktion Ihres Vorgesetzten und sind deshalb unfähig, um eine bessere Einstufung zu bitten?
- Sie sind frustriert über die mangelnde Unterstützung durch einen Kollegen und gehen an die Decke, wenn Sie ihn das nächste Mal sehen?
- Sie haben wegen der zusätzlichen Belastung Schuldgefühle gegenüber einer Kollegin und bitten sie daher nicht um Hilfe, obwohl Sie furchtbar im Druck sind?

Obige Fälle entsprechen vielleicht nicht haargenau Ihren Erfahrungen, erinnern Sie aber an ähnliche Vorfälle und entsprechende Gefühle. Wichtig ist die Feststellung, daß Sie aufgrund Ihrer Gefühle unterschiedlich reagiert haben. Einige der Gefühle — Aufregung, Begeisterung, Vertrauen, Betroffenheit — nennen wir produktive Gefühle. Sie helfen Ihnen, effektiv vorzugehen: durch systematische Vorbereitung, klares Sprechen, Vorbringen von Fakten aus Ihrer Sicht, ruhiges Antworten. Einige der Gefühle — starker Ärger, Sorge, Frustration, Schuldgefühl, Eifersucht, Niedergeschlagenheit, Gefühl der Unvollkommenheit — sind dagegen viel eher negativ, und wir nennen Sie kontraproduktive Gefühle. Sie machen es Ihnen schwer, effektiv vorzugehen. Sie granteln dann vor sich hin, verlieren leicht die Nerven, verdrängen wichtige Probleme und drehen sich im Kreis, wenn Sie etwas vorbereiten wollen.

In diesem Buch geht es um das sichere *Auftreten*. Wir wissen aber: Wenn wir uns nur mit dem Verhalten befassen, dann verlängert sich der Veränderungsprozeß. Die Verhaltensänderungen werden durch die starken Gefühle, die Sie immer noch haben, behindert. Daher wollen wir im folgenden Kapitel vom Thema Verhalten zurückblenden auf die Frage, welche Gefühle das Verhalten beeinflussen. Wir befassen uns mit dem Umgang der Menschen mit ihren Gefühlen, der Herkunft der Gefühle, dem Wesen des Denkprozesses und einer Strategie, wie man mit kontraproduktiven Gefühlen umgehen kann.

Wie Menschen mit Gefühlen umgehen

Viele Menschen glauben, Gefühle seien instinktiv und ihnen mit all den anderen Anlagen in die Wiege gelegt worden. Daher glauben sie, gewisse Gefühle seien unabdingbar. Man hört oft: »Sie ist schnell verletzt. Sie kann's nicht ändern. Sie ist einfach überempfindlich.« Oder auch: »Sie ärgert sich über alles und jedes. So ist Frau Junge eben.« Wenn Sie glauben, Gefühle seien genetisch vorgegeben, genau wie die Augenfarbe, haben Sie nur zwei Möglichkeiten, damit umzugehen:

Möglichkeit 1: Unterdrücken Sie Ihre Gefühle

Für viele heißt dies, keine Gefühle zu zeigen. Dies wird auch durch Verallgemeinerungen verstärkt wie »Als

Norddeutsche zeigen wir keine Gefühle« oder »Eine Frau stampft nicht mit dem Fuß auf« oder »Männer weinen nicht«. Dieses Unterdrücken der Gefühle stammt sicherlich aus der gleichen Zeit wie das Korsett der viktorianischen Epoche — und die Auswirkungen sind sich sehr ähnlich! Gefühle zu unterdrücken, heißt nämlich nicht, daß sie dann verschwinden. Sie werden vielmehr nach innen zurückgedrängt, und Ihr Verhalten entspricht nicht dem, was Sie fühlen. Dies führt zu enormem Streß, der sich wieder in Kopfschmerzen, nervöser Anspannung und ähnlichem auswirkt.

Möglichkeit 2: Zeigen Sie Ihre Gefühle

Dies heißt, Gefühle frei durch ihr Verhalten zu zeigen, egal wann, wo und wem gegenüber. Wenn Sie diese Möglichkeit wahrnehmen, bleiben Ihnen vielleicht die Nebeneffekte der Gefühlsverdrängung erspart, aber es könnten andere Probleme für Sie entstehen, vor allem durch die Reaktionen der anderen. Stellen Sie sich vor, jeder würde ständig seine Gefühle zur Schau stellen — das wäre ganz schön entmutigend. Beide Möglichkeiten lassen viel zu wünschen übrig, und viele Menschen, die sich für eine der beiden entscheiden, tun dies nur, indem sie das kleinere Übel wählen. Dies ist das Dilemma, wenn Sie glauben, Gefühle seien *instinktiv*. Wir stellen das daher im nächsten Abschnitt in Frage. Es gibt nämlich eine dritte Möglichkeit für den Umgang mit kontraproduktiven Gefühlen — ohne den Streß, der durch die Verdrängung nach innen entsteht, und ohne die unerwünschten Folgen, wenn man sie ständig herausläßt.

Der Ursprung der Gefühle

Manche Gefühle sind instinktiv

Zwischen Physiologen und Psychologen besteht eine Kontroverse darüber, was Gefühle ausmacht und woher sie stammen. Einverständnis herrscht jedoch darüber, daß manche der körperlichen Empfindungen — Herzklopfen, flaches Atmen, trockner Mund — instinktiv sind, da sie uns von Geburt an begleiten. Sie unterliegen gewöhnlich nicht unserer bewußten Kontrolle, sondern werden automatisch durch bestimmte Situationen hervorgerufen. Wenn wir zum Beispiel ein ungewohntes, lautes und unerwartetes Geräusch hören, bekommen wir Herzklopfen, unser Blutdruck steigt, und wir atmen schneller. All dies bereitet unseren Körper darauf vor, daß wir womöglich kämpfen oder fliehen müssen, um zu überleben.

Einige Gefühle sind angelernt

Gefühle wie Ärger, Verletztsein und Kummer mögen mit etlichen unserer angeborenen physiologischen Empfindungen verknüpft sein. Ebenso wahrscheinlich ist es aber, daß wir diese Gefühle durch einen langen Lernprozeß entwickelt haben. Man kann nicht verbindlich feststellen, welche Gefühle angeboren und welche angelernt sind, aber man ist sich darüber einig, daß Eifersucht, Schuldgefühl oder Nervosität nicht angeboren sind. Wie entstehen diese Gefühle also? Beantworten wir diese Frage zunächst anhand von zwei Beispielen.

Beispiel 1

Situation

Sie sind unterwegs, um mit einem Kunden zu sprechen, der sich über eine von Ihrer Firma gerade installierte Maschine beschwert hat. Der Kunde hat Sie durch ähnliche Beschwerden schon viel Zeit gekostet.

Ihr Denkprozeß	»Das ist typisch für Leute wie ihn. Er ist ein Nörgler, er quengelt gern. Er hat kein Recht, mir damit dauernd die Zeit zu stehlen. Ich muß ihm sein endloses Gequatsche abgewöhnen.«
Ihre Gefühle	Frustration, Ärger, Ungeduld
Ihr Verhalten	Sie hören den Beschwerden des Kunden nicht wirklich zu, um festzustellen, ob sie vielleicht berechtigt sind. Sie unterbrechen ihn vielmehr und zeigen ihm, daß Sie es eilig haben. *(Aggression)*

Beispiel 2

Situation	Sie müssen einer Gruppe leitender Angestellter etwas vorführen. Bisher haben Sie nur eine einzige solche Vorführung gemacht.
Ihr Denkprozeß	»Solche Vorführungen sind schwierig. Alle diese Burschen werden mehr wissen als ich. Sie werden mich bloß auf den Leim führen wollen. Ihre Fragen werde ich niemals beantworten können. Es wird furchtbar.«
Ihre Gefühle	Kummer, Gefühl der Unzulänglichkeit, Panik, Hilflosigkeit
Ihr Verhalten	Sie stottern und zögern: »Ich, hm, hoffe, Sie sehen, was ich meine … ich dachte bloß … hm … es könnte vielleicht …« *(Unsicherheit)*

Die Darstellung 6.1 zeigt, was in diesen und ähnlichen Situationen vor sich geht.

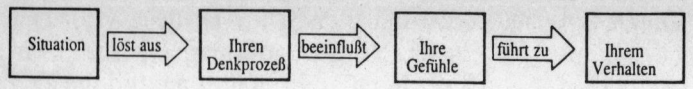

Darstellung 6.1

Erläuterung des Ablaufs

Der gesamte Prozeß ist natürlich verwickelter als hier aufgezeigt, da Ihre Gefühle auch Ihren Denkprozeß beeinflussen, was sich wiederum auf die Gefühle auswirkt.
Dennoch zeigt dieses Modell folgendes auf:

- Ihre Gefühle »fallen nicht vom Himmel«, sie sind vielmehr das Ergebnis eines Vorgangs und Ihres Denkprozesses im Zusammenhang damit.
- Ihre Gefühle werden nicht von Vorgängen oder anderen Menschen bestimmt, sondern von Ihnen und Ihren
  Denkprozessen.

Wenn das nicht der Fall wäre, würden Sie den anderen
die Schuld zuweisen und diesen Menschen die Kontrolle
über Sie überlassen — eine wenig erfreuliche Vorstellung!

Die Beispiele und das Modell zeigen jedoch, daß es Ihr
Denkprozeß ist, der die Art und Stärke Ihrer Gefühle
ausmacht, ob Sie also zum Beispiel große Angst oder nur
Besorgnis empfinden. Der springende Punkt ist, daß Sie
die Möglichkeit haben, Ihre Gefühle besser zu kontrollieren — nicht nur sie zu verdrängen oder ihnen freien Lauf
zu lassen, sondern sie auf jede erwünschte Weise zu mo-
difizieren oder zu verändern oder sie sogar frank und frei
durch sicheres Auftreten auszudrücken (verwenden Sie
zum Beispiel die in Kapitel 5 beschriebene Aussage in bezug auf negative Gefühle). So wie Sie Ihr Verhalten bewußt kontrollieren können, können Sie auch Ihre Gefühle
kontrollieren und Verantwortung dafür übernehmen.

Vielleicht sagen Sie sich jetzt: Wenn man diese Möglichkeit hat, warum entwickelt man dann überhaupt kontraproduktive Gefühle?

Warum man kontraproduktive Gefühle entwickelt

Wie bereits erwähnt, erwachsen viele Gefühle — produktive und kontraproduktive — aus Denkprozessen, die wiederum von gegebenen Situationen bedingt sind. Außerdem kommt es oft zu »Rückkopplung«, das heißt, Gefühle werden »belohnt«. In diesem Fall werden die Gefühle immer wieder erweckt, andere dagegen, die nicht zu Befriedigung führen, läßt man fallen. Nach einer gewissen Zeit sind diese »belohnten« Gefühle dann *erlernt* als Teil des Gefühlsrepertoires —, selbst wenn sie effizientes Verhalten verhindern. Die »Belohnungen« sind manchmal schwierig auszumachen, aber wir wissen zum Beispiel (so seltsam das klingen mag), daß es manchen Menschen Spaß macht, sich hilflos, unzureichend, abgelehnt, mies und verärgert zu fühlen. Möglicherweise werden die damit verbundenen physiologischen Empfindungen als erfreulich empfunden — oder sie werden einfach vertraut. Manche Menschen tröstet die selbsterfüllende Auswirkung Ihres Verhaltens bezüglich der Meinung, die sie von sich selbst haben. Hierfür ein Beispiel: Wenn Sie sich für einen Pessimisten halten, dann suchen Sie auch stets nach Negativem, weil das Ihrer Selbsteinschätzung und dem Bild der anderen von Ihnen entspricht.

Zusammenfassende Überlegungen

Bisher sagten wir:

- Manche Gefühle sind produktiv, da sie zu effizientem Verhalten führen;
- manche Gefühle sind kontraproduktiv und führen zu ineffizientem Verhalten;

- manche Gefühle, zum Beispiel physiologische Empfindungen wie Herzklopfen, sind angeboren und meist nicht bewußt zu kontrollieren;
- manche Gefühle, wie Eifersucht, Schuldgefühl und Kummer, werden durch Erfahrungen und die jeweiligen Auswirkungen erlernt;
- diese Gefühle hängen von Situationen und Denkprozessen ab, weniger von anderen Menschen;
- diese Gefühle können bewußt kontrolliert werden.

Natürlich können Gefühle, die sich der Gewohnheit entziehen, so tief verankert sein, daß Sie das Verändern dieser Gefühle für unmöglich halten. Der diese Gefühle auslösende Denkprozeß kann so schnell vonstatten gehen, daß Sie nicht einmal um seine Existenz wissen. Im nächsten Abschnitt befassen wir uns näher mit diesem Denkprozeß, und im letzten Abschnitt zeigen wir, wie man in den Denkprozeß eingreifen kann, um die Gefühle stärker beeinflussen zu können.

Vielleicht möchten Sie aber jetzt erst einmal eine Pause einlegen und folgende Übung machen:

- Erinnern Sie sich an eine Gelegenheit, bei der Sie — durch eine bestimmte Situation herbeigeführt — sehr starke Gefühle hatten und sich weniger effizient verhielten, als Sie eigentlich wollten — zum Beispiel aggressiv oder unsicher.
- Wie sah diese Situation aus? Wie haben Sie darüber gedacht, und welche Gefühle hatten Sie dabei?

Der Denkprozeß

Mit »Denkprozeß« meinen wir alles, worüber Sie in einer Situation nachdenken. Der Denkprozeß bezieht sich auf eine bestimmte Situation und wird, wie bereits gesagt, durch diese Situation ausgelöst — dies kann vorher, währenddessen oder danach der Fall sein. Wir wollen uns zunächst auf den Denkprozeß konzentrieren, der vor der Situation abläuft, da dieser, wie Sie im nächsten Abschnitt sehen werden, am besten zu kontrollieren ist. Folgende Gedanken bewegen Sie dabei, wenn auch nicht unbedingt in dieser Reihenfolge:

- Erinnerung an eine ähnliche Situation;
- der Versuch, sich die Situation vorzustellen, Ihr Eindruck davon und der der anderen;
- die eigenen Rechte und die der anderen in dieser Situation (siehe Kapitel 3);
- Überlegungen über eigene Verpflichtungen und die der anderen, ebenso über Verpflichtungen gegenüber Dritten;
- Vermutungen über das eigene Verhalten und das der anderen in dieser Situation;
- mögliche Konsequenzen dieser Verhaltensweisen für Sie.

Zeigen wir nun ein Beispiel für den Ablauf des Denkprozesses und die daraus sich ergebenden Gefühle und Verhaltensweisen. Die von uns gewählte Situation kommt häufig vor — man muß für eine Gruppe von leitenden Leuten eine Vorführung machen. Nehmen wir also an, Sie müßten dies nächste Woche tun.

Ihr möglicher Denkprozeß

»Die letzte Vorführung war eine Katastrophe. Haufenweise Fragen, die ich nicht richtig beantworten konnte.«

Erinnerung an eine ähnliche Erfahrung

↓

»Diese Vorführung wird hart. Es geht dabei um die Prüfung meiner Befähigung dazu. Ich stehe dabei auf dem Präsentierteller.«

Vorstellung der Situation und Ihres eigenen Abschneidens dabei

»Die haben kein Recht, mich zu prüfen und dabei fertigzumachen.
Ich habe das Recht, mich dagegen zur Wehr zu setzen.«

Fremde Rechte/Ihre Rechte in der gegebenen Situation

»Ich muß sämtliche Antworten kennen. Es muß so wirken, als wisse ich bestens Bescheid.«

Ihre Verpflichtungen/wie Sie auftreten müssen

»Sie werden ständig schwierige Fragen stellen, wie immer. Meine Antworten werden sie nicht zufriedenstellen.«

Vermutungen über das Verhalten der anderen

»Ein Haufen von Argumenten wird mir wieder nicht einfallen. Das läßt Zweifel an meiner Befähigung zu, und das kann ich nicht zulassen.«

Folgerungen aus dem Verhalten der anderen

»Denen werde ich es schon zeigen, wenn sie mich fertigmachen wollen.«

Vermutungen über Ihr eigenes Verhalten

Ihre möglichen Gefühle

Diese können von Ärger und Empörung bis zu Verschlossenheit und Widerborstigkeit reichen.

Mögliches Verhalten

Sie suchen Material aus, das eher »Eindruck schindet« als zum Verständnis beiträgt.

Vor der Vorführung

Sie neigen dazu, jede Diskussion abrupt abzuschneiden und reagieren auf harmlose Fragen mit Ausbrüchen wie

Während der Vorführung

»Wann soll ich das gesagt haben?« *(Aggression)*

Positive Denkprozesse

Manche Ihrer diesbezüglichen Gedanken können positiv und produktiv sein — sie sind rational, ehrlich und stellen die Situation vernünftig dar. Wenn dies der Fall ist, ergeben sich daraus Gefühle wie Begeisterung, Erregung, Glück, Bedauern, leichte Frustration, Sorge, Vertrauen — also im großem und ganzen produktive Gefühle. Sie verschaffen Ihnen die Möglichkeit, sicher aufzutreten und sich angemessen zu verhalten, wodurch Sie sich selbst und die Situation kontrollieren können.

Negative Denkprozesse

Einige Ihrer Gedanken sind negativ und »kontraproduktiv«, wie die meisten im obigen Beispiel beschriebenen. Sie sind irrational, nicht immer ehrlich, und geben die Situation oft unangemessen wieder. Dies führt zu Gefühlen wie größtem Ärger, Empörung, Eifersucht, Wut, tiefer Frustration, Kummer, Mitleid, Hilflosigkeit, Verzweiflung, Depression — also zu kontraproduktiven Gefühlen. Sie führen zu unsicherem oder aggressivem Verhalten; entweder wird gar nicht gehandelt oder unangemessen, und Sie verlieren dadurch Ihre Selbstkontrolle.

Wie kommt es zu diesen negativen Denkprozessen?

Nehmen Sie sich nun bitte Tabelle 6.1 vor. Dort listen wir die kontraproduktiven Aspekte des Denkprozesses aus obigem Beispiel auf, zeigen die schwachen Stellen auf und stellen ihnen einige kritische Fragen gegenüber. Viele Denkprozesse sind aus folgenden Gründen negativ:

- sie gehen von Extremen und Übertreibungen aus, wie »alle«, »jeder«, »Reinfall«, »Katastrophe«, »schrecklich«, »entsetzlich«;
- sie ziehen Schlüsse auf die angebliche »Unvermeidbarkeit der Dinge«;
- sie verallgemeinern aufgrund einzelner Vorfälle oder einzelner Personen: »typisch«, »Sie sind alle gleich«;
- sie ignorieren gewisse Aspekte der Situation;
- sie gehen von ausschließlich absoluten Entscheidungen aus wie richtig/falsch, schwarz/weiß, gut/schlecht;
- sie setzen unrealistische Erwartungen in Ereignisse und Menschen, wie etwa: »Ich muß«, »Ich sollte unbedingt«, »Sie müssen«, »Sie sollten«, »Es ist unfair«.

Tabelle 6.1: Kritische Fragen zu negativen Denkprozessen

Negativer Denkprozeß	Schwachstelle	Kritische Fragen
Die letzte Vorführung war eine Katastrophe.	Übertreibung	Stimmt das, oder lief es nur teilweise schlecht? Ist dies unvermeidlich, nur weil die letzte hart war?
Diese Vorführung wird hart.	Verallgemeinerung aufgrund eines einzigen Vorfalls	
Meine Befähigung wird geprüft. Ich stehe dabei auf dem Präsentierteller.	Ignorieren wichtiger Aspekte	Dies mag für Sie der wichtigste Aspekt sein, aber das muß nicht für die anderen gelten.
Die haben kein Recht, mich zu prüfen und dabei fertigzumachen.	Verleugnen aller Rechte	Aber haben sie nicht das Recht, Fragen zu stellen?
Ich habe das Recht, mich dagegen zur Wehr zu setzen.	Verwechslung von Rechten	Selbst wenn man Ihre Rechte verletzt hat — gibt das Ihnen das Recht, Ihre Rechte aggressiv zu verteidigen?
Ich muß sämtliche Antworten kennen. Es muß so wirken, als wisse ich bestens Bescheid.	Unrealistische Erwartungen, die einem geheimen »Regelbuch« entstammen könnten	Warum? Was ist so furchtbar daran — wenn man manchmal unrecht hat? — einem nicht gleich jede richtige Antwort einfällt? — etwas nicht weiß?

▷

Tabelle 6.1: (Fortsetzung)

Negativer Denkprozeß	Schwachstelle	Kritische Fragen
Sie werden ständig schwierige Fragen stellen, wie immer.	Verallgemeinernde Annahmen	Gibt es für die Worte »ständig« und »wie immer« irgendeine Garantie, oder könnte es nicht auch »gelegentlich« heißen? Werden die Fragen die unbedingt schwierig sein?
Meine Antworten werden sie nicht zufriedenstellen.	Unlogische Schlußfolgerung	Wer sagt denn das?
Ein Haufen von Argumenten wird mir wieder nicht einfallen.	Übertreibung und Unterstellung	»Ein Haufen« oder nur ein paar? Steht überhaupt fest, daß sie Ihnen nicht einfallen?
Das läßt Zweifel an meiner Befähigung zu, das kann ich nicht zulassen.	Unlogisch	Ist dies wahrscheinlich, oder nur möglich? Erhebliche Zweifel oder nur ganz leichte?
Denen werde ich es schon zeigen, wenn sie mich fertigmachen wollen.	Selbstkontrolle geht verloren	Könnten Sie nicht auch selbstsicher reagieren, wenn Sie wollten?

Im nächsten Abschnitt zeigen wir, wie man mit negativen Denkprozessen umgeht, um kontraproduktive Gefühle kontrollieren zu können, die zu Unsicherheit oder Aggression führen (wie in obigem Beispiel).

Umgang mit kontraproduktiven Gefühlen

Man kann seine Gefühle erfolgreich beeinflussen und ändern, ohne sie zu unterdrücken oder zur Schau zu tragen. Dafür gibt es verschiedene Strategien, aber die von uns als sinnvoll erkannte (und von vielen Managern bestätigte) läuft über eine Steuerung des Denkprozesses. Wie bereits gesagt, geht der Denkprozeß meist so rasch vor sich, daß man sich seiner gar nicht bewußt werden kann. Man sollte also versuchen, ihn bewußt zu verlangsamen, und zwar durch einen inneren Dialog: Sprechen Sie Ihren Denkprozeß mit sich selbst durch.

Steuerung durch inneren Dialog

Die Darstellung 6.2 zeigt den Weg der Steuerung. Wir konzentrieren uns vor einer Situation auf den inneren Dialog. Dadurch können Sie Ihre Gefühle vor der Situation kontrollieren, so daß Ihr Verhalten sowohl vor wie während der Situation eher selbstsicher sein wird. Tabelle 6.2 verdeutlicht die einzelnen Schritte der in Diagramm 6.2 aufgezeigten Einflußnahme. Probieren Sie es selbst einmal aus.

Die Tabelle 6.3 zeigt dann Beispiele für die Erarbeitung der Steuerungs-Strategie in zwei verschiedenen Situationen.

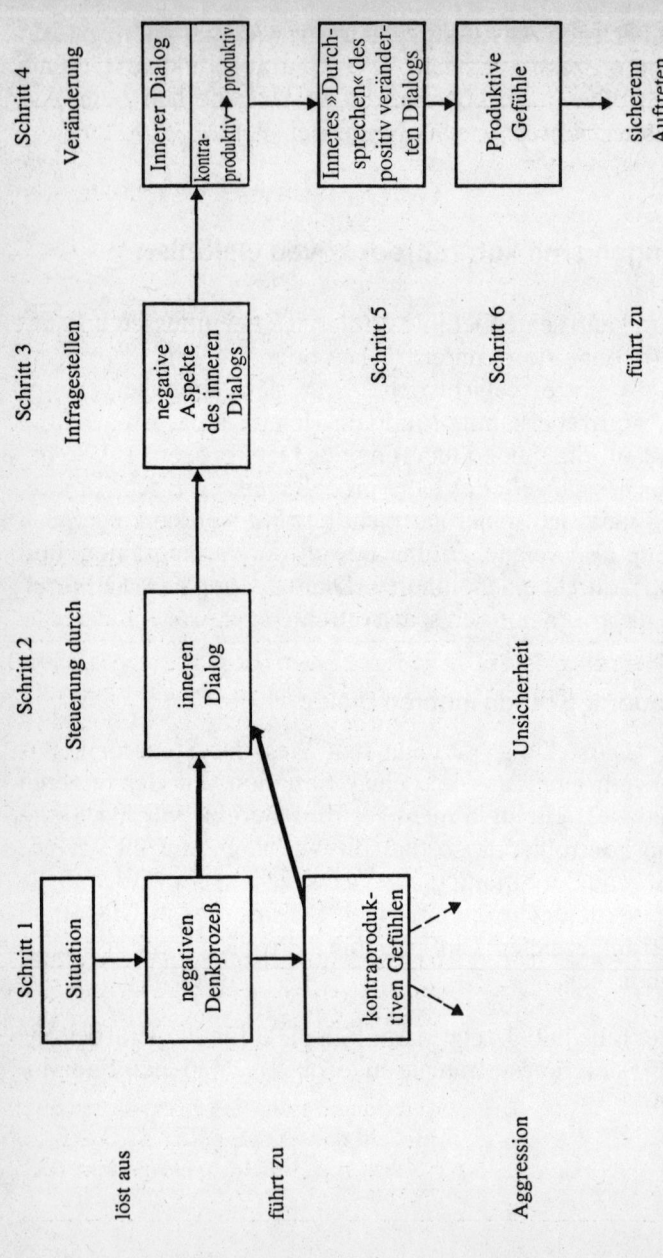

Darstellung 6.2 Steuerung mittels eines inneren Dialogs

Tabelle 6.2 Steuerungs-Strategie vor einer Situation

Schritte	Anmerkungen
1. Identifizieren Sie die Situation	Konzentrieren Sie sich auf eine Situation: — die Sie veranlassen werden, oder von der Sie bereits wissen; — die wahrscheinlich nächste Woche eintreten wird; — von der Sie wissen, daß sie starke Gefühle auslösen und es Ihnen schwermachen wird, sicher aufzutreten (Sie kennen dies vielleicht schon von früheren Situationen her) (Solche Situationen könnten sein: eine Konferenz; Ihr Arbeitsplatz wird bewertet; Sie müssen Ihre Mitarbeiter einer Bewertung unterwerfen; Anschneiden eines heiklen Themas gegenüber Ihrem Vorgesetzten, Kollegen oder Kunden).
2. Beginnen Sie mit der Einflußnahme	Nach der Identifizierung einer Situation kann Ihr Denkprozeß bereits eingesetzt haben, oder Sie empfinden auch schon starke kontraproduktive Gefühle; beginnen Sie also gleich jetzt mit der Steuerung mittels inneren Dialogs. Mit anderen Worten, sprechen Sie mit sich selbst. Verdrängen Sie Ihre negativen Gedanken jetzt noch nicht. Sie müssen sie in den inneren Monolog aufnehmen. Dann besteht er aus produktiven und kontraproduktiven Elementen. Versichern Sie sich, daß folgendes enthalten ist: Ihr angenommenes Verhalten, das angenommene Verhalten der anderen, und die Konsequenzen für Sie. Dies sollte auch das Schlimmste, was geschehen kann, einbeziehen (Tabelle 6.3 zeigt Beispiele dafür).

Tabelle 6.2 (Fortsetzung)

Schritte	*Anmerkungen*
3. Stellen Sie den kontraproduktiven inneren Dialog in Frage	Stellen Sie alle negativen Elemente in Frage, indem Sie nach Übertreibungen, Annahmen und ähnlichem suchen (siehe Tabellen 6.1 und 6.3).
4. Verändern Sie kontraproduktiven in produktiven Dialog	Halten Sie alle positiven Elemente fest. Ersetzen Sie alle negativen durch positive. Vergewissern Sie sich, daß der produktive Dialog folgendes enthält: Ihre Rechte, die Rechte der anderen, das von Ihnen erwartete Verhalten. Sie sollten sich nichts Unmögliches vor Augen halten, sondern rational und realistisch vorgehen (siehe Tabelle 6.3).
5. Sprechen Sie den produktiven inneren Dialog mit sich selbst durch	Tun Sie dies, bis Sie sich damit vertraut fühlen (laut sprechen ist sogar besser).
6. Beschreiben Sie Ihre Gefühle	Versuchen Sie zu beschreiben, was Sie jetzt im Zusammenhang mit der Situation fühlen. Diese Gefühle sollten produktiven Charakter haben: Besorgnis, Vertrauen, Beunruhigung, Erregung, Begeisterung, (leichter) Ärger, Trauer, Glück usw. Wenn dies noch nicht der Fall ist, ist Ihr innerer Dialog noch kontraproduktiv und muß weiter hinterfragt werden. Oder Sie wiederholen den produktiven Dialog noch einmal für sich. Das Ziel ist, starke kontraproduktive Gefühle zu beeinflussen, nicht, sie drastisch zu ändern. Es ist zum Beispiel besser, große Angst in Besorgnis umzuwandeln, als völlige Sorglosigkeit daraus zu machen.

Diese Beispiele beruhen auf unseren eigenen Erfahrungen und denen anderer mit der Steuerungs-Strategie. Sie treffen auf Sie vielleicht nicht genau zu, unter Umständen sahen Ihre eigenen Erfahrungen anders aus. Ihre Beispiele haben vielleicht auch nicht so viele Details wie unsere enthalten. Das spielt keine Rolle, wir wollten bewußt aus Demonstrationsgründen viele Möglichkeiten aufzeigen. Wichtig ist, daß Sie in Ihren inneren Dialog Aussagen über das zu erwartende Verhalten aus der Kategorie *»Ich kann«* einbauen. Dabei müssen Sie Ihre Fähigkeiten realistisch einschätzen, so daß Sie Ihr Verhalten wirklich planen können — was Sie ganz genau sagen und tun werden. Sie können dann sicheres Auftreten einstudieren.

Wenn Sie sich mit der Anwendung der Steuerungs-Strategie des inneren Dialogs vertraut gemacht haben, werden Sie Schritt 3 »Infragestellen« immer seltener einsetzen, und statt dessen den kontraproduktiven Dialog automatisch in einen produktiven umwandeln. Nach und nach kommen Sie an den Punkt, wo der innere Dialog sowieso immer weniger negative Gedanken enthält. Die Anwendung der Steuerung über den inneren Dialog *vor* einer Situation hat Einfluß auf Ihr Verhalten *während* der Situation.

Steuerung während einer Situation

Sie werden — das muß man ganz realistisch sehen — den Denkprozeß *während* einer Situation nicht beeinflussen können, wenn Sie nicht schon vorher geübt sind in der Beeinflussung *vor* der Situation. Selbst dann geht der Denkprozeß bei den meisten Gesprächen so rasch vor sich, daß Sie keine Zeit haben, alle Steuerungsschritte gemäß Tabelle 6.2 anzuwenden. Dennoch ist eine Steuerung möglich, vor allem, wenn Sie die ganze Strategie der Einflußnahme vorher »durchgespielt« haben. Tabelle 6.4 befaßt sich mit dieser knapperen Steuerungsform. Tabelle 6.5 gibt Beispiele für den produktiven inneren Dialog während einer Verhandlung.

Tabelle 6.3 Beispiele für die Erarbeitung der Steuerungsstrategie vor einer Situation

Situation	Möglicher kontraproduktiver innerer Dialog	Infragestellen	Produktiver innerer Dialog
1. Herr Jahn, einer Ihrer Mitarbeiter, hat bei den Rechnungen wieder Fehler gemacht. Sie haben schon einmal mit ihm darüber gesprochen. Sie werden ihn gleich sehen.	Diesmal muß ich durchgreifen.	Ist das unvermeidlich?	Das wird wohl ein unangenehmes Gespräch werden.
	Er hat kein Recht, diese Rechnungen zu verhunzen	Wollen Sie seine Rechte grundsätzlich bestreiten?	Er hat das Recht, Fehler zu machen. Er ist aber dafür verantwortlich, daß sie sich nicht wiederholen.
	Ich habe das Recht, ihn mal richtig abzukanzeln.	Sie wollen also seine Rechte verletzen, nur weil er Ihre verletzt?	Ich habe das Recht, von ihm zu verlangen, daß er sich bessert und diese Verantwortung akzeptiert.
	Es ist ihm egal. Das ist typisch für seine Generation. Er wird eine Aus-	Haben Sie irgendwelche Beweise für »egal« oder »typisch«? Wird die Aus-	Vielleicht ist es ihm egal, aber das muß nicht automatisch seine Arbeit

rede finden, um mich damit abzuspeisen.	rede wirklich mit absoluter Sicherheit kommen?	behindern. Es kommen vielleicht Ausreden, aber damit kann er mich nicht verblüffen. Vielleicht steckt sogar was hinter der Ausrede.
Das untergräbt vollständig meine Position. Das lasse ich nicht zu. Ich werd's ihm zeigen. Ich werd' noch verrückt.	Sind Sie wirklich so verletzlich? Wer kontrolliert Sie?	Das wirkt sich ein wenig auf meinen Job aus. *Ich kann* damit fertig werden, wenn ich will. *Ich kann* mir seine Fehler vor Augen halten, ohne deswegen gleich verrückt zu werden.
→ Kontraproduktive Gefühle — Wut, Rachsucht		→ Produktive Gefühle — Beunruhigung
→ Aggressives Verhalten — »Warum kriegen Sie das nicht hin? Ich habe Ihnen bereits gesagt ...«		→ Selbstsicheres Verhalten — »... diese Fehler schaffen Probleme für mich ... warum kommen sie vor?«

▷

Tabelle 6.3 Beispiele für die Erarbeitung der Steuerungsstrategie vor einer Situation (Fortsetzung)

Situation	Möglicher kontraproduktiver innerer Dialog	Infragestellen	Produktiver innerer Dialog
2. Bis zum Ende der Woche müssen Sie einen Bericht fertigstellen.	Dieser Bericht geht viele Leute an. Manche davon sind viel weiter oben als ich.		
	Sie verstehen also mehr davon als ich.	Steht das denn fest?	Manche verstehen vielleicht mehr als ich.
	Das heißt, sie sind fähiger als ich.	Muß man das folgern?	Mehr zu wissen macht sie noch nicht fähiger.
	Sie werden den Bericht also zerpflücken und auseinandernehmen.	Alle? Werden hier nicht gewisse Aspekte der Situation vernachlässigt?	Manche werden ihn wohl kritisieren, manchen aber wird er gefallen.
	Das wäre schrecklich.	Wirklich?	Es wäre enttäuschend, wenn er einigen nicht gefiele, aber nicht schrecklich.

Jedes Wort muß stimmen.	Ist das realistisch?	Es wäre schön, wenn jedes Wort stimmen würde, aber das ist unrealistisch.
Ich darf nichts auslassen.	Warum nicht?	Einiges Unwichtige kann ich weglassen.
Ich krieg' das niemals zusammen. →	Niemals?	Das wird zeitaufwendig, aber *ich krieg' das schon hin.*
Kontraproduktive Gefühle — Hoffnungslosigkeit, Panik →		Produktive Gefühle — Sicherheit, Vertrauen →
Unsicheres Verhalten — abwechselnd hektische Aktivität und lange Perioden der Untätigkeit		Selbstsicheres Verhalten — Schreiben eines annehmbaren ersten Entwurfs und Verbesserung, sobald die nötige Zeit vorhanden ist.

Tabelle 6.4 Steuerungs-Strategie während einer Situation

Schritte	Anmerkungen
1. Atmen Sie tief durch.	Während der andere spricht oder kurz vor Ihrer Antwort.
2. Rekapitulieren Sie den produktiven Dialog.	Gehen Sie zumindest den Teil noch einmal durch, der sich mit dem Verhalten des anderen und den »Ich-kann-Aussagen« befaßt. Beziehen Sie sie auf das »Jetzt« und nicht auf später (Tabelle 6.5 zeigt hierfür Beispiele.)
3. Verlangsamen Sie Ihre Antwort.	Beginnen Sie Ihre Antwort mit langsamen, deutlichen Wörtern oder Äußerungen wie »Nun«, »Ich verstehe«, »Lassen Sie mich sehen«, »Ja«. Dadurch gewinnen Sie Zeit, zumindest Ihren ersten Satz gezielt zusammengefaßt zu formulieren.

Tabelle 6.5 Beispiele für produktiven inneren Dialog während einer Situation

Situation	Produktiver innerer Dialog
1. Herr Steffen, ein Kollege, will die Festlegung von Abschlußterminen nicht akzeptieren. Er beharrt auf angeblichen Schwierigkeiten.	Es frustriert mich zwar, aber ich kann das unter Kontrolle behalten. Ich kann Herrn Steffen gegenüber meine Forderungen begründen. Dann setze ich irgendwo an. Ich kann meinen Wunsch nach festen Abschlußterminen wiederholen. Ich muß nicht ungeduldig werden.
2. Frau Meister, eine Mitarbeiterin, reagiert sehr gereizt, wenn Sie ihre Bitte um einen freien Tag abschlagen.	Sie wird gereizt und verärgert reagieren. Das muß mich nicht aus der Ruhe bringen. Ich habe schließlich das Recht, ihre Bitte abzuschlagen. Ich muß ja deshalb nicht unfreundlich sein, ich kann weiterhin sicher auftreten.

Einflußnahme nach einer Situation

Wenn jemand in Ihr Büro stürmt und Sie der Möglichkeit beraubt, Ihren inneren Dialog vor einer Situation durchzugehen, und auch während der Situation nur wenig Zeit dafür bleibt, empfiehlt es sich, den inneren Dialog danach vorzunehmen. Eventuell überdenken Sie die Dinge immer auf der Heimfahrt im Auto (»Wenn ich doch nur gesagt hätte, daß ...«). Wenn sich Ihr Gedankengang ständig wiederholt und Sie sich immer schlechter dabei fühlen, war Ihr innerer Dialog kontraproduktiv! Tabelle 6.6 stellt kontraproduktive produktiven Dialogen gegenüber.

Sie können aus inneren Dialogen nach einer Situation lernen. Es ist dabei wichtig, nicht über Erfolge hinwegzusehen, als seien sie nebensächlich gewesen. Es ist nicht wahr, daß man nur aus Fehlern lernt. Erfolge können Ihnen zeigen, was sich lohnt, ein andermal wiederholt zu werden. Ebenso nützlich ist es, Fehler zu analysieren, aber sich nicht deswegen Selbstvorwürfen hinzugeben. In den meisten Situationen gibt es Elemente des Erfolgs und des Versagens, es geht also darum, die Erfolge zu vergrößern und das Versagen zu reduzieren.

Zusammenfassung

In diesem Kapitel sind wir von dem zu beobachtenden Verhalten zunächst einmal abgekommen und haben uns damit beschäftigt:

- wie Gefühle das Verhalten beeinflussen;
- wie Denkprozesse zu Gefühlen führen;
- wie man durch innere Dialoge auf Denkprozesse einwirken kann;
- wie man kontraproduktive innere Dialoge in Frage stellt;

Tabelle 6.6 Innerer Dialog nach einer Situation

Situation	Kontraproduktiver innerer Dialog	Produktiver innerer Dialog
1. Sie trugen höheren Vorgesetzten eine Änderung in der Berichterstattung vor. Der Vorschlag wurde abgelehnt.	Es ist furchtbar, daß ich ihnen nicht klarmachen konnte, warum die Änderung sein muß. Das ist typisch für ihre Engstirnigkeit.	Daß ich sie nicht von der Änderung überzeugen konnte, ist frustrierend, aber nicht furchtbar.
		Ich mag das engstirnig finden, das heißt aber nicht, daß es tatsächlich engstirnig ist.
	Ich kann's genauso gut aufgeben.	Ich werde mir Pläne machen, um den Eindruck auf sich abzuschwächen.
2. Sie traten zunächst sicher gegenüber einem Kollegen auf, konnten dies aber nicht aufrechterhalten, als sich die Situation verschärfte.	Ich hätte mir denken können, daß das bei Herrn Müller nicht klappt.	Mit Herrn Müller ist es schwierig, aber nicht unmöglich. Nächstes Mal lasse ich mir mehr Zeit.
	Er hat's nicht anders verdient — mir Lügen vorzuwerfen!	Er kann mich ja reizen, aber ich muß deshalb nicht gleich an die Decke gehen.
	Er bringt mich zur Raserei.	Ich kann die Ruhe bewahren, das nächste Mal werde ich tief durchatmen.

- wie man einen kontraproduktiven Dialog in einen produktiven umwandelt.

Dies ermöglicht es Ihnen, kontraproduktive Gefühle zu verändern, so daß sie produktiv werden und Sie sich (selbst-)sicher verhalten können.

In späteren Kapiteln werden wir auf den inneren Dialog wieder zurückkommen.

7. Kritik üben und entgegennehmen

Über unbefriedigende Aspekte der Arbeitsleistung zu sprechen, ist eine der schwierigsten Aufgaben, mit denen man im Arbeitsleben konfrontiert wird — ganz gleich, ob man Kritik übt oder sie entgegennehmen muß. Das Problem ist, daß viele Menschen glauben, Arbeitsleistung sei das gleiche wie Wert als Persönlichkeit. Das heißt, wenn sie jemanden für unfähig halten, Berichte zu schreiben, neigen sie dazu, ihn als unfähige Person zu betrachten — ein klarer Fehlschluß. Dennoch ist dies oft die Basis (für beide Seiten) für die Kritik an einer Arbeitsleistung. Denken Sie daran, wie oft Kritik an der Leistung zu einem Angriff auf die Person wird, und wie oft sich der Betroffene dann verletzt fühlt.

Auch Sie haben vielleicht schon in dieser Hinsicht unerfreuliche Erfahrungen gemacht. Im folgenden Kapitel geht es darum, wie man solche Erfahrungen vermeiden kann. Wir geben ein paar Richtlinien, wie man selbstsicher kritisiert (Mitarbeiter oder auch Kollegen) und sich ebenso verhält, wenn man selbst Kritik einstecken muß.

Kritik üben

Wenn Sie mit unbefriedigender Arbeitsleistung konfrontiert waren, haben Sie

- vermieden, dies zu kritisieren, oder es nur zögernd getan?
  (Unsicherheit)

- sich so in Ihren Ärger hineingesteigert, daß Sie das Thema ungeschickt und schroff angegangen sind? *(Aggression)*

In diesen Fällen kommt es entweder zu keiner Änderung der Leistung des anderen, oder zu Änderungen mit unerwünschten Begleiterscheinungen. Vielleicht sagt der andere zum Schluß: »Okay, wenn Sie das zukünftig von mir erwarten, werde ich es tun«, denkt sich dabei jedoch: »Aber glaub bloß nicht, ich helfe dir, wenn du das nächste Mal im Druck bist.« Ein solches Ergebnis ist unbefriedigend und wird die Beziehung zwischen Ihnen wohl verschlechtern.

Verweisen wir zunächst darauf, daß Kritik an der Arbeitsleistung nicht um ihrer selbst willen geübt wird, sondern ein bestimmtes Ziel erreicht werden soll. Das Ziel ist eine Veränderung der Art und Weise, wie jemand in einem bestimmten Arbeitsbereich vorgeht. Man verliert dies schnell aus den Augen und bleibt an den Mitteln hängen. Viele glauben, Kritik als solche sei das Entscheidende, und so lange sie kritisierten, würden sie auch »führen«. Kritik wird als »Sache von zwei Minuten kräftigen Schimpfens« betrachtet, und dann sei »wieder alles in Ordnung«. Leider ist das meiste dann mit ziemlicher Sicherheit eben nicht in Ordnung. In solchen Fällen bekommt Kritik einen negativen Touch (einer der Gründe, warum wir zunächst gezögert haben, das Wort überhaupt zu benützen). Wir möchten betonen, daß wir Kritik als konstruktiven Vorgang betrachten, mit stärkerer Betonung auf kommender Änderung zum Besseren als auf Fehlern in der Vergangenheit, und mit entsprechendem Nachfassen zur Überprüfung erhoffter Verbesserungen.

Eingedenk dieses eher positiven als negativen Bildes von Kritik wollen wir uns nun den Rechten der einzelnen Betroffenen zuwenden.

In Kritik beinhaltete Rechte

Wenn Sie Kritik als legitimes Mittel einsetzen wollen, um jemandem bei der Verbesserung seiner Leistung zu helfen, sollten Sie Ihre Kritik selbstsicher vortragen. Um dies tun zu können, müssen Sie akzeptieren, daß Sie ein Recht darauf haben, daß jemand seine Leistung verbessert. Folglich müssen Sie auch das Recht, diese Arbeitsleistung zu kritisieren, akzeptieren. Die mit diesem Recht verbundene Verantwortung schließt ein, daß Sie den anderen so kritisieren, daß er sich weder als Person angegriffen fühlt noch minderwertig oder »niedergewalzt« vorkommt. Selbst wenn er wiederholt Fehler gemacht und sich nicht gebessert hat, behält er sein Recht, angemessen behandelt zu werden. Anders ausgedrückt, seine Fehler geben Ihnen nicht das Recht, aggressiv zu werden.

Selbstsicher und angemessen vorzugehen, heißt auch, produktive innere Dialoge über die Situation und die zu kritisierende Person zu führen.

Einige gebräuchliche innere Dialoge

Tabelle 7.1 zeigt ein paar Beispiele für gebräuchliche kontraproduktive Dialoge, wenn man Kritik übt, und entsprechende produktive. Die kontraproduktiven Dialoge 1—4 führen zu aggressivem Verhalten, 5 und 6 zu unsicherem. Der letztere wird zunächst zu unsicherem Verhalten führen, bei der dann folgenden Klärung jedoch zu Aggression. Der erste ist dagegen ein Beispiel dafür, wie man die Rechte von jemandem verletzt, der einen Fehler gemacht hat.

Der kontraproduktive Dialog 5 ist ein Beispiel dafür, wie Ihre Annahme, der andere sei unsicher, Ihr Verhalten beeinflußt. In Dialog 6 geht es ähnlich um angenommene Aggression. Mehr darüber in Kapitel 8.

Tabelle 7.1 Innere Dialoge, wenn man Kritik übt

Kontraproduktive innere Dialoge	Produktive innere Dialoge
1. »Ich habe das Recht, Herrn Jahn wirklich runterzuputzen, wenn ich mit ihm über seine verhunzten Budget-Aufstellungen spreche.«	»Gerade weil Herr Jahn Fehler gemacht hat, hat er das Recht, angemessen behandelt zu werden. Ich muß ihm erklären, welche Auswirkungen seine Budget-Aufstellungen auf mich haben.«
2. »Das habe ich schon zweimal mit Herrn May besprochen. Er ist schlichtweg ungeschickt.«	»Das habe ich schon zweimal mit Herrn May besprochen. So ungeschickt kann er doch gar nicht sein. Vielleicht hat er es einfach vergessen. Ich muß es ihm noch einmal in Ruhe sagen.«
3. »Wenn ich Herrn Bach den kleinen Finger reiche, wird er mir oder anderen die Schuld für seine schlechte Präsentation gestern geben. Ich muß von Anfang an klarstellen, daß ich mich nicht dafür stark machen werde.«	»Vielleicht gibt Herr Bach mir oder anderen die Schuld. Dann werde ich ihm zuhören, in manchen Punkten mag er recht haben. Ich kann ihm erklären, warum ich die Präsentation schlecht fand.«
4. »Dieser Fehler von Frau Sintermann war wirklich eine Katastrophe.«	»Frau Sintermanns Fehler hat wirklich Probleme geschaffen, aber nicht zu einer Katastrophe geführt. Ich kann ihr das in Ruhe erklären. Ich kann sie veranlassen, das zu ändern.«
5. »Wenn ich Frau Karrer auf dieses Thema anspreche, wird sie sicher wütend; das wäre peinlich, das will ich auf keinen Fall.«	»Frau Karrer wird ja nicht immer wütend, wenn ich Themen dieser Art anspreche. Wenn doch, könnte es zwar peinlich werden, aber damit komme ich schon zurecht.«

Kontraproduktive innere Dialoge	Produktive innere Dialoge
6. »Wenn ich seine Fehler erwähne, schmeißt er den Kram sicher hin. Das wäre schrecklich.«	»Selbst wenn er den Kram hinschmeißt — ich glaube, damit komme ich zu Rande.«
7. »Diesmal mache ich kein Theater deswegen, es könnte kleinlich wirken. Aber wenn Herr Anders das nochmal macht, kann er was erleben.«	»Ich bespreche das lieber gleich mit Herrn Anders, er mag es kleinlich finden, aber es könnte größere Probleme später verhindern.«

Richtlinien, wie man Kritik üben sollte

Die in der Darstellung 7.1 aufgezeigten Richtlinien beziehen sich auf die alltägliche Kritik an Arbeitsleistung, zum Beispiel wenn der vereinbarte Standard nicht erreicht wird. Diese Richtlinien können in Verbindung mit den bereits gegebenen Tips, wie man Lob erteilt, angewandt werden, da eine Arbeitsleistung meist sowohl gute als schlechte Aspekte enthält. Es ist wichtig, beide Aspekte zu berücksichtigen, wenn Sie es mit einem größeren Bereich der Arbeit eines anderen zu tun haben, zum Beispiel einem Projekt oder einem umfangreichen Bericht.

Unsere Vorschläge werden wohl vor allem gegenüber Personen, die für Sie arbeiten, zur Anwendung kommen, aber auch, wenn Ihnen ein Einzelaspekt der Arbeitsleistung eines Kollegen nicht gefällt — zum Beispiel, wenn er seine Monatsberichte zu spät an Sie weiterleitet.

Darstellung 7.1 faßt die von uns vorgeschlagenen Schritte für angemessene Kritik zusammen und zeigt einige Beispiele dafür auf. Das Befolgen dieser Schritte erhöht die Chance, sich über erwünschte Änderungen einigen zu können.

Schritte	Aussageform	Beispiele
Vorher		
1 Prüfen Sie, ob Ihr innerer Dialog produktiv ist		siehe Tabelle 7.1
2 Prüfen Sie, ob Ihre Kritik präzise und kein persönlicher Angriff ist.		Zahlreiche Tippfehler in Frau Sommers Briefen diese Woche — *und nicht:* Frau Sommer wird nachlässig beim Tippen.
Im Verlauf		
3 Schneiden Sie das Thema an, und nennen Sie gegebenenfalls die Gründe dafür	grundsätzlich	»Frau Sommer, ich möchte mit Ihnen über die Briefe sprechen, die Sie diese Woche für mich getippt haben.‹
4 Machen Sie Ihre präzise Kritik geltend	kann grundsätzlich, einfühlsam, auf Abweichungen verweisend oder auf negative Gefühle abhebend sein	»Es fiel mir auf, daß in diesen Briefen viele Tippfehler waren.«

164

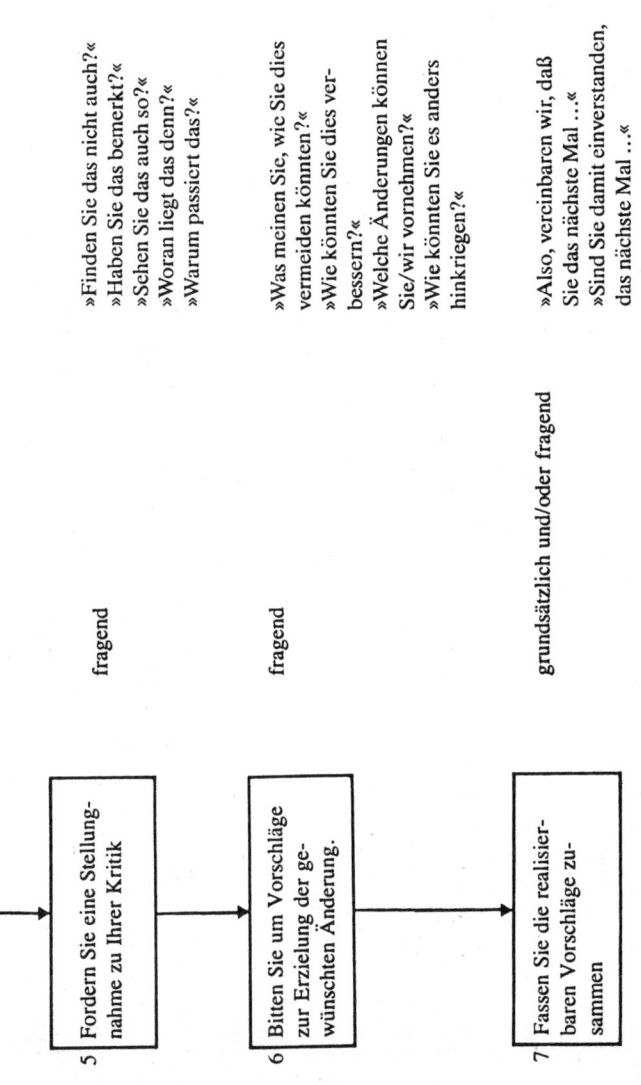

5	Fordern Sie eine Stellung-nahme zu Ihrer Kritik	fragend	»Finden Sie das nicht auch?« »Haben Sie das bemerkt?« »Sehen Sie das auch so?« »Woran liegt das denn?« »Warum passiert das?«
6	Bitten Sie um Vorschläge zur Erzielung der ge-wünschten Änderung.	fragend	»Was meinen Sie, wie Sie dies vermeiden könnten?« »Wie könnten Sie dies ver-bessern?« »Welche Änderungen können Sie/wir vornehmen?« »Wie könnten Sie es anders hinkriegen?«
7	Fassen Sie die realisier-baren Vorschläge zu-sammen	grundsätzlich und/oder fragend	»Also, vereinbaren wir, daß Sie das nächste Mal ...« »Sind Sie damit einverstanden, das nächste Mal ...«

Darstellung 7.1 Richtlinien zum Üben von Kritik

Anmerkungen zu den Richtlinien

Schritt 1 und 2: Häufig ergreifen Sie die Initiative und sprechen jemanden auf ein Thema an. Sie können sich darauf ein wenig vorbereiten, selbst wenn es sich nur um zwei oder drei Minuten handelt, bevor Sie den anderen treffen. Prüfen Sie, ob Ihr innerer Dialog produktiv und Ihre Kritik präzise ist. Nachdem wir uns oben mit dem inneren Dialog beschäftigt haben, hier ein paar Hinweise zum Thema »präzise Kritik«. Was diese angeht, so schlagen wir vor, daß Sie die *Verhaltensweisen* des anderen, die Sie ändern wollen, so klar wie möglich beschreiben, also zum Beispiel:

- Zuspätkommen am Morgen;
- Nichteinhaltung vereinbarter Regelungen für das Schreiben von Berichten;
- Kritik an Mitarbeitern in Gegenwart anderer.

Wenn Sie Ihre Kritik präzise vortragen, wird sie nicht als persönlicher Angriff mißverstanden werden. Verallgemeinerungen (»Sie haben das verhunzt«) sagen dem anderen nicht, was er ändern muß. Persönliche Aussagen (»Ihre Haltung dazu ist völlig falsch« oder »Sie sind zu autokratisch«) beziehen sich auf Merkmale der Persönlichkeit und der Einstellung, was schnell als persönlicher Angriff gewertet werden kann.

Schritt 3: Hierbei geht es darum, den Kernpunkt der Streitfrage anzusprechen, bevor man sich in Details der anstehenden Kritik verliert. Das ebnet den Weg für die Kritik, sie kommt dann nicht »wie aus heiterem Himmel«. (Vergessen Sie nicht; der andere kann im Augenblick vielleicht gedanklich mit etwas ganz anderem beschäftigt sein.) Es hilft Ihnen auch, das Gespräch auf den wesentlichen Punkt zu bringen, statt nur auf »den Busch zu klopfen«. Letzteres hat den Beigeschmack von Unsicherheit und macht den anderen mißtrauisch.

166

An diesem Punkt kann es auch sinnvoll sein, zu sagen, warum Sie dieses Problem jetzt ansprechen wollen. Sie könnten zum Beispiel:

- erwähnen, wie es zu dem Problem kam, indem Sie etwa sagen: »Es haben mich verschiedene führende Leute angerufen und sich über den Ton Ihres letzten Rundschreibens beschwert.«;
- anmerken, daß der Mangel in der Arbeitsleistung Auswirkungen auf Sie hat, zum Beispiel: »Ich habe durch dieses Rundschreiben erheblichen Ärger bekommen.«;
- darauf verweisen, daß sich dieser Mangel auch auf den anderen selbst auswirkt: »Ich fürchte, daß es die Zusammenarbeit anderer Abteilungen mit Ihnen beeinflußt.«

In diesem Stadium sollten weder zahlreiche Details noch langwierige Erklärungen abgegeben werden.

Schritt 4: Jetzt sollten Sie Ihre präzise Kritik selbstsicher vorbringen. »Ich-Aussagen« sind nun wichtig, so daß deutlich wird, daß die Kritik von Ihnen und nicht aus irgendeiner dunklen Ecke stammt. So wären zum Beispiel folgende Formulierungen nützlich:

- »Ich habe in Ihrem Bericht von letzter Woche festgestellt, daß ...«;
- »Es gefällt mir nicht, wie ...«;
- »Ich finde, daß Sie ...«;
- »Meiner Ansicht nach ist Ihr Bericht nicht ...«

Solche Aussagen unterscheiden sich positiv von Varianten vom Typ »Es wurde festgestellt, daß ...« und ebenso von tadelnden Äußerungen, die das »Sie« betonen (»Sie hätten in Ihrem Rundschreiben von letzter Woche wirklich einen verbindlicheren Ton anschlagen sollen«).

Zu Beginn sollten Sie Ihre Kritik kurz und klar fassen. Danach wäre es gut, die Auswirkungen des Mangels in der Arbeitsleistung zu diskutieren. Wenn Sie dies in

167

Schritt 3 angeschnitten haben, können Sie jetzt ins Detail gehen, etwa in der Form: »Ich glaube, einige der von Ihnen verwendeten Ausdrücke werden die leitenden Leute verärgern und ihre Bereitschaft zur Zusammenarbeit beeinträchtigen.«

Abgesehen von den obigen Beispielen, hängt die an diesem Punkt zu verwendende Aussageform von den Umständen ab und davon, ob Sie dieses Thema schon einmal mit dem anderen besprochen haben. Wenn es das erste Mal ist, können Sie eine grundsätzliche Aussage machen. Wenn Sie wissen, daß der andere im Augenblick stark unter Druck ist und Sie ihn das wissen lassen wollen, bietet sich eine einfühlsame Ausdrucksweise an. Verweise auf Abweichungen und Abheben auf negative Gefühle liegen auf einer höheren Ebene und sollten eher dann verwendet werden, wenn Sie das Thema schon einmal angesprochen haben und die erwünschten Änderungen in der Arbeitsleistung nicht erfolgt sind.

Es ist meist unergiebig, wenn Sie mehrere Kritikpunkte auf einmal ansprechen. Für die möglichen Änderungen, die sich jemand gleichzeitig vornehmen kann, gibt es Grenzen. Eine reicht, zwei ist schon viel, und drei ist absolutes Maximum.

Wenn Sie Kritik üben, ist Blickkontakt das entscheidende Moment des nonverbalen Verhaltens. Zu wenig davon, und der andere glaubt, es sei Ihnen schwergefallen, das Thema anzuschneiden. Zu viel (etwa Anstarren) wird dagegen als Aggression empfunden.

Schritt 5: Hierbei geht es um Einsicht für Ihre Kritik. Sie muß sich ergeben, bevor Sie vereinbaren (Schritt 6), welche Änderungen vorgenommen werden sollten. Fragende Aussagen dominieren hier, Sie stellen Fragen, um herauszufinden, ob der andere mit Ihrer Kritik einverstanden ist. Wenn nicht, mag er berechtigte Gründe dafür haben. Wenn ja, möchten Sie sicher herausfinden, warum es zu dem Mangel in der Arbeitsleistung gekommen ist. Schritt 5 ermöglicht Ihnen also den Zugang zu Informationen, die Ihnen vielleicht neu sind. Das kann heißen, daß Sie Ihre Kritik abändern oder sogar zurücknehmen müssen. Es wäre aggressiv, angesichts neuer Informationen auf der ursprünglichen Kritik zu beharren.

Vielleicht stellen Sie an diesem Punkt auch fest, daß dem anderen nicht klar ist, welchen Standard Sie in einem bestimmten Arbeitsbereich verlangen. Wenn ja, müssen Sie sich eine eigene ungenügende Leistung eingestehen. Sie sollten dann erklären, was Sie erwarten und sich darüber einigen, daß diese Standards realistisch sind. Auch hier wäre Beharren auf der Kritik aggressiv, wir glauben nicht, daß Sie das Recht haben, die Leistung eines anderen zu kritisieren, wenn Sie ihm Ihre Erwartungen vorher nicht klargemacht haben.

Schritt 6: An diesem Punkt ermutigen Sie den anderen zu Vorschlägen, welche Änderungen vorgenommen werden könnten. Auch hier stehen befragende Aussagen im Vordergrund (»Was fällt Ihnen zu … ein?«). Vielleicht müssen Sie selbst Vorschläge unterbreiten, weil der andere sich schwer tut, eine Änderungsmöglichkeit zu benennen. Wenn der Betreffende zu Unsicherheit neigt, sollten Sie die Vorschläge in Frageform vorbringen (»Wie wäre es … zu versuchen?« oder »Meinen Sie, es klappt, wenn Sie …?«). Dies erhöht die Chance, daß die Probleme deutlich werden, die der andere vielleicht beim Vorbringen von Vorschlägen hat. Die Vorschläge können natürlich auch darauf hinauslaufen, daß Sie etwas ändern sollten, zum Beispiel in bezug auf die Arbeitsverteilung.

Schritt 7: Hier fassen Sie die Vereinbarungen zusammen. Allzu häufig trennt man sich in der Gewißheit darüber, was zu vermeiden ist, aber nicht darüber, was getan werden muß. Entscheiden Sie, welche der gemachten Vorschläge verwirklicht werden sollen. Das ist von größter Wichtigkeit, wenn sich der andere nach dem Gespräch klar darüber sein soll, was Sie oder er ändern müssen. Wenn Sie das Gespräch mit einer Festlegung darüber beenden, wann und wie der Erfolg der Änderungen geprüft werden soll, wird der andere die Diskussion ernster nehmen.

Die gegebenen Richtlinien sollten flexibel gehandhabt werden. Wenn einer Ihrer Mitarbeiter zum Beispiel den Monatsbericht nicht korrekt ausfüllt, können Sie die Schritte 6 und 7 auslassen, Sie bringen Ihre Kritik an, bitten ihn, X statt Y zu machen, und prüfen, ob er verstanden hat und einverstanden ist.

Das Einhalten dieser Richtlinien verringert die Gefahr, daß der andere aggressiv oder unsicher wird. Unsicherheit ist nicht wünschenswert, weil der andere seine Meinung und seine Zweifel zurückhält. Daraus ergibt sich, daß er sich zunächst mit einer Änderung *anscheinend* einverstanden zeigt, aber kurz nach Ihrer Diskussion wieder zum vorherigen Verhalten zurückkehrt. Wenn Sie befürchten müssen, daß der andere unsicher oder aggressiv wird, zeigen Ihnen Kapitel 9 und 10, wie Sie Ihre Selbstsicherheit bewahren können.

Bisher haben wir uns damit befaßt, wie man Kritik selbstsicher *übt*. Im nächsten Abschnitt geben wir Tips, wie man Kritik selbstsicher *entgegennimmt*.

Wie man Kritik selbstsicher entgegennimmt

Zweifellos sind Sie schon kritisiert worden und fanden dies unberechtigt, oder die Kritik war berechtigt, wurde aber aggressiv vorgebracht. Wie dem auch sei, wahrscheinlich haben Sie unsicher oder aggressiv reagiert. Es wäre herrlich, wenn Sie immer selbstsicher und angemessen kritisiert würden, aber das dürfte ein Traum bleiben! Im folgenden Abschnitt wollen wir Ihnen helfen, selbstsicher auf Kritik zu reagieren, unabhängig davon, ob sie angemessen, aggressiv oder unsicher vorgebracht wird.

Die Rechte, die man hat, wenn man kritisiert wird

Die erste Überlegung in diesem Zusammenhang ist die Rücksicht auf bestehende Rechte. Wenn Sie nicht akzeptieren, daß der andere das Recht hat, Ihre Arbeitsleistung zu kritisieren, werden Sie sein Verhalten, wie immer es sei, als aggressiv betrachten. Wenn Sie sein Recht auf Kritik akzeptieren, werden Sie ebenso verlangen, daß er Ihre Rechte in dieser Situation akzeptiert — nicht heruntergeputzt oder herabgesetzt zu werden, keinem persönlichen Angriff ausgeliefert zu sein, und eher unter vier Augen als in Gegenwart anderer kritisiert zu werden.

Innere Dialoge

Ihre inneren Dialoge beeinflussen Ihre Reaktion auf Kritik ebenfalls. Beispiele für kontraproduktive: »Mein Gott, schon wieder ein Schnitzer, ich vermassle aber auch alles!« oder »Jetzt geht das wieder los, dieser notorische Nörgler muß immer an etwas herummäkeln!« Bei der ersten Variante reagieren Sie unsicher und überentschuldigend und setzen sich selbst herab. Bei der zweiten werden Sie aggressiv und weisen jede Kritik von sich, bevor sie überhaupt ausgesprochen wird, und obwohl sie wertvoll für Sie sein könnte. Wandeln Sie jeden kontraproduktiven in einen produktiven Dialog um. Beispiele dafür: »Ich mag ja einen Fehler gemacht haben, aber nicht unbedingt absoluten Mist« oder »Die Kritik könnte ein persönlicher Angriff auf mich werden. Aber damit kann ich fertigwerden, ich kann schließlich daraus etwas lernen.«

Tips, wie man Kritik entgegennimmt

Unklare Kritik

Wenn Ihnen nicht ganz klar ist, worum es bei der Kritik geht, bitten Sie den anderen um Klarstellung und, wenn möglich, ein Beispiel. Es ist wichtig, dies selbstsicher und angemessen zu tun, und nicht anklagend, so als ob Sie sagen wollten: »Also, ich wette, du tust dich schwer, überhaupt ein Beispiel zu finden.« Sowohl grundsätzliche Aussagen (vor allem die »Ich-Teile« dabei) als als auch fragende sind hier von Nutzen, wie etwa »Bitte zeigen Sie mir an einem Beispiel, was Sie meinen«, oder »An welchen Aspekt haben Sie dabei gedacht?«, oder »Können Sie mir einen bestimmten Vorfall nennen?«

Persönliche Angriffe

Wenn die Kritik als persönlicher Angriff vorgetragen wird, versuchen Sie gedanklich den Inhalt (der berechtigt sein mag) und die Art des Vorbringens zu trennen. Wenn es schon häufiger zu solchen persönlichen Angriffen gekommen ist und Sie dem anderen Ihr Unbehagen darüber mitteilen wollen, können Sie zum Beispiel sagen: »Ich sehe ein, daß Ihre Kritik berechtigt sein mag, Herr Jahn, es wäre mir jedoch lieber, wenn Sie keinen persönlichen Angriff daraus machen würden.«

Sie sind nicht einverstanden mit der Kritik

Wenn Sie mit der Kritik nicht einverstanden sind, müssen Sie dies sagen. »Ich-Aussagen« sind dabei wichtig, um Ihre Selbstsicherheit in das Gespräch einzubringen (»In *meinen* Augen ist ...«).

Keine Einigung über zukünftige Änderungen

Da es in Ihrem Interesse ist, daß man sich über Vorschläge für die Zukunft einigt, können Sie die Initiative ergreifen, falls der andere die Unterhaltung als abgeschlossen zu betrachten scheint, bevor diese Einigungen erzielt wurden.

Nonverbales Verhalten

Während des gesamten Gesprächs ist es wichtig, Blickkontakt zu behalten. Sprechen Sie normal weiter und nicht leiser, als fühlten Sie sich ertappt. Werden Sie vor allem nicht schrill (»*Das* haben Sie mir nie gesagt!«). Das hieße, daß Sie sich in der Defensive sehen. Ihre Selbstsicherheit ermutigt den anderen ebenfalls zu Selbstsicherheit.

Wenn Sie sich nach diesen Tips und Richtlinien richten, werden Sie Kritik selbstsicherer üben und entgegennehmen können. Dann wird sie, wie Lob, zu einem alltäglichen Vorgang, der als selbstverständlich betrachtet wird und kaum Probleme schafft.

8. Wie Sie von anderen beeinflußt werden

Bisher haben wir uns damit beschäftigt, wie man die Fähigkeit, in verschiedenen Situationen selbstsicher aufzutreten, steigern kann. Uns ist jedoch klar, daß diese Selbstsicherheit rasch ein Ende nehmen kann, wenn sich eine Situation »zuspitzt«, wenn sich andere Ihnen gegenüber aggressiv oder unsicher verhalten. Daher wollen wir uns in den nächsten drei Kapiteln darauf konzentrieren, wie Sie Ihre Selbstsicherheit angesichts der Aggression und Unsicherheit von anderen aufrechterhalten können. Beginnen wir damit, zu betrachten, wie das Verhalten anderer (in Form von sicherem oder unsicherem Auftreten oder Aggression) Sie beeinflußt. Wir tun dies anhand eines detailliert aufgezeigten Beispiels. In den folgenden zwei Kapiteln zeigen wir, wie man in angemessener Form mit der Aggression und Unsicherheit anderer umgeht.

Was wir unter Einfluß verstehen

Im Umgang mit anderen, ob am Arbeitsplatz oder im Privatleben, ist es unvermeidlich, daß man versucht, Einfluß auszuüben. Wir definieren »Einfluß« ganz schlicht mit »auf den anderen einwirken«. Das kann heißen, daß man das Denken, Fühlen, Sagen oder Tun des anderen beeinflußt. Einige der Versuche zur Einflußnahme sind nicht legitim im Sinne der Selbstsicherheit, da sie die Rechte des anderen verletzen. An manchen Punkten ist es unangemessen, den anderen zu beeinflussen, und zwar was Vorlieben, Abneigungen, Ansichten, Interessen, Entscheidungen, Aktivitäten, angeht, *die sich nicht auf Sie auswirken.* Aber Sie haben das Recht, Einfluß auf Dinge zu nehmen, die Auswirkungen auf Sie haben. Zusätzlich besteht die Verantwortung, »offen« Einfluß auszuüben, indem man selbstsicher und angemessen, und nicht aggressiv oder unsicher vorgeht. Der andere hat ebenso das Recht, Sie in Dingen zu beeinflußen, die Auswirkungen auf ihn haben. Leider geschieht dies nicht immer selbstsicher, sondern aggressiv oder unsicher. Später wenden wir uns den Auswirkungen dieser drei Verhaltensformen auf Sie zu.

Die zwei Elemente der Beeinflussung

Die Beeinflussung durch andere besteht aus zwei Hauptelementen, nämlich:

- den von Ihnen vorgebrachten Tatsachen, Ansichten und Vorschlägen (wir nennen dies den *Inhalt*);
- der Art und Weise, wie diese Tatsachen, Ansichten und Vorschläge vorgebracht werden (wir nennen dies das *Verhalten*).

Im folgenden Beispiel wollen wir zeigen, was wir unter den beiden Elementen verstehen.

Bei einer Besprechung machen Sie einen Vorschlag zur Veränderung des Wartungsplans, und ein Kollege, Herr Michels, sagt im »Tatsachen-Ton«: »Wenn Sie dies durchführen, werden sich die Ausfallzeiten erhöhen, und es wird für uns schwieriger werden, das Produktionssoll zu erfüllen.«

An diesem Punkt verwendet Herr Michels den *Inhalt* — die Tatsachen und Ansichten — als primäres Mittel der Einflußnahme auf Sie. Nehmen wir nun aber an, Herr Michels hätte nicht so geantwortet, sondern mit lauter Stimme gesagt: »Also bitte, das ist doch Unsinn, und Sie wissen das auch. Es wird massenhaft Ausfälle geben, und wir erreichen niemals das Produktionsziel.«

In diesem Falle hätte Herr Michels das *Verhalten* (Aggression) als primäres Mittel der Beeinflussung verwendet. Wir beschäftigen uns in diesem Kapitel mit der Art und Weise des *Verhaltens* anderer (Aggression, Unsicherheit, Selbstsicherheit), wenn sie Einfluß auf Sie ausüben. Wir betrachten die Auswirkungen dieser Verhaltensmuster auf Sie anhand eines Beispiels, bei dem es um das Fällen einer Entscheidung geht. Wir haben dieses Beispiel gewählt, weil es einen Bereich betrifft, in dem der andere ein besonders großes Interesse daran hat, Einfluß auszuüben.

Wie Sie von der Aggression anderer beeinflußt werden

Nehmen wir einmal an, Sie hätten sich nach Abwägung aller Fakten und Gesprächen mit anderen entschieden, die Organisationsstruktur von zwei Abteilungen zu ändern, die Ihnen unterstellt wurden. Sie wissen, wie immer Sie sich entscheiden, es wird nicht jedermann Gefallen daran finden. Jetzt wollen Sie den Mitarbeitern der beiden Abteilungen diese Änderungen vorstellen.

Nachdem Sie einleitend die Grundzüge dieser Änderungen dargelegt haben, stellt Herr Normann (ein Mitarbeiter, der Ihnen schon lange ein Dorn im Auge ist) Ihre Ausführungen in Frage, und zwar in bezug auf die Effzienz der Neuorganisation. Er geht recht aggressiv vor und beschreibt mehrerc Probleme, die sich durch die Änderung ergeben würden. Zum Schluß äußert er sich sarkastisch über andere von Ihnen durchgeführte Änderungen.

Solange Sie nicht fähig sind, mit Aggression selbstsicher umzugehen, wird sich Herrn Normanns aggressives Verhalten auf zwei Arten auf Sie auswirken — Sie werden unsicher oder aggressiv. Folgendes geht dabei in etwa vor sich: Der emotionale Unterton in der Aggression von Herrn Normann weckt Ihre eigenen Emotionen, und zwar, weil Sie entweder nicht in Ihren Denkprozeß eingegriffen oder Ihren kontraproduktiven inneren Dialog nicht verändert haben. Ihre nun zutage tretenden Gefühle sind negativ, Sie werden unsicher oder aggressiv. Darstellung 8.1 zeigt dies auf.

Wenden wir uns nun den beiden Reaktionsmöglichkeiten zu.

Wenn Sie unsicher reagieren

Wenn Sie Herrn Normanns Angriff in Gegenwart Ihrer Mitarbeiter irritiert, so reagieren Sie vielleicht in der Weise unsicher, daß Sie ihn (zu stark) besänftigen. Möglicherweise ändern Sie Ihre Vorschläge zur Neuorganisation, so daß sie nun Herrn Normanns Erwartungen, aber nicht unbedingt mehr Ihren eigenen entsprechen. Wenn dies der Fall ist, machen Sie die Änderungen nicht wegen des Inhalts dessen, was Herr Normann gesagt hat (also wegen

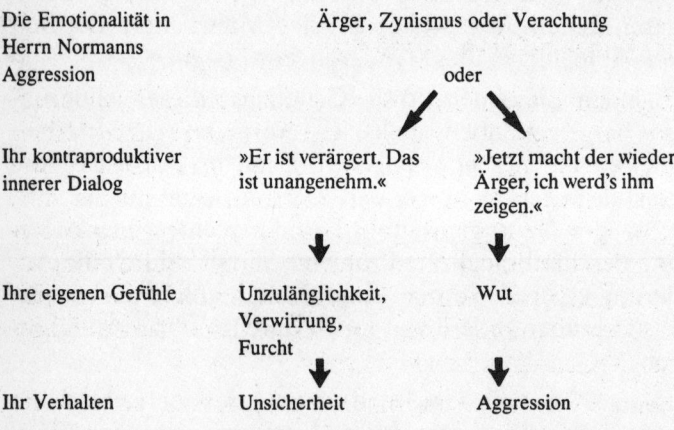

Darstellung 8.1 Wie sich die Aggression des anderen auf Sie auswirkt

der angekündigten Probleme), sondern wegen seines Verhaltens. Geschieht dies, war Herrn Normanns Versuch, Sie dahingehend zu beeinflussen, daß Sie Ihre Entscheidung ändern, erfolgreich.

Wichtig ist die Feststellung, daß die emotionalen Untertöne im Verhalten des anderen bei Ihnen dazu geführt haben, daß Sie diesem Verhalten mit einem emotionalen Verhalten Ihrerseits begegnen (in diesem Fall Unsicherheit). Wenn dies geschieht, wird der eigentliche Inhalt des Verhaltens häufig übersehen. Die von Herrn Normann angesprochenen Probleme mögen im obigen Beispiel berechtigt oder unberechtigt sein: Weil Ihre Energie sich auf das Gegenverhalten konzentriert, lassen Sie den Inhalt vielleicht völlig außer acht.

Der andere hat also nicht nur die Änderung Ihrer Entscheidung bewirkt, sondern Sie auch in bezug auf eine Änderung Ihres Verhaltens beeinflußt — Ihre Selbstsicherheit ist zu Unsicherheit geworden. Der andere kontrolliert nicht nur Ihre Entscheidung, sondern auch Ihr Verhalten.

Wenn Sie aggressiv reagieren

Wenn Sie durch Herrn Normanns Angriff »kribblig« werden, reagieren Sie wahrscheinlich aggressiv. Zum einen könnten Sie Herrn Normann persönlich angreifen. Zum anderen könnten Sie Herrn Normann deutlich machen, daß Sie nicht die Absicht haben, Ihren Vorschlag zu ändern, was immer er oder ein anderer sagt. Beide Reaktionen werden die anderen Mitarbeiter davon abhalten, sich mit den entscheidenden Problemen Ihrer vorgeschlagenen Änderung zu beschäftigen.

Wenn Sie so reagieren, haben Sie wiederum Ihre Energie auf eine Reaktion gegenüber Herrn Normanns Verhalten verschwendet. Sie beantworten sein aggressives Verhalten Ihrerseits mit Aggression. Doch diesmal ist sein Versuch,

Ihre Entscheidung zu ändern, mißlungen. Aber da er durch seine Aggression die Ihre geweckt hat, ist es ihm gelungen, Ihr Verhalten zu beeinflussen. Indem Sie Ihre Energie darauf richten, seinem Verhalten entgegenzuwirken, begeben Sie sich in die Gefahr, der möglichen Wichtigkeit seines Einwands zu wenig oder gar keine Bedeutung beizumessen. Somit belasten Sie sich vielleicht mit einer Organisationsstruktur, die wirklich Probleme schafft.

Das Problem, den Inhalt zu übersehen, wird dadurch verstärkt, daß jemand, der aggressiv vorgeht, zu Übertreibung und extremen Aussagen neigt. Wenn Herr Normann zum Beispiel sagt, die vorgeschlagene Änderung werde *enorme* Probleme schaffen, so betrachten Sie dies als Übertreibung. Sie übersehen leicht den realen Hintergrund dieser Übertreibung — daß es tatsächlich gewisse Probleme geben wird, die es zu lösen gilt.

Zusammenfassung

Die Aggression anderer mag die Änderung Ihrer Entscheidung positiv oder negativ beeinflussen. Ihr Verhalten wird wohl in jedem Fall beeinflußt. Versuchen Sie also, es zu kontrollieren, bis es Ihnen gelingt, angesichts dieser Aggression selbstsicher zu bleiben. Im nächsten Kapitel geben wir ein paar Tips, wie dies zu schaffen ist.

Wie Sie von der Unsicherheit anderer beeinflußt werden

Es mag schon oft vorgekommen sein, daß ein anderer Sie mittels Aggression beeinflußt hat. Weniger bewußt ist Ihnen vielleicht, daß Unsicherheit zum gleichen Zweck eingesetzt werden kann. Unsicherheit ist undramatischer und weniger offenkundig als Aggression. Dennoch (oder gerade deshalb!) kann ihr Einfluß auf Sie ebenso groß sein. Kehren wir zu dem obigen Beispiel zurück, wo Sie eine Entscheidung über organisatorische Veränderungen getroffen haben. Statt des aggressiven Herrn Normann gibt es einen Kollegen, Herrn Decker, der unsicher reagiert, als Sie ihn nach seiner Meinung fragen. Er sagt zum Beispiel: »Nun ja, im Moment haben wir viel zu tun … und, hm, diese Änderungen würden uns Zeit kosten. Aber ich finde, wir sollten irgendwie versuchen, es hinzukriegen.«

Auch hier wird es (wenn Sie nicht darin geübt sind, selbstsicher auf Unsicherheit zu reagieren) zu folgendem kommen: Sie werden entweder unsicher oder aggressiv reagieren. Herrn Deckers Verhalten signalisiert durch seine Untertöne eine gewisse »emotionale Erpressung«. Wir verwenden den Ausdruck »Erpressung«, weil die Emotion recht heimtückisch sein kann, auch wenn sie Sie nicht so hart wie Aggression trifft. Sie wirkt sich dennoch ebenso effektiv auf Ihre eigenen Gefühle aus, und Sie reagieren daher ebenfalls unsicher oder aggressiv. Darstellung 8.2 zeigt diesen Vorgang. Wir werden später auf beide Alternativen noch näher eingehen.

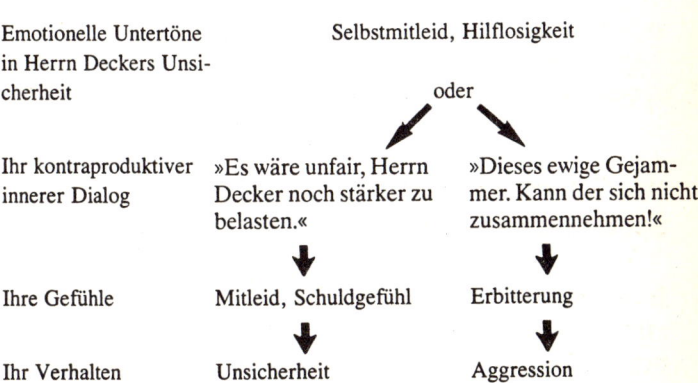

Darstellung 8.2 Wie Sie durch die Unsicherheit des anderen beeinflußt werden

Wenn Sie unsicher reagieren

Wenn Sie Schuldgefühle entwickeln wegen weiterer Forderungen an Herrn Decker, dann liegt dies daran, daß seine Unsicherheit einen kontraproduktiven inneren Dialog in Ihnen ausgelöst hat. Was Sie sich sagen und was Sie fühlen, verleitet Sie zu unsicherem Verhalten. Vielleicht verschieben Sie zum Beispiel den Zeitpunkt, an dem die Veränderungen in Herrn Deckers Abteilung eingeführt werden sollten, mit dem Ergebnis, daß Ihre Bedürfnisse nun nicht mehr befriedigt werden. So hat Herrn Deckers Verhalten (seine Unsicherheit) mehr als der Inhalt seiner Aussage Sie dahingehend beeinflußt, daß Sie Ihre Entscheidung ändern.

Zusätzlich hat Herrn Deckers Unsicherheit Sie dazu veranlaßt, Ihr Verhalten zu ändern, und zwar von Selbstsicherheit zu Unsicherheit. Sie kontrollieren Ihr eigenes Verhalten nicht mehr.

Genau wie bei Aggression konzentrieren Sie sich weniger auf den Inhalt der Aussage, wenn Sie Ihre Energie darauf verwenden, den Emotionen im Zusammenhang mit der Unsicherheit des anderen zu begegnen. Möglicherweise übersehen Sie dadurch die Bedeutung von Herrn Deckers Einwänden oder die Chancen zur Lösung der Probleme auch ohne weitgehende Änderungen Ihrer Entscheidung.

Wenn Sie aggressiv reagieren

Dies kann passieren, weil Ihr kontraproduktiver innerer Dialog Verbitterung gegenüber Herrn Deckers Unsicherheit auslöst. Vielleicht betrachten Sie seine Aussage über die Arbeitsbelastung nur als eine weitere in einer ständigen Reihe von unsicheren Klagen von seiner Seite. Ihre Verbitterung schlägt dann in Aggression um: »Herr Dekker, was soll denn das, immer wenn ich Sie auf Arbeit anspreche, sagen Sie, Sie hätten noch nie so viel zu tun gehabt wie gerade im Augenblick. Wäre es nicht allmählich an der Zeit, die Dinge in den Griff zu kriegen?«

Wenn es dazu kommt, dann versuchen Sie nicht mehr, sich darüber klarzuwerden, ob Herrn Deckers Beitrag vielleicht wichtig ist; Sie reagieren wiederum auf sein Verhalten. Falls die erforderlichen Änderungen für die Arbeitsbelastung wirklich zu Problemen führen, haben Sie jedenfalls versäumt, sich damit auseinanderzusetzen.

Dann ist Herrn Deckers Versuch, Ihre Entscheidung durch Unsicherheit zu ändern, fehlgeschlagen. Aber er hat Ihr Verhalten beeinflußt, Ihre Selbstsicherheit ist in Aggression umgeschlagen, Ihre Selbstkontrolle hat sich dadurch vermindert.

In Kapitel 10 geben wir ein paar Tips, wie man angesichts von Unsicherheit selbstsicher bleibt. Doch betrachten wir nun zunächst, wie Sie von Selbstsicherheit beeinflußt werden.

Wie Sie durch die Selbstsicherheit anderer beeinflußt werden

Beim bisherigen Beispiel verbleibend, wollen wir uns nun betrachten, wie Herr Michels, ein anderer Mitarbeiter, Sie beeinflussen könnte. Er sagt: »Alles in allem glaube ich, daß die Änderung von Nutzen sein wird. Ein großes Problem stellt für mich jedoch die Einhaltung der Termine für die vorgesehen Verbesserungsmaßnahmen dar.«

Wahrscheinlich sagen Sie sich jetzt: »Gut, darüber muß diskutiert werden.« Dieser produktive innere Dialog und das selbstsichere Verhalten des anderen beruhigen Sie, und Sie können antworten »Erläutern Sie das näher, Herr Michels.«

In dieser Situation konzentrieren Sie sich nun auf den Inhalt von Herrn Michels' Aussage und möchten mehr darüber hören, um entscheiden zu können, ob und gegebenfalls wie man die Termine für die Maßnahmen einhalten kann. Angesichts der nun vorgetragenen Informationen können Sie eine objektive statt einer emotionellen Entscheidung darüber fällen, ob und in welchem Umfang die vorgesehenen Termine geändert werden müssen.

Der Grund ist, daß Herrn Michels' Verhalten nicht von negativen Gefühlen begleitet ist; Sie können die Diskussion also beiderseitig selbstsicher weiterführen. Darstellung 8.3 faßt dies zusammen:

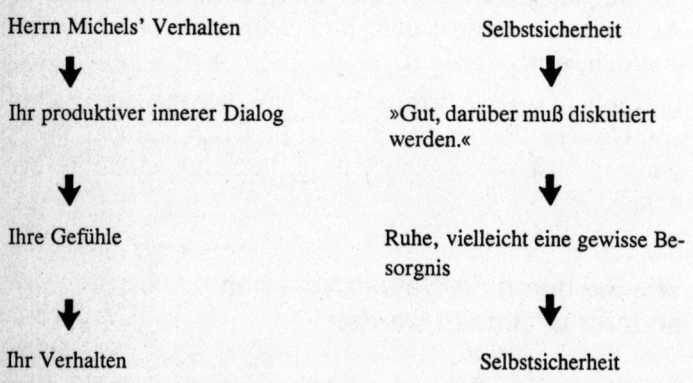

Darstellung 8.3 Wie sich Selbstsicherheit auf Sie auswirkt

Ob Herr Michels nun die Änderung erfolgreich oder erfolglos beeinflußt, spielt dabei keine Rolle. Wichtig ist: ob nun die Entscheidung geändert wird oder nicht, es geschieht jedenfalls *wegen des Inhalts dessen, was der andere gesagt hat.*

Bevor wir uns in Kapitel 9 und 10 damit beschäftigen, wie man mit Aggression und Unsicherheit umgeht, möchten wir noch eine Art und Weise aufzeigen, in der besonders starker Einfluß ausgeübt werden kann.

Wie Sie durch früheres Verhalten anderer beeinflußt werden

Zusätzlich zur Einflußnahme auf Sie durch derzeitiges Verhalten anderer (unsicheres oder sicheres Auftreten, Aggression) kann es auch durch *früheres Verhalten* anderer zur Beeinflussung kommen. Auch hier beziehen wir uns auf eine »Entscheidungs-Situation«, um dies zu verdeutlichen. In den bisherigen Beispielen wurden alle Versuche, Sie zu beeinflussen, gemacht, *nachdem* Sie Ihre Entscheidung getroffen hatten. Betrachten wir nun, wie Sie von anderen beeinflußt werden können, *bevor* Sie Ihre Entscheidung getroffen haben.

Natürlich wird Ihnen diese Form der Beeinflussung klar sein, wenn die anderen zur Geltendmachung ihrer Interessen bei Ihnen vorsprechen, oder umgekehrt Sie zu ihnen gehen, um Informationen über mögliche andere Lösungen zu erhalten. Es ist Ihnen sicher bewußt, daß es für die anderen erfolgversprechender ist, Sie zu beeinflussen, bevor Sie eine Entscheidung getroffen haben. Man kann Sie vielleicht dazu bewegen, eine bestimmte Alternative statt einer anderen zu wählen; wenn Sie schon eine Entscheidung getroffen haben, kommen dagegen allenfalls noch Änderungen in Frage. Was Ihnen wahrscheinlich weniger bewußt ist, ist die Tatsache, daß Sie eventuell schon beeinflußt werden, bevor Sie überhaupt mit den anderen gesprochen haben — *während Sie noch über die Entscheidung nachdenken.* Lassen Sie uns das an einem Beispiel verdeutlichen:

Stellen Sie sich vor, Sie seien vor einiger Zeit einmal mit der Aggression eines Kollegen konfrontiert gewesen. Herr Bart war nämlich überhaupt nicht einverstanden mit einer Ihrer Entscheidungen. Eventuell geht Ihnen dann folgender innerer Dialog durch den Kopf: »Ich würde diese Veränderung wirklich gern vornehmen, aber dann wird

Herr Bart wieder ärgerlich. Das möchte ich nicht schon wieder. Schade, aber ich glaube, das kann ich vergessen.«

Interessant hieran ist, daß sich Herr Bart womöglich diesmal gar nicht aggressiv verhalten würde (oder muß). Er beeinflußt Sie bereits durch Ihren kontraproduktiven inneren Dialog, der ein Resultat früherer Erfahrungen ist.

Tabelle 8.1 zeigt Beispiele für kontraproduktive Dialoge, die auf früheren Erfahrungen mit der Reaktion anderer beruhen. Die Dialoge 1 und 3 machen Sie unsicher, die Dialoge 2 und 4 aggressiv.

Tabelle 8.1 Kontraproduktive Dialoge im Zusammenhang mit Entscheidungen als Folge früheren Verhaltens anderer

---

Kontraproduktive innere Dialoge

---

1. »Das werden die nie akzeptieren. Ich mache mich nur unbeliebt. Das wäre furchtbar.«
2. »Was glauben die eigentlich, wer sie sind, wenn die meine Entscheidungen immer ablehnen? Ich bin der Vorgesetzte. Sie haben sich meinen Entscheidungen zu fügen.«
3. »Es wäre unfair gegenüber Herrn Jahn, wenn ich mich jetzt für Veränderungen entscheide. Er wird es zwar nicht sagen, aber ich weiß, er wird sich darüber ärgern.«
4. »In diesem Job wird man eben nicht geliebt, wenn man was anpackt. Ich werde dafür bezahlt, harte Entscheidungen zu treffen.«

Zusammenfassung

Wenn Sie von anderen selbstsicher beeinflußt werden, oder dies früher geschah, fällt es Ihnen leichter, selbstsicher zu reagieren. Sie können sich dann auf den Inhalt ihres Verhaltens konzentrieren. Wenn Sie von anderen aggressiv oder unsicher beeinflußt werden, oder dies früher geschah, fällt es Ihnen schwerer, selbstsicher zu reagieren. Der Grund dafür ist, daß die mit dem Verhalten verbundenen negativen Gefühle sich auf den Inhalt auswirken.

In den Kapiteln 9 und 10 beschäftigen wir uns damit, wie man mit Aggression und Unsicherheit selbstsicher umgeht. Das heißt, Sie verlieren die Kontrolle über Ihr Verhalten nicht so schnell. Außerdem beeinflußt Sie nur noch die tatsächliche Bedeutung der inhaltlichen Aussage des anderen.

9. Umgang mit der Aggression anderer

Sie sind nicht der einzige, dem es schwerfällt, mit der Aggression anderer umzugehen. Viele Führungskräfte sagen, Aggression rufe ihre Emotionen wach und Gedanken wie: »Es muß eine bessere Möglichkeit geben, damit umzugehen.« Wenn Sie sich dies oder ähnliches auch schon gesagt haben, liegt die Wahrscheinlichkeit nahe, daß Sie angesichts von Aggression Ihrerseits aggressiv oder unsicher reagiert haben. In Kapitel 8 haben wir ausgeführt, daß Aggression sehr leicht zu diesen beiden Reaktionen führt, und daß dies darauf begründet ist, daß andere Ihr Verhalten durch Aggression erfolgreich beeinflussen.

Im folgenden Kapitel zeigen wir, wie man selbstsicher auf Aggression reagiert und die Kontrolle über das eigene Verhalten bewahrt. Rufen wir uns kurz verschiedene Aggressionsstufen ins Gedächtnis, von denen wir einige schon früher erwähnt haben.

Die verschiedenen Stufen der Aggression

Wir finden es nützlich, zwischen höheren und niedrigeren Stufen der Aggression zu unterscheiden.

Aggression auf höherer Stufe

Meist handelt es sich dabei um *persönliche Angriffe,* wie die folgenden Beispiele zeigen:

- »Das stimmt nicht, und Sie wissen das ganz genau!«
- »Sie haben mir schon immer das Leben schwer gemacht, sobald Sie auch nur die geringste Möglichkeit dazu hatten! Mir reicht's jetzt!«
- »Das ist typisch für Sie! Das hätte ich mir denken können, daß Sie jetzt wieder mit so einem mickrigen Einwand daherkommen. Genau wie beim letzten Mal …«

Persönliche Angriffe zeigen, daß Menschen die unterschiedlichen Meinungen zwischen sich und anderen personalisieren. Statt die Stellungnahme anzugreifen, greifen sie die Person an. Betont aggressive Menschen legen dieses Verhalten mit Vorliebe an den Tag, da es ihrer Ansicht entspricht, der andere wolle sie ohnehin nur hereinlegen und ausnützen. Auseinandersetzungen mit persönlichen Angriffen können sich oft sehr in die Länge ziehen.

Aggression auf niedrigerer Stufe

Hier einige Beispiele für verschiedene Formen:

Sarkasmus	»Was soll dieses Meisterwerk?«	Das kann leicht »oberschlau« und bissig wirken
Schuldzuweisung	»Daran sind nur die Ingenieure schuld!«	Führt häufig zu Übertreibungen
Den anderen/seine Aussage abtun	Wegwerfende Handbewegung, höhnisches Lächeln; »Nein, das klappt so nicht.«	Kann als Verachtung wirken
Gönnerhaftigkeit	»Das wird alles halb so wild. Sie werden's sehen.«	Behandelt den anderen wie ein Kind oder herablassend, schlägt oft in Lob um

Diese niedrigere Stufe kann auch einschließen, daß man nicht zuhört oder die Diskussion an sich reißt. Diese Aggressionsformen der niedrigeren Stufe führen nicht unbedingt zu längerem Austausch, es sei denn, persönliche Angriffe kommen ins Spiel.

Später zeigen wir Ihnen Richtlinien für den Umgang mit den höheren Stufen der Aggression auf und bringen auch eine Übung für den Umgang mit niedrigeren Stufen. Im nächsten Abschnitt versuchen wir, Barrieren zwischen bestehenden früheren Umgangsweisen mit der Aggression und neuen selbstsicheren Formen abzubauen.

Die Überwindung von Barrieren, um selbstsicher handeln zu können

Wir gehen davon aus, daß es der nützlichste Weg ist, den Umgang mit der Aggression anderer zu verbessern, wenn man mit jemandem beginnt, der früher schon aggressiv aufgetreten ist und dies sicherlich auch weiterhin tun wird. Sicherlich gibt es eine Reihe von Barrieren, die Sie davon abhalten, die Art des Umgangs mit der Aggression dieses Gegenübers zu verändern — vor allem Ihr innerer Dialog und Ihre Gefühle. Wir schlagen vor, diese Barrieren umgehend abzubauen.

Führen Sie sich zunächst eine oder zwei Situationen vor Augen, wo Sie sich gegenüber dem anderen nicht so verhalten haben, wie Sie eigentlich wollten. (Vielleicht wurden Sie unsicher, über-entschuldigend oder defensiv. Oder Sie wurden aggressiv und haben Dinge gesagt, die Sie später bereut haben). Machen Sie sich Notizen über Ihre inneren Dialoge (also alles, was Sie zu sich selbst sagten) bei der Erinnerung an diese Vorfälle und bei der Vorstellung künftiger aggressiver Angriffe des anderen; notieren Sie auch die dabei empfundenen Gefühle.

Um diese Barrieren abzubauen, müssen Sie Ihre kontraproduktiven inneren Dialoge in produktive umsetzen und

prüfen, ob Ihre Gefühle positiv und nicht negativ sind.
Hier nun einige Beispiele dafür:

Wenn Sie sich früher aggressiv verhalten haben:

Innerer Dialog	Art	Ihre Gefühle	Ergebnis
»Ich habe mich lächerlich gemacht. Was jetzt die anderen wohl denken? Das nächste Mal sage ich lieber gar nichts.«	kontra-produktiv	Verwirrung, Schuldgefühl oder Scham	zukünftige Unsicherheit
»Ich bin ein wenig aufgebraust. Aber das wollte er ja. Wenn er das noch mal macht, werde ich sauer.«	kontra-produktiv	Selbstrechtfertigung	zukünftige Aggression
»Ich bin enttäuscht, daß ich mich auf dieses gegenseitige Herumschimpfen eingelassen habe. Wenn er sich nochmal so verhält, zähle ich lieber bis zehn, bevor ich antworte.«	produktiv	Enttäuschung, aber auch Zuversicht	zukünftige Sicherheit

Wenn Sie sich früher unsicher verhalten haben:

Innerer Dialog	Art	Ihre Gefühle	Ergebnis
»Ich hab's diesmal nicht gepackt, aber das nächste Mal schaffe ich ihn. Ich werd's ihm zeigen.«	kontra-produktiv	Frustration, Ärger	zukünftige Aggression

Innerer Dialog	Art	Ihre Gefühle	Ergebnis
»Er braucht nicht so scharf zu werden. Immerhin ist er der Boss, und ich kann sein Verhalten ohnehin kaum ändern.«	kontraproduktiv	Hilflosigkeit, Selbstmitleid, Verletztheit	zukünftige Unsicherheit
»Er ist zwar der Boss, aber so eingeschüchtert hätte ich nicht reagieren müssen. Wenn er das nächste Mal wieder aggressiv wird, kann ich ihm standhalten.«	produktiv	Besorgnis, gewisse Zuversicht	zukünftige Sicherheit

Um Ihnen bei der Bewältigung des inneren Dialogs zu helfen, wollen wir hier etwas näher auf die emotionalen Untertöne in der Aggression anderer eingehen. (Erinnern Sie sich: In Kapitel 8 haben wir hervorgehoben, daß diese Emotionalität oft Ihre eigenen negativen Gefühle weckt — Sie verhalten sich dann aggressiv oder unsicher.)

Zwei der Gefühle, die oft der Auslöser für Aggression sind, sind Ärger und Frustration. Mit diesen Gefühlen kommen viele Menschen nie so richtig zurecht. Sie lernen allenfalls, sie zu unterdrücken oder ihnen freien Lauf zu lassen — und letzteres bedeutet oft, sie an anderen auszulassen.

Wenn also jemand Ihnen gegenüber Ärger zeigt, dann kann es gut sein, daß er eigentlich Ärger mit sich selbst hat, aber er überträgt ihn auf Sie. Er sagt zum Beispiel: »Es macht mich rasend, wenn Sie den vorgegebenen Ablauf nicht einhalten.« Dabei ist er in Wirklichkeit über sich selbst frustriert, weil er einen leicht zu erfassenden und gut funktionierenden Ablauf nicht bewältigt hat. In ande-

193

ren Fällen kann sich jemand vielleicht darüber geärgert haben, daß er einem anderen gegenüber seinen Ärger nicht zeigen konnte; falls Sie nun gerade in der Nähe sind, wird der Ärger eventuell an Ihnen ausgelassen.

Wenn Sie einen produktiven inneren Dialog und positive Gefühle entwickelt haben, haben Sie zwei Barrieren für eine Änderung der Art und Weise, mit der Aggression anderer umzugehen, schon überwunden. Auch *während* des aggressiven Angriffs einer anderen Person wird es Ihnen möglich sein, produktive innere Dialoge auszulösen. Wir kommen im nächsten Abschnitt noch einmal darauf zurück. Wenden wir uns nun dem zu, was Sie tun können, um angesichts einer Aggression Ihre Selbstsicherheit zu bewahren.

Selbstsichere Reaktion auf die Aggression anderer

Das Ziel ist hierbei, das Gespräch zu einem beidseitigen selbstsicheren Gedankenaustausch zu machen, bei dem die fraglichen Probleme behandelt werden und Ihnen nach Ablauf des Ganzen ein positives Gefühl bleibt. Wenn man selbstsicher mit der Aggression anderer umgeht, verringert sich außerdem die Gefahr, daß sich der andere auch in Zukunft aggressiv verhält.

Ein Modell für den Umgang mit der Aggression anderer

Darstellung 9.1 zeigt ein Modell dafür, wie man angesichts der Aggression durch andere seine Selbstsicherheit aufrechterhalten kann. Das Ziel dieses Modells ist es, die Aggression des anderen so früh wie möglich *zu entschärfen.*

Das Modell zeigt verschiedene Schritte, die man tun kann, um sich auch bei Aggression des anderen nicht un-

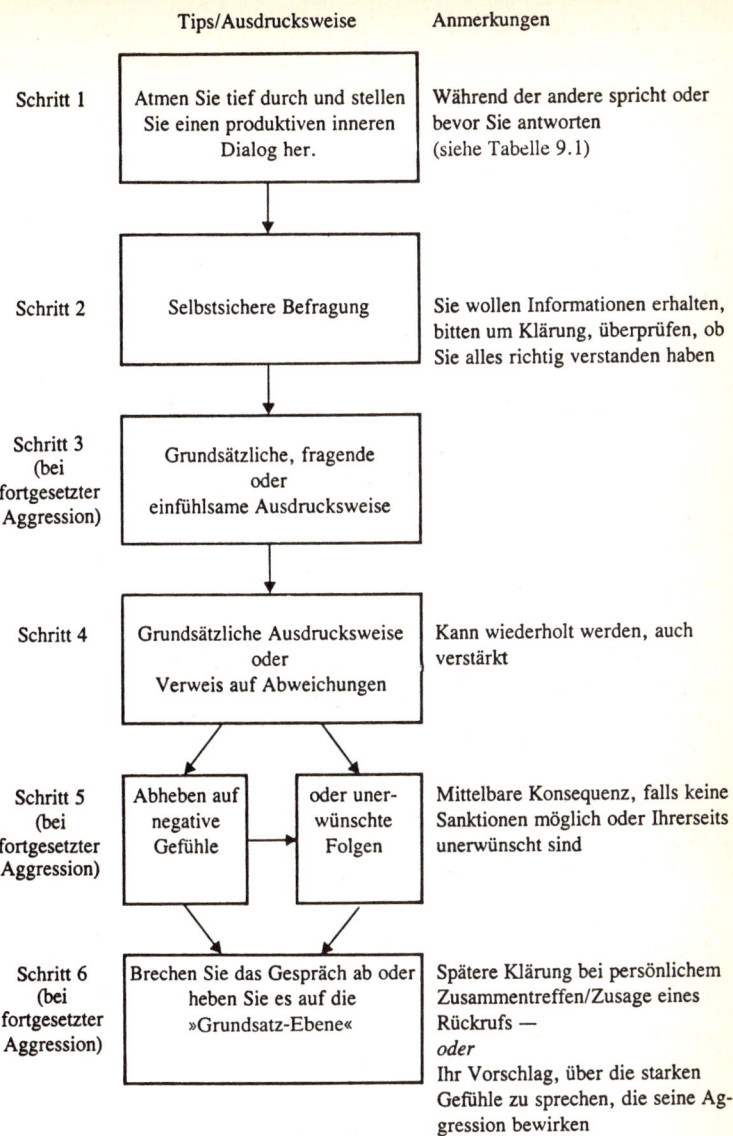

	Tips/Ausdrucksweise	Anmerkungen
Schritt 1	Atmen Sie tief durch und stellen Sie einen produktiven inneren Dialog her.	Während der andere spricht oder bevor Sie antworten (siehe Tabelle 9.1)
Schritt 2	Selbstsichere Befragung	Sie wollen Informationen erhalten, bitten um Klärung, überprüfen, ob Sie alles richtig verstanden haben
Schritt 3 (bei fortgesetzter Aggression)	Grundsätzliche, fragende oder einfühlsame Ausdrucksweise	
Schritt 4	Grundsätzliche Ausdrucksweise oder Verweis auf Abweichungen	Kann wiederholt werden, auch verstärkt
Schritt 5 (bei fortgesetzter Aggression)	Abheben auf negative Gefühle — oder unerwünschte Folgen	Mittelbare Konsequenz, falls keine Sanktionen möglich oder Ihrerseits unerwünscht sind
Schritt 6 (bei fortgesetzter Aggression)	Brechen Sie das Gespräch ab oder heben Sie es auf die »Grundsatz-Ebene«	Spätere Klärung bei persönlichem Zusammentreffen/Zusage eines Rückrufs — oder Ihr Vorschlag, über die starken Gefühle zu sprechen, die seine Aggression bewirken

Darstellung 9.1   Modell für den Umgang mit der Aggression anderer

terkriegen zu lassen. Der erste Schritt unterscheidet sich von den anderen. Es geht dabei um einen produktiven inneren Dialog innerhalb von Sekundenbruchteilen, wenn der andere zum Angriff ansetzt. Die anderen Schritte beziehen sich auf die verschiedenen Formen des sicheren Auftretens, die wir in Kapitel 5 vorgestellt haben.

Beispiele für die Handhabung des Modells

In Tabelle 9.1 geben wir einige Beispiele für Schritt 1 — Ihren eventuellen blitzschnellen inneren Dialog (zusammen mit den entsprechenden Gefühlen und dem daraus sich ergebenden Verhalten). Natürlich ermutigen wir Sie zu einem *produktiven* inneren Dialog, so daß die Gefühle positiver und das Verhalten selbstsicherer wird.

Wir gehen nun weiter und verdeutlichen den Rest des Modells, beginnend mit Schritt 2. Zunächst zeigen wir, wie sich ein aggressiver Angriff entwickelt, wenn das Modell keine Anwendung findet. Das Beispiel stellt den Anfang eines Telefonats zwischen Herrn Dahn (dem Vorgesetzten) und Herrn Groß (einem seiner Mitarbeiter) dar.

Herr Dahn: »Diesmal haben Sie mir ganz schön was eingebrockt, oder?«

Herr Groß: »Worum geht's denn eigentlich, um Himmels willen?«

Herr Dahn: »Sie wissen ganz genau, was ich meine!«

Herr Groß: »Dann würde ich kaum fragen, oder?«

Herr Dahn: »Ich habe gerade mit Herrn Michels gesprochen, und der sagt mir, Sie hätten den Becker-Werken die Auslieferung für Ende Januar versprochen. Das ist doch Wahnsinn, und Sie wissen das!«

Herr Groß: »Das ist auch nicht wahnsinniger, als viele Versprechen, die Sie schon gemacht haben ...« (Und so geht's dann weiter.)

Tabelle 9.1 Blitzschnelle innere Dialoge

Innerer Dialog	Gefühle	Verhalten
kontraproduktiv		
— »Was denkt er denn, wer er sei?«	Ärger	Aggression
— »Wenn er doch nicht so laut gewesen wäre. Jetzt schaut jeder her.«	Verwirrung, Schuldgefühl	Unsicherheit
— »Ich habe einen blöden Fehler gemacht, aber er hat kein Recht, sich deshalb so anzustellen.«	Frustration, Ärger	Aggression
— »Wie kann er mir vorwerfen, daß ich das absichtlich getan hätte?«	Verletztsein	Unsicherheit
— »Am besten gehe ich auf das ein, was er sagt. Sonst dreht er durch, und die übelsten Sachen passieren.«	Furcht	Unsicherheit
produktiv		
— »Schade, daß ich diesen Fehler gemacht habe. Er dreht gleich durch, aber das kriege ich hin, ich werde ihn schon beruhigen.«	Bedauern, Ruhe	Selbstsicherheit

Im folgenden Beispiel zeigen wir, wie sich die Konversation entwickelt hätte, wenn das Modell Anwendung gefunden hätte.

Herr Dahn: »Diesmal haben Sie mir ganz schön was eingebrockt, oder?«

Aggression

Herr Groß: »Wieso, was ist passiert?«

Schritt 2

Herr Dahn: »Ich habe gerade mit Herrn Michels gesprochen, und der sagt mir, Sie hätten den Becker-Werken die Auslieferung für Ende Januar versprochen. Das ist doch Wahnsinn, und Sie wissen das!«

Befragung
Aggression
bleibt aufrecht-
erhalten

Herr Groß: »Ich verstehe Ihre Besorgnis angesichts der Verspätungen, die wir hatten. Ich mußte das Versprechen aber geben, um für den nächsten Monat einen kompletten Auftrag zu erhalten.«

Schritt 3
einfühlsame
Aus-
drucksweise

Herr Dahn: »Das wußte ich nicht. Wie dem auch sei, haben Sie schon mit der Produktionsabteilung gesprochen?«

»etwas wider-
willige« aber
sichere Aus-
drucksweise

In diesem Beispiel hat Herrn Groß' Anwendung einer fragenden Ausdrucksweise (Schritt 2) noch keine selbstsichere Antwort von Herrn Dahn erzeugt. Doch durch die Frage nach weiteren Informationen werden die Fakten klarer, und eine angemessene Reaktion wird möglich. Die einfühlsame Argumentation in Schritt 3 führt zu einer, wie wir es nennen, zwar »etwas widerwilligen«, aber selbstsicheren Reaktion von Herrn Dahn.

Im nächsten Beispiel wird die Aggression viel länger aufrechterhalten und verändert sich erst, nachdem es zu einem Verweis auf unerwünschte Folgen in Schritt 5 gekommen ist. Die Situation: Herr Peters wird bei einer Besprechung von einem Kollegen, Herrn Jahn, persönlich angegriffen. Herr Jahn sagt:

»Das ist typisch für die Art und Weise, wie Ihre Abteilung unsere Anforderungen ignoriert, seitdem Sie die Leitung übernommen haben.«

Wir konzentrieren uns hier auf Herrn Peters' mögliche Antworten (beginnend bei Schritt 2 des Modells) angesichts anhaltender Aggression von Herrn Jahn.

Herr Peters	Herr Jahn	
Schritt 2 *fragend*	»Warum sagen Sie das, Herrn Jahn?«	*Aggression wird aufrechterhalten*
Schritt 3 *grundsätzlich und fragend*	»Ich finde eigentlich nicht, daß wir Ihre Bitten ignoriert haben, Herr Jahn, würde aber gern von Ihnen hören, warum Sie dieser Ansicht sind.«	
	oder	
einfühlsam	»Ich habe zwar Verständnis für Ihre Gefühle in dieser Angelegenheit, aber nicht für die Äußerung, die Sie gerade gemacht haben.«	*Aggression wird aufrechterhalten*
Schritt 4 *grundsätzlich*	»Ich kann der Äußerung, die Sie da gerade gemacht haben, nicht zustimmen, Herr Jahn.«	
	oder	
auf Abweichungen verweisend	»Einerseits sagen Sie, Sie wollten die Bezie-	

hungen zwischen unseren Abteilungen verbessern, andererseits machen Sie Äußerungen, die nicht mit den Tatsachen, wie ich sie sehe, übereinstimmen.«

Aggression wird aufrechterhalten

Schritt 5
auf negative Gefühle abhebend

»Herr Jahn, Äußerungen wie diese eben machen mich wütend. Sie erschweren es mir, meine Mitarbeiter zur Erfüllung Ihrer Anforderungen zu veranlassen. Ich erwarte, daß Sie die Bemühungen meiner Leute diesbezüglich anerkennen.«
oder

auf Folgen verweisend

»Herr Jahn, wenn Sie meine Abteilung weiterhin angreifen, werde ich Ihren Anforderungen nur noch streng nach Vorschrift nachkommen.«

»etwas widerwillige« Zustimmung

Anmerkungen zu den einzelnen Schritten des Modells

Wir wollen nun Erklärungen und einige Beispiele für die verschiedenen Schritte des Modells geben.

Schritt 2

Aggression kommt oft »aus heiterem Himmel«, wenn Sie zum Beispiel jemand anruft oder in Ihr Büro stürzt. In diesem Moment ist es von entscheidender Bedeutung, sich darüber ganz klar zu sein, was der andere sagt und warum er das tut. Fragende Ausdrucksweisen wie die unten aufgeführten sind wichtig, um genügend Informationen zu erhalten, um selbstsicher auf den fraglichen Streitpunkt eingehen zu können.

Information einholen	»Wann ist das passiert, Herr Jahn?«
	»Warum sagen Sie das?«
	»Was ist eigentlich geschehen?«
	»Können Sie mir ein paar Beispiele nennen, Herr Dahn?«
Bitte um Klärung	»Was meinen Sie mit …?«
	»Als Sie sagten: … — was meinten Sie damit?«
Überprüfung der eigenen Auffassung	»Wenn ich das richtig verstehe, wollen Sie also sagen …?«
	»Kann ich das gerade mal festhalten — Sie möchten sagen, daß …?«

Ganz wichtig ist natürlich, diese Fragen selbstsicher vorzubringen, mit lauter, aber ruhiger Stimme. Ihre Entgegnung langsam zu geben, wird den anderen ermutigen, Ihnen in Ruhe weitere Fakten zu liefern. Fragen zu stellen und den Antworten zuzuhören, zeigt dem aggressiven Gegenüber, daß Sie seinem Standpunkt gegenüber offen sind. Den anderen sprechen zu lassen, gibt ihm die Möglichkeit, sich nach und nach zu entspannen. Manchmal kann der andere so aufgebracht sein, daß Sie nicht einmal Gelegenheit finden, ein einziges Wort einzuflechten. Dann ist es oft günstiger, man läßt den anderen »sich austoben«. Anschließend ist ein beiderseits selbstsicherer Gedankenaustausch vielleicht eher möglich.

Wenn es nicht dazu kommt, und der andere seine Aggression gegenüber Ihren Fragen beibehält, sollten Sie zu Schritt 3 des Modells übergehen.

Schritt 3

Auf dieser Ebene äußern Sie sich ausführlicher *zu Ihrem Standpunkt* in der Diskussion. Gleichzeitig zeigen beide Ausdrucksmöglichkeiten (grundsätzlich und fragend oder einfühlend), daß Sie an der Meinung des anderen interessiert sind. Der aggressive Partner kann nun vielleicht das Gefühl haben, daß er bei Ihnen durchkommt, obwohl Ihre Sicherheit ihm zeigt, daß Sie immer noch anderer Meinung sind. Das muß ihn nicht unbedingt davon abhalten, Sie beeinflussen zu wollen, aber jetzt eventuell eher durch das, was er zu sagen hat, statt dadurch, wie er es sagt. In diesem Fall wird er sicherer und weniger aggressiv.

Die Verhaltensformen in Schritt 2 und 3 ergeben eine wirkungsvolle Kombination. Häufig ist es schwieriger für jemanden, weiterhin aggressiv vorzugehen, wenn sich der andere auf diese Weise selbstsicher verhält. Testen Sie dies ruhig einmal für sich selbst! Lesen Sie das vorangegangene Beispiel durch und prüfen Sie, wie schwer es Ihnen fällt, angesichts der selbstsicheren Aussagen in Schritt 2 und 3 aggressiv zu bleiben.

Schritt 4

Wenn der andere trotz Ihrer Bemühungen in Schritt 2 und 3 weiterhin aggressiv auftritt, dann bauen Sie Ihre Sicherheit auf dieser Stufe weiter aus. Sie verstärken dabei die Betonung *Ihrer Position*.

Die erste Möglichkeit ist eine grundsätzliche Aussage für sich. Sie können die Aussage über Ihre Position wiederholen, oder diese Aussage kann anders formuliert sein, weil neue Informationen aus dem aktuellen Beitrag des anderen einbezogen werden. Um der Wiederholung Ihrer

Position Nachdruck zu verleihen, ist es wichtig, langsam zu sprechen und Schlüsselwörter zu betonen. Im folgenden Beispiel (Schritt 4, Gespräch zwischen Herrn Peters und Herrn Jahn) betonen Sie folgende Wörter: »Ich kann der *Äußerung,* die Sie da gerade *gemacht* haben, *nicht zustimmen,* Herr Jahn.«

Wenn der andere wiederum aggressiv reagiert, können Sie Ihre Position *noch einmal* zum Ausdruck bringen, bevor Sie zu Schritt 5 weitergehen. Diesmal sprechen Sie noch langsamer, fassen sich kürzer und betonen die Schlüsselwörter noch stärker, zum Beispiel: »Ich bin mit Ihrer Äußerung *nicht einverstanden*« oder »Ich bin *nicht einverstanden,* Herr Jahn.«

Eine andere Möglichkeit wäre (falls es sich anbietet), einen Verweis auf Abweichungen zu bringen. Eine, wie oben vorgeschlagen, grundsätzliche Aussage oder ein Hinweis auf Abweichungen könnte den anderen zu sicherem Auftreten veranlassen. Wenn nicht, gehen Sie zu Schritt 5 über.

Schritt 5

An diesem Punkt können Sie sowohl Verweise auf negative Gefühle als auch auf unangenehme Folgen verwenden, oder nur eines von beiden. Die meisten Menschen werden an dieser Stelle merken, daß es Ihnen ernst ist, und »etwas widerwillig« zustimmen. Damit meinen wir Antworten, die mit Floskeln beginnen wie »Naja, in Ordnung, dann … eben« oder »Na gut, aber …«. Im Umgang mit Aggression ist es ein nützlicher Verweis auf Folgen, zu sagen, daß Sie das Gespräch abbrechen werden, wenn der andere sein Verhalten nicht ändert: »Herr Ronner, wenn Sie weiterhin so schreien, lege ich den Hörer auf und rufe Sie später wieder an. Ich würde das Problem aber lieber gleich lösen.« Wie bei allen Argumentationen mit möglichen Folgen ist es sehr wichtig, dies ganz sachlich vorzubringen.

Schritt 6

Wenn all Ihre bisherigen Bemühungen umsonst waren, sagen Sie sich vielleicht: »So, das war's wohl. Ich habe wirklich alles versucht, jetzt kann ich ohne schlechtes Gewissen aggressiv werden.« Bevor Sie jedoch ein derartiger kontraproduktiver innerer Dialog zu Aggression verleitet, stehen Ihnen noch zwei weitere Möglichkeiten zur Verfügung.

Eine besteht in der Beendigung des Gesprächs. Sie können dies schon im vorigen Schritt angekündigt haben (wie wir im obigen Beispiel für Verweis auf unangenehme Folgen zeigten). Aber in jedem Fall wird eine schlichte Aussage in diesem Moment genügen: »Ich finde, daß wir so nicht weiterkommen. Ich möchte, daß wir uns morgen wieder treffen, wenn wir Zeit hatten, über das Problem nachzudenken.« Oder: »Ich will so nicht weitermachen. Lassen Sie uns …«

Der Verweis auf negative Gefühle oder unerwünschte Folgen oder auch ein Abbrechen des Gesprächs machen den anderen auf die Auswirkungen seines Verhaltens aufmerksam. Vielleicht hat er sich darüber noch nicht viele Gedanken gemacht. Außerdem wird klar, daß Sie nicht bereit sind, sich auf die fortgesetzte Aggression einzulassen.

Die zweite Möglichkeit würden wir »Erfragen der Hintergründe« nennen. Dies ist vor allem von Nutzen, wenn es immer wieder zu ähnlichen Vorfällen kommt. Sie sollten nun das eigentliche Diskussionsthema beiseiteschieben und den anderen dazu ermutigen, über die Hintergründe (Gefühle oder ein Problem) seines aggressiven Verhaltens Ihnen gegenüber zu sprechen. Ein Beispiel dafür sind die Schwierigkeiten, die Herr Anders (der Abteilungsleiter) mit Herrn Gärtner (einem seiner Mitarbeiter) hatte. Herr Anders war seit etwa drei Monaten in dieser Stellung. Herr Gärtner war während dieser Zeit immer sehr aggressiv ihm gegenüber. Die Probleme, über die sie sich nicht einigen konnten, schienen Herrn Anders gar nicht so schwerwiegend zu sein, aber Herr Gärtner war zu keinerlei Zugeständnissen bereit, selbst wenn Herr Anders Kompromisse vorschlug. Herr Anders nahm an, daß Herr Gärtner starke Ressentiments gegen ihn habe, weil er die Stelle bekommen hatte und nicht Herr Gärtner. Er entschloß sich daher, dies zur Sprache zu bringen, sobald es das nächste Mal wieder bei einem aggressiven, langwierigen Gespräch bleiben würde. Nachdem sie sich etwa zwanzig Minuten über einen bestimmten Arbeitsablauf gestritten hatten, sagte Herr Anders: »Herr Gärtner, in den letzten drei Monaten haben wir viel Zeit mit solchen Streitereien verplempert. Ich wüßte gern genauer, warum dies sein mußte. Können wir den Arbeitsablauf mal für einen Moment beiseite lassen und uns darüber unterhalten, warum wir dauernd so langwierige Auseinandersetzungen haben?«

Dieser Vorstoß könnte Herrn Gärtner vielleicht dazu veranlassen, über seine unterschwelligen Empfindungen zu sprechen. Wenn ja, werden diese Gefühle für Herrn Anders klarer, und Herr Gärtner wird sich ihrer dadurch stärker bewußt. Der Grundstein für eine Verbesserung ihrer zukünftigen Beziehung ist somit gelegt.

Dies klappt nicht immer, weil sich der andere vielleicht weigert, auf dieser Ebene zu diskutieren. Außerdem braucht der sicher auftretende Gesprächspartner eine Menge Geschick beim Zuhören und Befragen. Wir empfehlen Ihnen daher den Einsatz dieser Variante nur, wenn alle anderen Versuche gescheitert sind und Sie sich einer solchen Situation wirklich gewachsen fühlen.

Anmerkungen zur Verwendung des Modells

1. Verwenden Sie das Modell als Richtlinie, nicht als starre Abfolge von Regeln. Vielleicht müssen Sie während eines bestimmten Schritts verschiedene Verhaltensfor-

men anwenden. (So müssen Sie zum Beispiel bei Schritt 2 eventuell mehrere Fragen stellen, um ein klares Bild des zugrundeliegenden Problems und einiger Beispiele dafür zu erhalten). In anderen Fällen könnten vielleicht Schritte ausgelassen werden (so etwa Beginn bei Schritt 3, wenn Ihnen klar ist, was der andere sagt.)

2. Gehen Sie nur dann zum nächsten Schritt des Modells über, wenn die Aggression aufrechterhalten wird. Sonst könnte Ihre gesteigerte Sicherheit die Aggression des anderen nur noch steigern. Wir haben festgestellt, daß man Aggression in vielen Situationen in Sicherheit umwandeln kann, ohne die »höheren Stufen« des sicheren Auftretens anzuwenden. Das Wissen, diese Stufen bei Bedarf zur Verfügung zu haben, verstärkt Ihre Fähigkeit, bei der Anwendung der »niedrigeren Stufen« konsequent zu bleiben.

3. Mindern Sie Ihr sicheres Auftreten auf »niedrigere Stufen« ab, wenn der andere sicherer und weniger aggressiv wird.

Kann das Modell auch bei äußerst aggressiven Menschen angewendet werden?

Das Modell zeigt Richtlinien dafür auf, wie man mit einer Angelegenheit umgeht, die sonst von anderen zu einer langwierigen aggressiven Auseinandersetzung genutzt werden könnte. Es funktioniert in den meisten Situationen und in Zusammenhang mit den meisten Menschen. *Bei einer kleinen Anzahl von Menschen kann es aber vielleicht auch nicht funktionieren.* Das gilt für jene, mit denen es unmöglich scheint, ein gegenseitig selbstsicheres Gespräch zu führen. Der Grund kann sein, daß sie in ihrer Aggression so verhaftet sind, daß ihnen auch nur das geringste vorübergehende Abrücken davon ausgeschlossen zu sein scheint; oder Sie fühlen sich Ihrerseits nicht in der Lage, auf eine »höhere Stufe« des sicheren Auftretens zu gehen (zum Beispiel beim Gespräch mit einem Vorgesetzten aus der »obersten Etage«).

Was immer der Grund sei: Das Geheimnis dabei ist nach unserer Meinung, daß Sie lernen müssen, sozusagen Ihre Verluste dabei abzuwägen und einzuschränken. Wir meinen damit, daß Sie mit solchen »Verlusten« zu leben lernen (zumindest, bis Sie Geschick darin entwickelt haben, mit Aggression umzugehen) und Ihre Energie auf produktivere Weise einsetzen.

Es zu lernen, mit solchen äußerst aggressiven Menschen zu leben, setzt zweierlei voraus:

1. Angesichts der Aggression das eigene sichere Auftreten beizubehalten, aber weniger »engagiert« — ohne Verwendung der »höheren Stufen« —, um die Aggression des anderen zu mindern.

2. Umwandlung kontraproduktiver Dialoge in produktive, wie etwa: »Es ist schrecklich, daß Herr Ronner so aggressiv ist, aber ich kann nichts dagegen tun.«
Dieser kontraproduktive Dialog macht Sie nicht nur unsicher, sondern läßt Sie auch viel Zeit und Energie dafür vergeuden, sich bei anderen über Herrn Ronner zu beklagen und zu wünschen, daß er anders sei. Es könnte auch lauten: »Es wäre besser, wenn Herr Ronner nicht so aggressiv wäre, aber er ist es nun einmal. Dieses Problem sollte *er* lösen. Meine Zeit und Energie sind mir dafür zu schade. Ich kam ihm zumindest sicher entgegengetreten. Wahrscheinlich ändere ich sein aggressives Verhalten nicht, bin aber dann mit mir selbst im reinen.«

kontraproduktiver Dialog

produktiver Dialog

Umgang mit den »alltäglichen Sticheleien«

Das beschriebene Modell ist nicht nur im Umgang mit langwierigen, sehr aggressiven Auseinandersetzungen von Nutzen, zu denen es gelegentlich mal kommt, sondern auch im Zusammenhang mit den kleinen, beiläufigen, geringfügigen aggressionsbeladenen Vorfällen, die häufiger vorkommen, so zum Beispiel Kommentaren oder Fragen wie:

- »Das geht Sie persönlich an.«
- »Haben Sie diese Aktennotiz immer noch nicht fertig?«

Wir benützen den Ausdruck »alltägliche Sticheleien«, um diese Beispiele für Aggression auf »niedriger Stufe« zu beschreiben. Sie können alle möglichen Formen und Ausmaße annehmen und zielen darauf, Sie herabzusetzen. Sie zählen zu den kleinen Verdrießlichkeiten des Lebens, nagen an Ihnen und verbittern die Beziehungen zu anderen, solange Sie nicht damit umgehen können.

Eine Möglichkeit des Umgangs damit wäre, sie zwar zu registrieren, aber nicht darauf zu reagieren (Unsicherheit). Eine andere wäre, gelassen zu reagieren, in der Hoffnung auf eine humorvolle »Retourkutsche« (Aggression). Beides kann den anderen zur Fortführung seines Stichelns animieren, weil er entweder glaubt, sein Verhalten bliebe unbestraft, oder weil er Spaß daran hat, Sie zu reizen oder zu bekritteln.

Wenn Sie das nächste Mal so angegangen werden, schlagen wir Ihnen vor, selbstsicher zu reagieren. Da es sich um Aggression auf »niedriger Stufe« handelt, sollten Sie die Schritte 2 und 3 unseres Modells anwenden — das heißt grundsätzliche und fragende oder auch einfühlsame Ausdrucksweise. Im nächsten Abschnitt geben wir Ihnen eine praktische Übung bezüglich dieser Aussageformen im Umgang mit alltäglichen Sticheleien.

Übung für den Umgang mit »Sticheleien«

Teil Eins

Tabelle 9.2 zeigt einige Beispiele für übliche Sticheleien, ist aber nicht sehr ausführlich. Wir schlagen vor, die Liste folgendermaßen zu benützen:

1. Ändern Sie die Liste der Beispiele so lange ab, bis sie mit den Sticheleien übereinstimmt, die Ihnen in letzter Zeit vorgekommen sind.

2. Suchen Sie sich Wörter aus, die Ihnen bei einer selbstsicheren Antwort auf die jeweilige Stichelei gefallen würden. (Denken Sie dabei daran, grundsätzliche, fragende oder einfühlende Aussagen zu verwenden).

3. Vergleichen Sie Ihre Antworten mit den von uns in Tabelle 9.3 gegebenen. Wenn sie abweichen, heißt das nicht, daß sie falsch sind, da es verschiedene sichere Aussageformen für jede Stichelei gibt. Wichtig ist, daß sich die Sicherheit dadurch ausdrückt, daß Sie *Ihre Position klarstellen* und zeigen, daß Sie *die Stichelei nicht hinnehmen*. Das wird den anderen zukünftig von solchen Angriffen verstärkt abhalten.

Teil Zwei

Wir schlagen nun vor, daß Sie sich darin üben, Ihre Antworten selbstsicher vorzubringen. Sie können dies allein tun, werden aber mehr Spaß und Erfolg haben, wenn Sie jemanden bitten, dabei mitzumachen. Ihr »Partner« muß nicht viel über sicheres Auftreten wissen, sondern Sticheleien auf einer mittleren aggressiven Stufe vorbringen, wie sie Ihnen vertraut sind. Geben Sie ihm die Liste der Beispiele und bitten Sie ihn, die Sticheleien aufs Geratewohl vorzutragen. Antworten Sie dann, wie Sie es in Teil Eins entschieden haben, oder ähnlich. Wenn Sie allein üben, sprechen Sie die Antworten einfach laut aus. (Es ist in Ordnung, Selbstgespräche zu führen!). Nehmen Sie sich

Tabelle 9.2 Übung — Umgang mit alltäglichen »Sticheleien«

Art der »Stichelei«	Beispiel	Ihre selbstsichere Antwort
Verallgemeinerung Ihres Verhaltens	»Das ist doch typisch für das Denken von euch Buchhaltern.«	
Unterstellung	»Ich denke doch, daß in Ihrer Abteilung noch reichlich Zeit zur Verfügung steht.«	
Entscheidung in Ihrem Namen	»Wenn ich Sie wäre, würde ich auf Einzelheiten weniger Zeit verwenden.«	
Infragestellen Ihrer Urteile, Bewertungen oder Überzeugungen	»Sind Sie wirklich sicher, daß er dieser Aufgabe gewachsen ist?« »Das glauben Sie doch nicht im Ernst, oder?«	
Väterliches Getue	»Machen Sie sich darüber mal keine Sorgen. Ich krieg' das schon hin.«	
Nörgelei	»Wie lange wollen Sie denn noch an diesem Bericht rummachen?«	
Unterstellung, daß Sie lügen	»Also bitte, Sie wissen genau, daß es so nicht war.«	
Verallgemeinernder Angriff auf Ihre Persönlichkeit	»Ich finde, Sie sind viel zu nett, um erfolgreich zu sein.«	
Verwendung gefühlsbetonter Wörter bei der Beschreibung Ihrer Aktivitäten	»Das war eine verrückte Entscheidung.« »Es war unverantwortlich von Ihnen, mich das nicht wissen zu lassen.«	

Tabelle 9.3 Mögliche Antworten auf »Sticheleien«

Beispiel	Mögliche Antwort
»Das ist doch typisch für das Denken von euch Buchhaltern.«	»Ich finde das überhaupt nicht typisch. Es ist *meine* Meinung zu diesem Thema.«
»Ich denke doch, daß in Ihrer Abteilung noch reichlich Zeit zur Verfügung steht.«	»Was veranlaßt Sie zu dieser Äußerung?«
»Wenn ich Sie wäre, würde ich auf Einzelheiten weniger Zeit verwenden.«	»Ich freue mich über Ihre Anteilnahme, Herr Jürgens, aber diese Entscheidung möchte ich schon gerne selber treffen.«
»Sind Sie sicher, daß er dieser Aufgabe gewachsen ist?«	»Ja, davon bin ich überzeugt.«
»Das glauben Sie doch nicht im Ernst, oder?«	»Doch, das ist mein Ernst.«
»Machen Sie sich darüber mal keine Sorgen. Ich krieg' das schon hin.«	»Ich mache mir keine Sorgen, es beschäftigt mich nur. Ich kümmere mich gern selbst darum.«
»Wie lange wollen Sie denn noch an diesem Bericht rummachen?«	»Warum fragen Sie das?« »Ich weiß ja, daß Sie ihn unbedingt haben wollen. Ich brauche aber trotzdem noch zwei Tage.«
»Also bitte, Sie wissen genau, daß es nicht so war.«	»Für mich sah das aber ganz genau so aus.«
»Ich finde, Sie sind viel zu nett, um erfolgreich zu sein.«	»Das sehe ich nicht so.« »Das finde ich nicht. Ich glaube, ich bin erfolgreich, wenn ich es sein will.«
»Das war eine verrückte Entscheidung.«	»Ganz glücklich bin ich im Nachhinein auch nicht, aber für eine verrückte Entscheidung halte ich es trotzdem nicht.«

Beispiel	Mögliche Antwort
»Es war unverantwortlich von Ihnen, mich das nicht wissen zu lassen.«	»Ich weiß, es war ein Fehler, Sie nicht zu informieren, aber unverantwortlich würde ich das doch nicht nennen.«

in jedem Fall Zeit für Ihre Antwort. Da die Sticheleien oft schnell und »wie aus heiterem Himmel« kommen, glauben Sie vielleicht, Sie müßten schnell reagieren und antworten. Aber das kann die Selbstsicherheit Ihrer Antwort schwächen.

Zum Abschluß

Wenn Sie diese Übung vorgenommen haben und mit dem Ergebnis zufrieden sind, werden Sie diese selbstsicheren Antworten auch geben können, wenn es das nächste Mal zu Sticheleien kommt.

Wenn es sich um anhaltende Aggression oder Aggression auf höherer Stufe handelt, sollten Sie dagegen das zu Beginn des Kapitels beschriebene Modell anwenden.

10. Umgang mit der Unsicherheit anderer

In Kapitel 8 haben wir dargestellt, daß die Unsicherheit anderer Ihr Verhalten beeinflussen kann. Wir haben erklärt, wie die mit der Unsicherheit des anderen verbundenen Gefühle Ihre eigenen verändern können, was wiederum Ihre Sicherheit womöglich in Unsicherheit oder Aggression umschlagen läßt, je nach der Art Ihrer Gefühle. Außerdem haben wir gesagt, daß Sie eventuell Ihre Meinung bezüglich einer Entscheidung, einer Ansicht oder eines Vorgangs nicht so sehr wegen des Inhalts dessen ändern, was der andere sagt, sondern weil Sie auf das unsichere Auftreten als solches reagieren. Ob die Unsicherheit Sie zur Änderung Ihrer Meinung verleitet oder nicht, der andere bekommt auf jeden Fall etwas von dem, was er wollte. Vielleicht hatten Sie Mitleid oder Schuldgefühle seinetwegen, und das tröstete und »belohnte« ihn. Oder er hat Ärger, Verwirrung oder Frustration in Ihnen geweckt, worauf er sich wiederum verletzt fühlt oder Selbstmitleid empfindet — beides kann zum Trost oder Ansporn für ihn werden. Jegliche Form solch »emotioneller Erpressung« wirkt sich ungünstig für Sie aus, macht es Ihnen aber auch schwer, mit unsicher vorgehenden Menschen offen und direkt umzugehen.

In gewisser Hinsicht ist man versucht, unsichere Menschen links liegen zu lassen, weil sie die Rechte anderer nicht unbedingt verletzen wie aggressive Menschen. Wenn Unsicherheit keine Auswirkungen auf Sie hätte, wäre das schon genau die Möglichkeit, damit umzugehen. Aber, wie bereits gesagt, Unsicherheit beeinflußt Ihre Gefühle und Ihr Verhalten und kann sich auf den Ausgang einer Situation auswirken (weitere Beispiele hierfür folgen später). Die Definition von sicherem Auftreten schließt ein, die Rechte anderer nicht zu verletzen, und ihre Bedürfnisse, Wünsche und Ansichten nicht zu ignorieren. Um sicher auftreten zu können, müssen Sie also diese Bedürfnisse, Wünsche und Ansichten kennen — und das dürfte manchmal schwierig sein, wenn der andere zu unsicher ist, um sie zum Ausdruck zu bringen!

Deshalb wenden wir uns im folgenden Kapitel dem sicheren Umgang mit Unsicherheit zu, so daß Sie Ihre Gefühle und Ihr Verhalten kontrollieren können und den anderen dadurch zu ähnlichem Vorgehen bewegen. Wir erläutern verschiedene Formen des unsicheren Auftretens und der entsprechenden sicheren Reaktionen darauf.

Verschiedene Formen der Unsicherheit

In Tabelle 10.1 wenden wir uns verschiedenen Formen der Unsicherheit, wie Sie Ihnen am Arbeitsplatz begegnen mag, etwas genauer zu (einige davon haben wir in früheren Kapiteln bereits erwähnt).

Tabelle 10.1 Details über Formen der Unsicherheit

Form der Unsicherheit	Beispiele	Ursache/ Hintergrund
Zögerndes oder widerwilliges Einverständnis	»Oh, das nehme ich auch an.« »Ja, das könnte so sein.« »Vielleicht haben Sie recht.«	Einverständnis mit Ihnen, nur weil man Ihnen nicht widersprechen will; Konfliktscheu, der Wunsch, Ihnen gefallen zu wollen.
Andeutungen oder nur zaghafte	»Da bin ich eigentlich nicht so ganz sicher.«	Man will kein Risiko eingehen: Falls Sie aggressiv

Form der Unsicherheit	Beispiele	Ursache/ Hintergrund
Hinweise auf Zweifel/Probleme	»Das könnte ein wenig schwierig werden.«	werden, kann der andere von seinem Zweifel Abstand nehmen; falls Sie dagegen unsicher reagieren, kann der Zweifel in der Aussage des anderen verfestigt werden.
Entschuldigungen	»Ich hatte wirklich keine Zeit dazu.« »Ich würde ja gern, habe aber alle Hände voll zu tun.« »Ich kann wirklich nicht, weil ich ... muß.«	Zeitmangel und Überbelastung werden mit Vorliebe zur Verschleierung ins Feld geführt. Sie nehmen Ihnen die Chance, den wahren Grund zu erfahren, wie etwa unausgesprochene Präferenzen oder Mangel an Fähigkeit/Vertrauen.
Verschweigen von Präferenzen (dessen, was man eigentlich lieber möchte)	»Oh, das macht mir nichts aus.« »Was immer Ihnen am liebsten ist.«	Man will hilfsbereit sein, aber vielleicht auch keine Verantwortung übernehmen. Oft sind Präferenzen vorhanden, werden aber nicht ausgedrückt — lieber beklagt man sich später.
Murren oder Beklagen — über Sie	»O nein, nicht schon wieder diese endlosen Zahlenreihen.« »Ach Gott, wir haben doch schon so viel am Hals!«	Vielleicht wird es Ihnen direkt gesagt, oder in Ihrer Hörweite ausgesprochen. Der Versuch, Ihnen Schuldgefühle einzuimpfen.
— in bezug auf Dritte	»Die erwarten von mir, daß ich alles auf einmal mache.«	Man versucht, Ihre Unterstützung zu erheischen. Keine Bereitschaft, selber aktiv zu werden, man will aber Ihr Mitleid erwecken.

Tabelle 10.1 (Fortsetzung)

Form der Unsicherheit	Beispiele	Ursache/ Hintergrund
Entlocken von Beifall	»So toll war es nun auch wieder nicht, oder, was meinen Sie?«	Man glaubt selbst nicht an diese negative Selbsteinschätzung, möchte aber, daß Sie nicht nur widersprechen, sondern Komplimente machen.
Erheischen von Bestätigung/ Erlaubnis	»Ich dachte, ich müsse ..., meinen Sie, ich sollte ...?«	Unwilligkeit, aufgrund eigener Urteile Entscheidungen zu fällen — häufig in Angelegenheiten, mit denen Sie gar nichts zu tun haben. Falls es schief geht, kann man auf Ihre Stellungnahme verweisen. (Nicht das gleiche, als wenn Tatsachen über den möglichen Verlauf einer Angelegenheit gesammelt werden, oder Ihre Reaktion auf Sie betreffende Dinge erfragt wird.)
Hilflosigkeit und Selbstmitleid	»Ich glaube nicht, daß ich diese Unmenge jemals sortieren kann. Ich komme überhaupt nicht zurande.« »Was soll das denn bringen ...?«	Man hält sich für zu schwach, die Umgebung zu beeinflussen/das eigene Verhalten zu verändern. Ihr Mitleid wird erfleht; manchmal um nicht aktiv werden zu müssen.
Selbsterniedrigung	»In Mathematik bin ich eine Null.« »Sie kennen mich ja, ich mache immer alles falsch.«	Es mag ein echter Mangel an Fähigkeit/Vertrauen vorliegen, wird aber häufig übertrieben ausgedrückt oder »das Licht wird unter

Form der Unsicherheit	Beispiele	Ursache/Hintergrund
	»Diese Präsentation habe ich total vermasselt.«	den Scheffel gestellt« — manchmal, um etwas nicht tun zu müssen oder Kritik aus dem Weg zu gehen (indem man ihr zuvorkommt); manchmal, um ein Kompliment zu erheischen.
Vorschläge zum eigenen Nachteil	»Soll ich das mit nach Hause nehmen? Es macht mir wirklich nichts aus.« »Ich habe nicht viel Zeit, kann es aber in der Mittagspause machen.«	Übertriebene Hilfsbereitschaft, oft, um Ihnen zu gefallen; manchmal, um Sie zur Dankbarkeit zu verpflichten, oder um Ihnen Schuldgefühle einzuimpfen, weil der andere Ihretwegen seine eigenen Bedürfnisse und Wünsche hintanstellt.
Andere zu Ungunsten der eigenen Person herausstellen	»Sie kommen immer so prima mit diesen Maschinen zurecht. Ich überhaupt nicht.« »Sie geht so ruhig mit heiklen Kunden um. Ich könnte das nie.«	Man will den anderen bewundern oder ihm schmeicheln. Negative Vergleiche ermöglichen es dem anderen manchmal, einer Kritik zu entgehen, oder erleichtern die Übernahme einer neuen schwierigen Aufgabe.

Eine andere Form der Unsicherheit

In den Beispielen der Tabelle 10.1 ergibt sich die Unsicherheit aus Aussagen, die zögernd, über-entschuldigend oder selbstverachtend sind. Eine ganz andere, aber sehr häufige Form der Unsicherheit liegt darin, daß jemand unfähig ist, überhaupt etwas zu sagen. Wenn dem so ist, kann man kein wichtiges Thema anschneiden, keine Ablehnung und keine Wünsche formulieren. Wenn jemand nichts sagt, mag Sie das zunächst nicht stören, aber später kann es sich zu einem Problem auswachsen. Ist Ihnen nicht vielleicht auch schon einmal so etwas passiert:

Sie waren bei einer Konferenz, wo man sich über monatliche Erfolgs-Berichte einigte. Drei Ihrer Kollegen unterstützten eindeutig den entsprechenden Vorschlag, ein vierter *brachte keine Einwände vor*. Am Monatsende haben vier von Ihnen diese Berichte erstellt, der fünfte nicht. Als Sie ihn darauf ansprechen, stellen Sie fest, daß er die Idee von Anfang an nicht gut fand!

Diese Form der Unsicherheit wird selten sofort erkannt. Es gibt jedoch nonverbale Hinweise auf diese »stumme« Unsicherheit, mit deren Hilfe Sie ihr auf die Spur kommen können. Hier einige Beispiele dafür:

- Kein Blickkontakt — eher verlegenes Weggucken oder verstohlene Seitenblicke;
- Verziehen des Gesichts oder Schmollmund als Ausdruck des Zweifels
- unruhige Körper- und vor allem Handbewegungen zeigen den Wunsch nach Flucht an, um Auseinandersetzungen zu entgehen.

Wenn Unsicherheit in diesen Formen Ausdruck findet, bleiben Sie meist im unklaren darüber, was der andere nun wirklich glaubt, fühlt oder wünscht. Womöglich trauen Sie ihm dann nicht mehr und nehmen an, er sage das eine und tue das andere — eine besonders wirksame Form der Sabotage Ihnen gegenüber. Bei all diesen Formen der Unsicherheit kann sich der andere bewußt sein, oder auch nicht, über sein Verhalten und dessen Einfluß auf Sie. Entscheidend ist jedoch dabei, daß *Ihnen* klar ist, was passieren *könnte*. Dann fällt es Ihnen leichter, die Auseinandersetzung zu kontrollieren, die sonst langwierig oder unproduktiv ausfallen könnte.

Selbstsichere Reaktion auf Unsicherheit

Ihr Ziel bei sicherer Reaktion auf Unsicherheit sollte sein, den Gedankenaustausch auf die Ebene gegenseitiger Sicherheit zu bringen. In erster Linie müssen Sie daher Ihre Selbstkontrolle bewahren.

Selbstkontrolle über die eigenen Gefühle

Der erste Schritt dabei ist, sich bewußt zu machen, wie der andere durch seine Unsicherheit Ihre Gefühle beeinflussen könnte. Der zweite Schritt ist ein produktiver innerer Dialog, etwa wie folgt:

1. Wenn Sie im voraus wissen, daß Sie jemanden treffen werden, der häufig unsicher auftritt, könnten Sie sich zum Beispiel sagen: »Ich weiß, Herr Dammer ist meist übertrieben hilfreich und macht Versprechungen, die er nicht halten kann. Ich kann ihn dazu bringen, realistisch zu sein und vielleicht vorhandene Probleme anzusprechen. Ich muß mich nicht mit unrealistischen Versprechungen abspeisen lassen.«

2. Wenn jemand unerwartet zu Ihnen kommt und Sie auf seine Unsicherheit reagieren müssen, so atmen Sie tief durch und halten Sie einen blitzschnellen inneren Dialog, etwa so: »Herr Bauer wird wohl Entschuldigungen vorbringen. Das wird mich nicht ablenken. Ich werde den wahren Grund herausfinden.«

Sicheres Auftreten angesichts von Unsicherheit

Tabelle 10.2 zeigt Beispiele für sichere Antworten auf sechs unsichere Einwände. Das Ziel ist bei allen sicheren Antworten stets, auf das Problem tatsächlich einzugehen und nicht auf die emotionelle Erpressung durch Unsicherheit einzusteigen; wenn das geschehen ist, muß man

Tabelle 10.2 Beispiele für sichere Antworten auf Unsicherheit

	Unsicherer Einwand	Selbstsichere Antwort	Kommentar
1.	»Also … na gut.« *(zögerndes Einverständnis)*	»Sie scheinen zu zögern. Sehen Sie irgendeine Schwierigkeit?« *(fragend)*	Können Sie sicher sein, daß der Bericht fertig sein wird? Sie müssen herausfinden, ob ein Problem besteht, bevor Sie eine Zusicherung erhalten.
2.	»Das … hm … macht mir wohl ein paar Probleme.« *(zögerlicher Ausdrücken von Problemen/Zweifeln)*	»Was ist das Problem? Versuchen wir, es zu lösen.« *(fragend und/oder grundsätzlich)*	Hiermit verdeutlichen Sie, daß Sie das Problem sehen, aber nicht für unlösbar halten.
3.	»Also, ich glaube nicht, daß ich Zeit finden werde, damit anzufangen.« *(Entschuldigung/Ausrede)*	»Ah ja. Ich denke aber, da gibt es einen Ausweg. Ist das wirklich das einzige Problem, Herr Bauer, oder gibt's da sonst noch etwas?« *(grundsätzlich oder einfühlsam und fragend)*	Manchmal ist es schwer, eine Ausrede von einem berechtigten Grund zu unterscheiden. Durch eine solche Antwort entgehen Sie der Gefahr, zu starke Worte (wie »Ausrede« zu verwenden, die Anlaß dafür sein könnten, daß der andere denkt, Sie würden ihm Lügen unterstellen.
4.	»Viel Zeit habe ich nicht, weil ich nächste und übernächste Woche nicht da bin, aber ich könnte es vielleicht am Wo-	»Ich finde es gut, daß Sie erwähnt haben, daß Sie diese und nächste Woche nicht da sind. Können wir das nicht so arrangieren, daß Sie	Dies befähigt Sie, Schuldgefühle und übertriebene Dankbarkeit zu vermeiden. Wenn es keinen Ausweg gibt und Sie das Angebot annehmen müs-

chenende zu Hause machen.« *(Vorschlag zum eigenen Nachteil)*	nicht über das Wochenende arbeiten müssen?« *(einfühlsam oder grundsätzlich und befragend)*	sen, sagen Sie einfach: »Vielen Dank, Herr Bauer« ohne lange Entschuldigungen.
5. »Ich bin total unfähig, Berichte zu schreiben. Den letzten habe ich völlig vermasselt.« *(Selbsterniedrigung)*	»Ich halte Sie nicht für total unfähig, Berichte zu schreiben. Der letzte war nicht gut, aber ich glaube, Sie *können* Berichte schreiben. Welches spezielle Problem haben Sie denn damit?« *(grundsätzlich und fragend)*	Wichtig ist, solchen Übertreibungen realistischere Äußerungen entgegenzusetzen – kein übersteigertes Lob. Dann Bestätigung, damit der andere Selbstvertrauen entwickeln kann. Aber keinesfalls väterliches Getue wie »Sie schaffen's schon, nur keine Sorge.« Ihn wie ein Kind zu behandeln, verstärkt nur seine Unsicherheit.
6. »Sie können sehr gut Berichte schreiben. Bei mir geht es so langsam voran, die pure Zeitvergeudung.« *(Herausstellen des anderen zuungunsten der eigenen Person)*	»Warum finden Sie es langwierig und zeitvergeudend?« *(fragend)* oder »Ich fühle mich nicht wohl, wenn Sie sich so negativ mit mir vergleichen, Herr Bauer. Ich möchte lieber mit Ihnen besprechen, warum Sie es langwierig und zeitvergeudend finden.« *(auf negative Gefühle abhebend)*	Sie gehen auf den negativen Vergleich gar nicht ein, sondern suchen nach dem emotionalen Hintergrund. oder Diese Antwort ist besonders nützlich, wenn der andere beständig diese Form der Unsicherheit anwendet. Er kann sich dadurch seiner Unsicherheit und ihrer Auswirkungen auf Sie bewußt werden.

den anderen ebenfalls zu sicherem Auftreten ermutigen. Die hier aufgeführten sechs unsicheren Einwände sind nur einige der zahlreichen möglichen Entgegnungen, die jemand in einer solchen Situation machen könnte.

Die Situation: Kürzlich haben Sie einem Untergebenen gegenüber schon erwähnt, daß Sie nach Beendigung seines Projekts innerhalb eines Monats danach einen Abschlußbericht von ihm möchten. Das Projekt ist abgeschlossen, Sie wollen nun einen Termin festlegen. Sie sagen: »Herr Bauer, erinnern Sie sich an den Projektbericht, den ich erwähnt habe? Ich hätte ihn gern zum Monatsende. Geht das in Ordnung?«

Natürlich ist der Versuch, den anderen zu sicherem Auftreten zu bringen, manchmal unrealistisch. Wenn Sie Ihre Sicherheit beibehalten und ihn dazu bringen, die Themen *weniger unsicher* anzugehen, kann dies schon das Äußerste sein, was Sie erreichen können.

Ab und zu reagiert der andere vielleicht mit Verwirrung und daher Aggression. So könnte er in dem in Tabelle 10.2 aufgezeigten Beispiel nach verschiedenen Äußerungen Ihrerseits eventuell sagen: »Also, ich habe Ihnen schon mal gesagt, überlassen Sie das mir.« Der Grund dafür kann sein, daß er nach einigen Äußerungen von Ihnen gemerkt hat, daß Sie nicht auf sein Spiel eingehen (ihm gegenüber Schuldgefühle oder Mitleid zu empfinden). Vielleicht fühlt er sich auch durch bestimmte Fragen bedroht (stellen Sie Ihre Fragen sachlich und ohne Kritik, das kann diese Reaktion verhindern). Wenn der andere aggressiv wird, können Sie Ihre Sicherheit durchaus beibehalten. Denken Sie daran: *Sie haben das Recht, sicher aufzutreten.* Wir schlagen an diesem Punkt eine grundsätzliche oder eine einfühlsame Ausdrucksweise vor. Die folgenden Beispiele sind Antworten auf die oben beschriebene Aggression und sollten langsam und ruhig vorgetragen werden:

grundsätzlich	»In Ordnung, Herr Bauer, aber ich muß mit Ihnen einen Termin festlegen.«
einfühlsam	»Ich weiß ja, daß Sie zugesagt haben, den Bericht zu erstellen, Herr Bauer, aber ich muß einen festen Termin mit Ihnen ausmachen.«

Zusammenfassung

In diesem Kapitel haben wir

- die verschiedenen Formen der Unsicherheit betrachtet;
- einige selbstsichere Antworten, die Sie darauf geben können, vorgeschlagen;
- betont, daß es zwar verlockend ist, »schlafende Hunde nicht zu wecken«, aber nicht wünschenswert, da Ihnen die Unsicherheit anderer eine Reihe von Problemen aufbürdet — und es Ihnen nicht zuletzt erschwert, sicher aufzutreten.

II. Lösung von Konflikten

Wir gehen davon aus, daß Sie nun selbstsicherer auftreten können und mit der Aggression und Unsicherheit anderer so umgehen kömen, daß diese ebenfalls selbstsicherer werden. Durch diese Zunahme der Selbstsicherheit werden mehr Bedürfnisse, Wünsche und Präferenzen offen zum Ausdruck gebracht. Natürlich werden einige dieser Bedürfnisse nicht nur unterschiedlich sein, sondern — zumindest oberflächlich — im Konflikt miteinander stehen. Es mag so aussehen, als habe die Zunahme Ihrer Sicherheit ein Problem für Sie hinterlassen: den Umgang mit diesen einander widerstrebenden Bedürfnissen.

Gegeben hat es diese Gegensätze im Grunde immer schon. Das sichere Verhalten hat sie nur verdeutlicht. In der Tat kann man dadurch leichter mit ihnen umgehen.

Das folgende Kapitel will Ihnen beibringen, mit gegensätzlichen Bedürfnissen so umzugehen, daß beide Seiten die Lösung akzeptieren können.

Beginnen wir mit der Unterscheidung der verschiedenen Bedürfnisformen.

Bedürfnisformen

Gehen wir für den Augenblick davon aus, daß Sie die Bedürfnisse des anderen kennen, und er die Ihren kennt. Die Bedürfnisse beider Seiten können in drei Arten aufgeteilt werden.

Bedürfnisse, die einander nicht widersprechen

Nehmen wir an, Sie haben zu einer Kollegin gesagt: »Frau Meier, können wir das Designproblem jetzt schon angehen, und nicht erst nach der Mittagspause? Ich muß heute früher weg.« Und sie antwortete: »Ja, es spielt keine Rolle für mich, ob wir es heute morgen oder erst am Nachmittag machen.« Mit anderen Worten, Ihr Vorschlag und Ihre Bedürfnisse kollidieren in diesem Moment keineswegs mit irgendeinem Bedürfnis der Kollegin. Deshalb nennen wir dies Bedürfnisse, die einander nicht widersprechen. Ein weiteres Beispiel: Sie bitten einen Mitarbeiter, einen Bericht bis zum nächsten Freitag fertigzustellen, und er sagt: »Kein Problem. Ich habe ihn spätestens Mittwoch fertig.«

Viele problemlose Fälle in der alltäglichen Zusammenarbeit sind Beispiele dafür, daß die Bedürfnisse der verschiedenen betroffenen Menschen sich nicht widersprechen müssen. Wenn dies der Fall ist, haben Sie auch keinerlei Problem, die Bedürfnisse beider Seiten zugleich zu befriedigen.

Bedürfnisse, die übereinstimmen

Wenn Sie Frau Meier bitten, die Besprechung auf den Vormittag zu verlegen, stimmt sie vielleicht auch deshalb sofort zu, weil diese Terminänderung sehr gut mit einem ihrer Bedürfnisse übereinstimmt. Sie will nämlich mit ihrem Chef über neue Arbeitspläne sprechen, und dieser Nachmittag ist eine der wenigen Möglichkeiten, ihn zu erwischen. In diesem Fall ermöglicht Ihr Wunsch, früh zu gehen, es Frau Meier, einen ihrer eigenen Wünsche zu befriedigen. Wir reden hier also von *übereinstimmenden Bedürfnissen.*

Noch ein weiteres Beispiel. Sie suchen für etwa drei Monate eine weitere Person für Ihre Projektgruppe. Herr Mall hat gerade eines seiner eigenen Projekte beendet, besitzt die von Ihnen geforderte Erfahrung, und möchte seine Kenntnisse durch die Mitarbeit an Ihrem Projekt erweitern. Ihr Wunsch nach einer Person mit einer bestimmten Erfahrung stimmt bestens mit seinem Wunsch nach neuen Kenntnissen überein.

Wenn Bedürfnisse übereinstimmen, entsteht wiederum kein Problem bei ihrer Befriedigung.

Bedürfnisse, die sich widersprechen

Kehren wir zu unserem Ausgangsbeispiel zurück. Frau Meier kann jetzt Ihren Vorschlag nicht annehmen, da sie den Rest des Vormittags mit einer Arbeit beschäftigt ist, die bis zur Mittagszeit erledigt sein muß. In diesem Fall steht Ihr Bedürfnis, das anliegende Problem vormittags zu lösen und früh gehen zu können, ihrem Bedürfnis entgegen, die andere Aufgabe bis zur Mittagszeit beendet zu haben. Sie könnten Ihr Bedürfnis nur auf Kosten der Kollegin befriedigen, oder umgekehrt. In diesem Fall reden wir von *einander widersprechenden Bedürfnissen*. Das gleiche ist der Fall, wenn Sie und Ihr Vertreter in den letzten zwei Augustwochen Ferien machen wollen, aber beide nicht zur gleichen Zeit abwesend sein sollten. Wenn Bedürfnisse einander widersprechen, stellt ihre Befriedigung ein Problem dar. Selbstverständlich gibt es in jedem Betrieb Beispiele für einander widersprechende Bedürfnisse. Das ist als solches nicht nur negativ. Negativ ist lediglich, daß dies oft zu Feindseligkeit und Ressentiments führt. Der Grund dafür ist die *Art und Weise, wie mit diesen widersprüchlichen Bedürfnissen umgegangen wird.*

Der nächste Abschnitt befaßt sich daher mit den Möglichkeiten für Sie, mit Konflikten umzugehen, und faßt kurz zusammen, zu welchen Ergebnissen sie führen.

Umgang mit Konflikten

Der Verhaltensaustausch zwischen Ihnen und einem anderen beim Versuch, Konflikte zu lösen, könnte einer der folgenden Varianten entsprechen:

Aggression ◄──────► Aggression
Aggression ◄──────► Unsicherheit
Unsicherheit ◄──────► Unsicherheit
Selbstsicherheit ◄──────► Selbstsicherheit

Betrachten wir nun jede Möglichkeit etwas genauer.

Austausch aggressiv-aggressiv

Bei einander widersprechenden Bedürfnissen ist der Austausch oft aggressiv-aggressiv. Der Grund ist, daß *jeder* glaubt, die Situation stehe unter dem Motto »Ich gewinne/du verlierst«. Anders ausgedrückt, jeder glaubt, er könne nur gewinnen, wenn der andere verliert. Da *beide* dies glauben, ist der Austausch oft langwierig und zäh. Oft endet es in Verstockung (»Patt«), ohne daß Lösungen für die widersprüchlichen Bedürfnisse gefunden wurden. Selbst wenn es zu Lösungen kommt, sind diese oft von geringer Qualität, verglichen mit dem eigentlichen Anspruch. Dies überrascht nicht, da ein Großteil der Energie bei solchen Auseinandersetzungen darauf verwendet wird, den anderen, und nicht das Problem anzugreifen. Wie in Kapitel 8 ausgeführt, geht der *Inhalt* unter und wird vom *Verhalten* überlagert. Vielen solcher Auseinandersetzungen liegt die Weigerung der einen oder anderen Seite zugrunde, die Bedürfnisse des anderen als legitim zu betrachten. Später werden wir darauf noch ausführlicher eingehen.

Austausch aggressiv-unsicher

Der Austausch kann diese Form annehmen, wenn der Konflikt zum Beispiel zwischen einem Vorgesetzen und einem Mitarbeiter besteht. Der Vorgesetzte betrachtet seine Bedürfnisse als wichtiger, da er in der Firma eine höhere Position innehat. Oft unterstützt der Mitarbeiter diese Ansicht, weil er dem anderen gefallen will. Er findet es »nur gerechtfertigt«, daß die Bedürfnisse des Vorgesetzten befriedigt werden. *Beide* bewerten von vornherein die Situation so, daß der Vorgesetzte gewinnt und der Mitarbeiter verliert.

Aufgrund dieser Ansicht hat der Vorgesetzte keinen Grund, »höhere Stufen« der Aggression (wie wir es nannten) zu verwenden. Er macht nur Aussagen wie: »Ich finde es schön, wenn Sie im August Ferien machen könnten. Aber da werde ich Urlaub machen, und wir können schließlich nicht zur gleichen Zeit abwesend sein.« Dies klingt einleuchtend. Das selbstverständliche Akzeptieren der Priorität des Vorgesetzten durch beide Seiten führt jedoch dazu, daß keinerlei Versuch gemacht wird, die Bedürfnisse beider Seiten zu befriedigen.

So sind die aus solchen Unterhaltungen hervorgehenden Lösungen oft von geringem Wert in bezug darauf, die Befriedigung der Bedürfnisse beider Seiten zur Deckung zu bringen. Sie werden häufig unter Bezug auf Vergangenes getroffen. Vorgesetzte und Untergebene, die sich regelmäßig bei widersprüchlichen Bedürfnissen so verhalten, verstärken gegenseitig ihr stereotypes Verhalten.

Auseinandersetzungen, die aggressiv-unsicher ablaufen, haben den Vorteil, daß sie kürzer sind als aggressiv-aggressive oder unsicher-unsicherere. Zunächst erscheinen sie als zufriedenstellend erledigt, später aber als ungelöst. Das kommt daher, weil der unsichere Gesprächspartner seine Zweifel und Ablehnungen für sich behalten und seine Bedürfnisse verleugnet hat, dies später aber bereut. Auf das bereits ausgeführte Beispiel zurückkommend, kann der Mitarbeiter dabei Ressentiments aufbauen, die sich so stark aufschaukeln, daß er die nächste Entscheidung des Vorgesetzten, die ihm nicht gefällt, zu ändern versucht. Leider geht er aufgrund seiner vorherigen Unsicherheit dabei nun aggressiv und nicht selbstsicher vor. Er verhält sich, als hätten seine Bedürfnisse Vorrang vor denen des Vorgesetzten. Beide betrachten die Situation immer noch als eine Frage um Gewinnen oder Verlieren, der einzige Unterschied ist, daß der Vorgesetzte jetzt als Verlierer dazustehen scheint! Er reagiert aggressiv, da er seine Autorität bedroht sieht. An diesem Punkt kann der Austausch aggressiv-aggressiv werden.

Austausch unsicher-unsicher

Wir betrachten dies als weniger häufige Austauschform im Arbeitsleben, aber keineswegs als unbekannt zwischen Kollegen und anderen, die auf der gleichen Positionsebene in einer Firma stehen. Im Alltagsleben dagegen ist diese Umgangsform sehr gebräuchlich, und zwar in Situationen, wo jeder Unerfreulichkeiten vermeiden und jeder jedem gefallen will.

Erstaunlicherweise sind Austauschformen unsicher-unsicher denen vom Muster aggressiv-aggressiv in dreierlei Hinsicht sehr ähnlich. Sie sind oft lang und zäh, enden häufig im »Patt«, und die Lösungen sind von geringem Wert. Der Grund dafür ist, daß jeder die Situation als »Du gewinnst/ich verliere« betrachtet. Das heißt: Jeder will, daß der andere gewinnt und er selbst verliert, damit der andere gewinnen kann. Wenn *beide* Seiten so vorgehen, heißt das Ergebnis in unseren Augen oft »Verlieren/Verlieren«, da *keine der beiden Bedürfnisstrukturen* befriedigt wird. Die Lösungen werden danach beurteilt, inwieweit der andere belastet, verärgert oder begünstigt wird. Austauschformen unsicher-unsicher werden von Äußerungen wie den folgenden geprägt:

- »Das wäre Ihnen gegenüber unfair.«
- »Nein, das kann ich Ihnen nicht zumuten!«
- »Das heißt ja, Sie müßten … das können Sie wohl nicht …«

Austausch sicher-sicher

Die darin verwickelten Personen betrachten die Unterhaltung unter dem Aspekt »Ich gewinne/du gewinnst«. Das heißt in anderen Worten, der eine muß nicht verlieren, damit der andere gewinnen kann. Beim sicher-sicheren Austausch stehen Tatsachen im Vordergrund, nicht der andere wird angegriffen, sondern der Lösung des Problems gilt die aufgewendete Energie. Beide Seiten versuchen, Lösungen zu finden, die die jeweiligen Bedürfnisse befriedigen. Deshalb werden die Lösungen verwirklicht, statt daß man auseinandergeht und etwas einander Widersprechendes tut. Diese Gespräche sind meist kürzer als die Unterhaltungen nach dem Schema Aggression-Aggression oder Unsicherheit-Unsicherheit, aber nicht so kurz wie die in der Form Aggression-Unsicherheit. Meist kommt noch der Vorteil dazu, daß die Lösungen innovativen, ausbaufähigen Charakter haben, was sonst nie der Fall wäre. Das muß nicht heißen, daß den Bedürfnissen beider Seiten völlig entsprochen wird, auch wenn der Austausch dies zum Ziel hat. Zumindest aber ist das Resultat für beide Seiten *akzeptierbar*. Sie sollten dies jedoch nicht mit einem »faulen Kompromiß« verwechseln. Dies hieße für uns, daß beide Seiten über den Ausgang nicht glücklich sind, ähnlich den Gefühlen beim Austausch nach dem Muster unsicher-unsicher.

Deshalb betrachten wir den Austausch sicher-sicher als den *effektivsten* bei der Konfliktlösung. Wenn Sie sich aber mit einer aggressiven Person auseinandersetzen müssen, oder einer unsicheren, sollten Sie die in den Kapiteln 9 und 10 vorgeschlagenen Schritte durchgehen, um den Austausch auf die Ebene selbstsicher-selbstsicher zu bringen.

Wenn Sie Konflikte auf eine für beide Seiten akzeptierbare Weise lösen wollen, müssen Sie hinausgehen über das Stadium, nur für Ihre Bedürfnisse einzustehen und nicht nur dazu Aussagen machen. Wenn Sie dabei stehenbleiben, wird es immer wieder Patt-Situationen geben. Akzeptierbare Lösungen sind leichter zu erreichen, wenn Sie weitergehen, *bestimmte Schritte unternehmen* und *bestimmte Verhaltensweisen* an den Tag legen. Im nächsten Abschnitt wollen wir darauf näher eingehen.

Richtlinien für die Lösung von Konflikten

Als erstes müssen Sie *anerkennen,* daß ein Konflikt vorhanden sein könnte. Ein Anzeichen dafür ist es, wenn ein *langwieriges Nichteinvernehmen* darüber besteht, welche Maßnahmen nun zum Beispiel ergriffen werden sollen. In solch einem Fall schlagen wir vor, die Schritte aus Darstellung 11.1 nachzuvollziehen.

Nach einem Blick auf diese Darstellung wollen wir dann auf die einzelnen Schritte näher eingehen, insbesondere auf die dabei erforderlichen Verhaltensweisen.

Identifizieren der Bedürfnisse

↓

Suche nach einem Bedürfniskonflikt und dessen *Akzeptierung*

↓

Auseinandersetzung damit und Einigung über *Lösungen*

Darstellung 11.1   Schritte zur Lösung von Bedürfniskonflikten

1. Identifizieren der Bedürfnisse

Als erstes muß gesagt werden, daß oft nicht über *Bedürfnisse* gesprochen wird. Statt dessen werden *Vorschläge* gemacht. So etwa könnten Sie in dem bereits zitierten Beispiel zu Ihrer Kollegin gesagt haben: »Frau Meier, können wir das Design-Problem heute vormittag, und nicht erst am Nachmittag angehen?« Das nicht ausgesprochene Bedürfnis (früh gehen zu wollen) ist Ihnen, aber nicht Frau Meier bekannt. Wenn Sie nur Vorschläge machen und das eigentliche Bedürfnis nicht nennen, besteht die Gefahr, daß der andere ebenso vorgeht und Ihren Vorschlag eventuell ablehnt. Und nun passiert folgendes: Sie machen weitere Vorschläge oder versteifen sich auf den ursprünglichen (zum Beispiel durch Hervorheben der Vorteile für den anderen). Aber die Vorschläge werden nur gemacht, um Bedürfnisse zu befriedigen. Statt auf der Vorschläge-Ebene »herumzuschwirren«, wäre es sinnvoller, *Ihren Hintergrund aufzuhellen* und auf die wahren Bedürfnisse zu sprechen zu kommen, denen die Vorschläge gelten. Sie können dies auf zwei Arten tun:

1. Machen Sie *Ihre eigenen Bedürfnisse* klar. Im obigen Beispiel nennen Sie den Wunsch, der Ihrem Vorschlag zugrundeliegt: »Ich muß früher gehen und daher das Design-Problem vorher besprechen.«

2. Ergründen Sie *die Bedürfnisse des anderen* durch Verwendung folgender Verhaltensformen:

Erfragen von Information:	»Warum stellt das ein Problem für Sie dar, Herr Dahn?«
	»Wieviel Zeit benötigen Sie für …?«
	»Welche Hilfskräfte könnten Sie brauchen?«
	»Warum brauchen Sie das bis Mittwoch?«
Klarstellung *Prüfen, ob Sie die Dinge richtig erfaßt haben*	»Wenn Sie ›Schätzung‹ sagen — wie genau muß das sein?«
	»Sie meinen, daß …?«

Durch dieses Vorgehen gehen Sie Hinweisen nach, um die eigentlichen Bedürfnisse zu ergründen. Wenn Sie einen Vorschlag gemacht haben, könnte das Gespräch wie folgt weitergehen:

Herr Dahn: »Nein, das finde ich nicht gut.«	*Kein Einverständnis*
Sie: »Warum sagen Sie das, Herr David?«	*Erfragen von Information*
Herr Dahn: »Ich hätte zu wenig Vorbereitungszeit vor der tatsächlichen Einführung.«	*Hinweis*
Sie: »Wieviel Vorbereitungszeit benötigen Sie?«	*Einen Hinweis aufgreifen (Erfragen von Information)*
Herr Dahn: »Mindestens drei Wochen.«	*Wahres Bedürfnis*

Das soll nicht heißen, daß der andere ungehindert versuchen kann, Sie umzustimmen (was natürlich auch der Fall sein kann), sondern daß Sie so viel Hintergrundinformation wie möglich erfragen sollten, statt sich kopfüber in einen endlosen Disput zu stürzen. Sie sollten Fragen stellen, und nicht herumrätseln. Es könnten zum Beispiel folgende Bedürfnisse zum Vorschein kommen:

- »Ich muß meinen jetzigen Prüfungsbericht beenden, bevor ich einen neuen anfangen kann.«
- »Ich muß sicher sein, daß der neue Vorgang praktikabel ist, bevor ich ihn einführen lasse.«
- »Ich brauche das Einverständnis meines Abteilungsleiters, und er ist strikt gegen diese Form von Neuerungen.«
- »Ich muß mein Budget ausgleichen, bevor ich neuen Ausgaben zustimmen kann.«
- »Das Ganze muß innerhalb von 14 Tagen abgeschlossen sein.«

Natürlich gibt es Fälle, in denen jemand nicht genau weiß, was seine Bedürfnisse sind. Dies gilt vor allem, wenn es sich um persönliche Bedürfnisse handelt, zum Beispiel das Bedürfnis, in der Beurteilung eines Vorgesetzten gut wegzukommen oder einen Kollegen auszustechen. Der andere tritt unsicher auf, wenn er solche Bedürfnisse versteckt. Vielleicht ahnen Sie, daß ein solches Bedürfnis vorhanden ist, wenn Sie den Antworten genauer zuhören, die Ihnen gegeben werden, sobald Sie tiefer in das Problem eindringen wollen. Manchmal gibt es gar keine Hinweise auf solche Bedürfnisse. In jedem Fall macht die Unsicherheit des anderen es schwerer für Sie, den Konflikt zur Zufriedenheit beider Seiten zu lösen. Gelegentlich können Sie das Risiko, daß der andere nicht »herausrückt«, dadurch mindern, daß Sie bei Ihrem »Nachhaken« die im folgenden Abschnitt beschriebenen Formen des sicheren Auftretens nachdrücklich befolgen. Es wird jedoch Fälle geben, wo Sie akzeptieren müssen, daß eben nicht jeder bereit ist, offen mit Ihnen zu sprechen.

Wenn Sie das wahre Bedürfnis durch Fragen wie »Warum müssen Sie …?« herausbekommen wollen, ist es wichtig, daß es in diesem Stadium nicht so wirkt, als würden Sie die Bedeutung des Bedürfnisses herabsetzen wollen. (Dies ist zwar legitim, sollte aber erst geschehen, wenn die wirklichen Bedürfnisse klargestellt sind. Im nächsten Abschnitt gehen wir darauf näher ein.) Stellen Sie sachliche Fragen, Ihr Tonfall sollte in keinem Fall nach Kritik oder Urteil klingen. Vermeiden Sie auch den Eindruck von Abschätzigkeit oder Ungläubigkeit durch Äußerungen wie »Welchen Sinn soll denn das haben?« oder »Wozu denn bitte das?«

2. Prüfen und Akzeptieren der Bedürfniskonflikte

Wenn Sie die wahren Bedürfnisse beider Seiten klargestellt haben, müssen Sie prüfen, ob zwischen Ihnen irgendein Konflikt besteht. Anders ausgedrückt, kann die eine Bedürfnisstruktur nur auf Kosten der anderen befriedigt werden?

Manchmal entdecken Sie, daß es — entgegen Ihrer ursprünglichen Erwartung gar keinen Konflikt gibt. Statt dessen bestehen Bedürfnisse, die sich nicht unbedingt widersprechen. Der Grund dafür ist, daß Sie zu erkennen beginnen, daß es verschiedene Möglichkeiten gibt, die Bedürfnisse beider Seiten zu befriedigen. Wenn dies der Fall ist, können Sie umgehend zum dritten Schritt, dem Besprechen und Beschließen von Lösungen, übergehen.

In anderen Fällen stellt sich tatsächlich ein Konflikt heraus. Dann ist es nützlich, den Konflikt, so wie Sie ihn sehen, klar beim Namen zu nennen: »Also, es sieht so aus, als sei es problematisch, mein Bedürfnis und das Ihre unter einen Hut zu bringen.« Bevor Sie nun Lösungsmöglichkeiten angehen, muß klar sein, daß beide Seiten weitermachen wollen und die Bedürfnisse des anderen akzeptieren.

Akzeptieren von Bedürfnissen

Wir haben festgestellt, daß es Menschen, die unterschiedliche Bedürfnisse haben, oft schwerfällt, dies gegenseitig zu akzeptieren. Dies mag auf der Furcht vor dem Verlieren basieren. Der klarste Hinweis, daß jemand die Bedürfnisse des anderen nicht akzeptiert, ist, wenn er seine Energie darauf verwendet, ihn davon zu überzeugen, daß er sie gar nicht »wirklich« hat. Ein weiterer Grund für diese »Barriere« kann sein, daß die Bedürfnisse des anderen als nicht legitim betrachtet werden. Um ein Bedürfnis als legitim betrachten zu können, muß man es als eines erkennen können, das auf gemeinsam anerkannten Rechten beruht. Nehmen wir an, Sie sagen zu einem Kollegen: »Sie müssen mir garantieren, daß Sie Herrn Michels nächsten Monat für unsere Untersuchung freistellen werden.« Ihr Kollege wird vielleicht antworten: »Ich kann das nicht garantieren, da die Vorschrift lautet, den Anforderungen aus der Produktion Priorität zu geben, und genau das kann nächsten Monat der Fall sein.« Er kam Ihren Wunsch nach einer Garantie nicht als legitim betrachtet, da er an die Vorschrift gebunden ist.

Sie können diese Schranken aufheben und durch folgendes Verhalten zu gegenseitigem Akzeptieren der Bedürfnisse gelangen:

Ihr Akzeptieren ausdrücken	»Ich sehe ein, daß Sie ... müssen.«
Sich die Zustimmung des anderen verschaffen	»Also akzeptieren Sie, daß ich ... muß?«

Wenn man unfähig ist, die gegenseitigen Bedürfnisse zu akzeptieren, wird der nächste Schritt, einvernehmliche Lösungen zu finden, sehr schwer gemacht. Wir glauben, daß dies der Hauptgrund dafür ist, warum es bei manchen Konflikten so lange dauert, bis sie gelöst werden können. Häufig ist dies bei Auseinandersetzungen in der Wirtschaft der Fall. Die Arbeitgeberseite (um den geläufigen Ausdruck zu benützen) akzeptiert das Bedürfnis der Arbeiter/Angestellten nicht, informiert und beratend einbezogen zu werden und die Möglichkeit zu haben, ihre Arbeit und deren Erledigung in angemessenem Ausmaß selbst zu kontrollieren. Umgekehrt akzeptieren die Gewerkschaften das Bedürfnis des Managements, Profit zu machen oder aus Marktgründen Veränderungen vorzunehmen, nicht wirklich. Die Bereitschaft, die Bedürfnisse des anderen auch dann anzuerkennen, wenn sie den eigenen entgegenstehen, öffnet die Tür zur tatsächlichen Lösung der Konflikte.

3. Lösungen vorschlagen und vereinbaren

Wenn die Bedürfnisse einmal akzeptiert sind, kann diese Phase kreativ und lohnenswert sein. Wir führen nun Verhaltensmuster auf, die wesentlich sind für die Erarbeitung von Lösungen, die weitgehend zur Befriedigung der Bedürfnisse beider Seiten führen können.

Erfragen von Vorschlägen	»So, wie gehen wir das nun an?« »Irgendwelche Vorschläge, wie man …?«
Vorschläge machen	»Ich denke, wir könnten …« »Ich schlage vor, daß wir …« »Was halten Sie davon, wenn wir …«
Reaktion (auf Vorschläge)	»Ich könnte mir vorstellen, daß das funktioniert.« »Ich glaube nicht, daß das klappt, Herr Steffen.« »Mit dem ersten Teil Ihrer Idee bin ich einverstanden, aber nicht mit dem zweiten.«
Weiterentwicklung (der Vorschläge anderer)	»Wenn wir, wie Sie vorschlagen, X machen, könnten wir auch weitermachen und Y tun.« »Wie wäre es, wenn wir den zweiten Teil Ihrer Idee, … zu machen, ändern?«
Erfragen von Reaktionen (auf Ihre Ideen)	»Sind Sie damit einverstanden?« »Könnte das so funktionieren?« »Was halten Sie davon?«
Zusammenfassen	»In Ordnung, wir haben also beschlossen, …« »Prima, also werde ich … und Sie werden …«

Dazu noch ein paar Anmerkungen.

Reaktion auf Vorschläge

Sie treten sicher auf, wenn Sie auf Vorschläge reagieren, indem Sie den anderen wissen lassen, ob Sie einverstanden sind oder nicht. Im Falle von Zweifeln nichts zu sagen, heißt unsicher sein, Ignorieren eines Vorschlags heißt aggressiv sein. Ständig auf den Schwächen eines Vorschlags »herumzureiten«, kann auch als aggressiv betrachtet werden und eventuell zur Aufgabe wirklich nützlicher Ideen führen. Um dies zu vermeiden, sollten Sie lieber die Punkte herausheben, die Ihnen an der Idee gefallen und nicht gefallen: »Ich bin auch dafür, daß wir die anderen Abteilungen einbeziehen sollten, aber nicht vor Ende diesen Monats.«

Weiterentwicklung eines Vorschlags

Damit ist der positive Ansatz gemeint, die Vorschläge anderer zu erweitern. Wenn Sie mit einem Vorschlag, oder einem Teil davon, einverstanden sind, entwickeln Sie ihn durch Hinzufügung eigener Ideen weiter. Ihr eigener Vorschlag muß den anderen natürlich ergänzen, und darf ihm nicht widersprechen. Ein Beispiel wäre:

Ihr Kollege sagt: »Ich finde, wir sollten Projekt A mehr Zeit widmen.«

Sie sagen: »Einverstanden. Und wenn die vorbereitenden Maßnahmen beendet sind, setzen wir Herrn Michels für die Details ein.«

Ideen und Vorschläge auf diese Art weiterzuentwickeln, kann zu optimalen Problemlösungen führen; zu Lösungen, die jeder für sich alleine nicht gefunden hätte. Wenn beide Seiten in dieser Form einbezogen sind, liegt das Einverständnis mit der Lösung auf beiden Seiten eher nahe.

Zusammenfassender Kommentar

Da diese Annäherung an einen Konflikt im Austausch sicher-sicher vorgenommen wird, liegt die Betonung darauf, das Problem, und nicht den anderen anzugreifen. Die vereinbarten Vorschläge werden vielleicht weitgehend die Bedürfnisse beider Seiten erfüllen können. Sie werden dann von beiden Seiten als *uneingeschränkt akzeptierbar* betrachtet. Wenn Sie mit besonders heiklen Situationen umgehen müssen, kann es passieren, daß es zu Lösungen kommt, die nur *eingeschränkt* von beiden Seiten *akzeptiert* werden können. Wenn Sie die vorgeschlagenen Richtlinien eingehalten haben, fällt es beiden Seiten leichter, anzuerkennen, daß die Lösung die beste ist, die derzeit erreicht werden konnte. Danach ist es dann für beide möglich, sich zum Beispiel zu sagen: »Nun, ich habe nicht alles erreicht, was ich wollte. Wir haben jedoch die unter diesen Umständen beste Lösung gefunden.«

Beide Wege der Lösungsmöglichkeit (uneingeschränkt und eingeschränkt akzeptierbare) stellen das dar, was wir als Schema »Gewinnen/Gewinnen« bezeichnet haben. Nach Beendigung der Diskussion werden Sie zufrieden oder sogar positiv angeregt sein — produktive Gefühle, die es erleichtern, auch mit zukünftigen Konflikten effektiv umzugehen.

12. Sicheres Auftreten bei Besprechungen

Für viele Führungskräfte stellen Besprechungen und Konferenzen einen wichtigen Teil ihrer Arbeit dar — nicht nur bezüglich der Zeit, die damit verbracht wird, sondern auch, weil andere Führungskräfte aufgrund des Auftretens dabei Kompetenzurteile fällen. Zweifeln Sie manchmal an der Effektivität von Konferenzen, oder an Ihrem eigenen gelungenen Auftreten in diesen Situationen? Wenn ja, werden Sie das folgende Kapitel interessant finden, weil es Ihnen helfen soll, sicherer und effektiver bei Besprechungen aufzutreten.

Wir konzentrieren uns dabei mehr auf das Auftreten und den *Beitrag,* den Sie leisten, als auf die *Leitung* eines solchen Treffens. Selbst wenn der Leiter der Konferenz nicht so geübt ist, können Sie durch Steigerung Ihrer Effektivität einen wichtigen Beitrag dazu leisten, daß die Sache ergiebig ausfällt. Außerdem können Ihnen unsere Hinweise hier auch nützen, wenn Sie selbst eine solche Besprechung leiten müssen.

Bevor wir fortfahren, möchten wir sagen, was wir genau unter dem verstehen, was man auf Englisch »Meeting« nennt und was hier mit Besprechung oder Konferenz übersetzt wurde: *wenn drei oder mehr Menschen zusammenkommen und mindestens eine halbe Stunde lang mit der Lösung eines Problems befaßt sind.*

Der Erfolg eines jeden solchen Treffens hängt von zwei Hauptfaktoren ab. Wir wollen sie hier »*Funktionen*« und »*Verhalten*« nennen. Mit »Funktionen« meinen wir zum Beispiel:

- das Vorhandensein oder Nichtvorhandensein eines bestimmten Themas für die Besprechung;
- die Qualität der Tagesordnung;
- ob die »richtigen« Leute versammelt sind;
- die Vorbereitung — ob die Anwesenden entsprechende Vorab-Informationen erhielten, ob korrekte Unterlagen bereitliegen, ob der Aufenthaltsort angenehm ist, die Sitzordnung überdacht wurde usw.

Mit »Verhalten« meinen wir alles, was die Anwesenden und der Leiter vor und während der Besprechung sagen und tun. Beide Faktoren müssen gebührend berücksichtigt werden, wenn das Treffen erfolgreich sein soll, aber da es in diesem Buch um Verhalten geht, so wenden wir uns diesem Bereich zu.

Wir glauben, daß jede Konferenz von dem sicheren Auftreten sowohl der Teilnehmer als auch der Leiter profitiert. Es sieht so aus, als fänden es viele Menschen schwieriger, in einer solchen Besprechung sicher aufzutreten, als in einem Gespräch unter vier Augen. Sie bringen vielleicht Ihre Ideen vor und stimmen zu (oder auch nicht) wenn Sie nur einer zweiten Person gegenüberstehen; in einer Konferenz mit sechs oder sieben Teilnehmern halten Sie diese Idee und Ihre Ansichten womöglich zurück — Sie verhalten sich unsicher. Andererseits gehen Sie vielleicht aggressiv vor und übersteigern ihre abweichende Meinung, so daß es zu einem Angriff auf den anderen ausartet.

Diese Steigerung der Aggression und Unsicherheit ist darin begründet, daß die meisten Menschen größere Besprechungen als unbequemer, anstrengender und bedrohlicher empfinden als Gespräche unter vier Augen. Sie haben deshalb mehr kontraproduktive innere Dialoge und sind sich ihrer Rechte als Teilnehmer nicht bewußt. Wir werden uns diesen Aspekten zuwenden und Hinweise dafür geben, wie man sich bei Konferenzen sicherer verhalten kann.

Innere Dialoge als Beitrag zur Konferenz

Wenn Sie glauben, die Aufmerksamkeit bei einer Konferenz konzentriere sich auf Sie, kann es vor, während und nach einem solchen Treffen zu kontraproduktiven Dialogen kommen. Tabelle 12.1 zeigt einige der produktiven und kontraproduktiven Dialoge, mit denen wir konfrontiert wurden. Wenden Sie sich Ihrem eigenen inneren Dialog zu, und verwandeln Sie jeden kontraproduktiven in einen produktiven. Machen Sie sich dann Ihre Rechte als Teilnehmer einer Besprechung klar, und akzeptieren Sie diese Rechte.

Tabelle 12.1   Beispiele für innere Dialoge im Zusammenhang mit Konferenzen

kontraproduktive innere Dialoge	*entsprechend produktive Dialoge*
Vor einer Konferenz	
1. »Ich bin ganz sicher in der Minderheit, was soll ich also überhaupt sagen?«	»Wahrscheinlich bin ich in der Minderheit, aber ich kann meinen Standpunkt klar vertreten und versuchen, die anderen zu beeinflussen. Wenn das nicht klappt, werde ich enttäuscht sein, habe aber alles getan, was in meiner Macht steht.«
2. »Ich werde das Treffen dazu nutzen, Herrn Michels knallhart auf den neuen Vorgang anzusprechen.«	»Wenn ich wegen des neuen Vorgangs wütend auf Herrn Michels bin, sollte ich das mit ihm unter vier Augen besprechen, und nicht in dieser Konferenz austratschen.«

kontroproduktive innere Dialoge	entsprechend produktive Dialoge

Während der Konferenz

3. »Wenn ich meinen Vorschlag mache, werden die anderen ihn für blöd halten und ich stehe wie ein Dummkopf da.«	»Ich habe das Recht, meinen Vorschlag zu machen, er muß angehört werden. Vielleicht sind die anderen nicht einverstanden, aber sie müssen ihn noch lange nicht für blöd halten.«
4. »Diese Bemerkung kann ich Herrn Raiser nicht durchgehen lassen, nicht vor all den Leuten hier.«	»Ich kann selbstsicher auf Herrn Raisers Bemerkung reagieren, indem ich frage, was er damit eigentlich meint. Ich muß ihn in Gegenwart der anderen nicht fertigmachen.«
5. »Wenn ich etwas frage, weil ich etwas nicht verstanden habe, verzögere ich die Sache bloß, und die anderen denken, ich sei nicht gut beieinander.«	»Wenn ich etwas nicht verstehe, kann ich keine sinnvollen Beiträge leisten. Ich habe also das Recht, um Klärung zu bitten. Das heißt nicht, daß ich nicht gut beieinander bin.«
6. »Wenn ich meine Meinung jetzt ändere, verliere ich mein Gesicht und stehe als Schwächling da. Das kommt nicht in Frage.«	»Wenn ich das will, kann ich meine Meinung ändern. Das ist eher ein Zeichen von Stärke als von Schwäche.«

Ihre Rechte als Teilnehmer
an einer Konferenz

Die meisten Teilnehmer sind sich darüber klar, daß der *Leiter* einer Konferenz Rechte hat: so zum Beispiel das Recht, jemanden zu unterbrechen, wenn er das Gefühl hat, der Betreffende schweift zu sehr ab. Die Teilnehmer kennen diese Rechte meist ziemlich genau, und akzeptieren sie, damit der Fortgang der Besprechung gesichert ist. Weniger klar sind sie sich meist über die eigenen Rechte als Teilnehmer an einem solchen Treffen. Wie bei den Rechten am Arbeitsplatz in Kapitel 3, können wir auch hier keine Aussagen über die jeweiligen genauen Rechte machen, die Sie während einer Konferenz in Ihrer Firma haben. Eins ist jedoch sicher: Je klarer Sie sich über Ihre Rechte sind und je mehr Sie sie akzeptieren können, desto größer ist die Wahrscheinlichkeit, daß Sie bei einer Besprechung sicher auftreten. Wir listen nun ein paar Rechte auf, die Sie als Teilnehmer an einem solchen Treffen haben könnten. Sie können dann entscheiden, welche Sie haben, welche Sie gern hätten, und wie Sie sie akzeptieren können. Natürlich sollten Sie sie auf Ihre bisherigen Erfahrungen abstimmen. Wir sind der Ansicht, daß Sie das Recht haben:

- Ihre Meinung zu sagen und Vorschläge zu unterbreiten;
- daß diesen Meinungen und Vorschlägen zugehört wird;
- zu verstehen, was gesagt wird;
- nur an solchen Besprechungen oder Teilen davon teilzunehmen, die für Sie wichtig sind;
- Ihre Zeit in Konferenzen produktiv zu nützen;
- mit Ansichten und Vorschlägen von anderen nicht einverstanden zu sein;
- zu sprechen, ohne von anderen unterbrochen zu werden;

- sich (wenn es angebracht ist) ein paar Minuten Zeit nehmen zu können, um über das beim Treffen Besprochene nachzudenken;
- vorher zu erfahren, was das Thema der Konferenz ist;
- vorher zu erfahren, wie lange die Besprechung ungefähr dauern wird.

Wie bei allen Rechten, wird Ihr Verhalten davon beeinflußt, ob Sie diese Rechte akzeptieren können oder nicht. Wenn Sie zum Beispiel nicht akzeptieren können, daß Sie das Recht haben, nur an solchen Konferenzen — oder Teilen davon — teilzunehmen, die für Sie wichtig sind, werden Sie alle angesprochenen Themen einer Tagesordnung »absitzen« müssen, obwohl nur zwei von ihnen für Sie wesentlich sind. Währenddessen möchten Sie jedoch eigentlich lieber an einer anderen Arbeit weitermachen. Ihre ursprüngliche Unsicherheit führt nun zu Ruhelosigkeit und Frustration, bis Sie eine sarkastische Bemerkung machen, zum Beispiel, wie lange es wohl noch dauern wird, bis in dieser Konferenz irgendwelche Entscheidungen getroffen werden. Wenn Sie andererseits dieses Recht akzeptieren, so suchen Sie nach Wegen, nur die Teile des Treffens zu verfolgen, die für Sie von Bedeutung sind. Vielleicht können die Punkte der Tagesordnung dahingehend geändert werden, daß die für Sie wichtigen zuerst behandelt werden, so daß Sie die Besprechung früher verlassen können. Auf diese Weise können Sie die Zeit sparen, die Sie in Konferenzen verbringen, bei denen Sie nichts beizutragen haben.

Wenn Sie also produktive innere Dialoge haben und Ihre Rechte akzeptieren, werden Sie in Konferenzen effektiver sein. Daneben gibt es gewisse *Verantwortungen*, die sich wieder aus Ihren Rechten ergeben. Im nächsten Abschnitt gehen wir auf diese Verantwortungen ein und darauf, wie Sie sich in Besprechungen in Übereinstimmung mit Ihren Rechten und Verantwortungen selbstsicher verhalten können.

Tips für sicheres Auftreten
in Besprechungen

Viele Menschen glauben, es hinge nur vom Leiter ab, ob eine Konferenz erfolgreich verläuft oder nicht. Wir sind jedoch der Ansicht, daß alle Teilnehmer an einer Besprechung ebenso wie der Leiter für die Effektivität verantwortlich sind. Viele der im folgenden angeschnittenen Punkte ergeben sich aus dieser Verantwortlichkeit.

Wie Sie Ihre Beiträge leisten

Bisher haben wir verschiedene Verhaltensmuster aufgezeigt, die auch bei Konferenzen von Bedeutung sein können. Konzentrieren wir uns nun darauf, wie Sie Ihren Beitrag so leisten können, daß er mit dem übereinstimmt, was wir als wichtige Verantwortung betrachten — die *Kontrolle* des eigenen Verhaltens, so daß es den Fortgang einer Besprechung nicht behindert, sondern sich positiv darauf auswirkt.

Fassen Sie sich kurz!

Sie werden besser verstanden, und Ihr Beitrag hat mehr Gewicht, wenn Sie sich kurz fassen. Je länger Ihr Beitrag ist, desto schwieriger ist es für die anderen, Sie zu verstehen und alles im Gedächtnis zu behalten. Ihre Aussage »verschwimmt«. Andererseits: Je mehr Sie sagen, desto mehr Gelegenheit geben Sie den anderen, Einwände gegen bestimmte Punkte vorzubringen. Nehmen wir an, Sie sagen folgendes:

»Ich habe über den Arbeitsfluß in der Abteilung nachgedacht. Ich glaube, in der Rechnungsabteilung gibt es ein paar Engpässe.«

Diagnose des Problems

»Ich denke, wir können sie überwinden, wenn wir das System dahingehend
ändern, daß ...«   *Vorschlag einer*
                                          Lösung

»Dann kommen wir zu schnelleren Re-
aktionen auf ...   *Vorteil 1*
und gleichzeitig können wir ...«   *Vorteil 2*

Gehen wir davon aus, daß Sie in obigem Beispiel Reaktionen der anderen auf Ihren Vorschlag wollen. Da Sie jedoch nicht nur einen Vorschlag gemacht haben, sondern
auch Aussagen über das Problem und die Vorteile, könnten die anderen auf irgendeinen der drei Teile reagieren.
Wenn jemand zum Beispiel einen der von Ihnen genannten Vorteile nicht einsieht, besteht die Gefahr, daß Ihr
Vorschlag völlig untergeht. Wenn die anderen verschiedene Möglichkeiten haben, worauf sie nun reagieren können, wird die Diskussion oft unzusammenhängend.

Wenn Sie in einem Einzelbeitrag nur auf einen oder zwei
Punkte zu sprechen kommen, erhält Ihr Beitrag mehr Gewicht, Sie machen es den anderen leichter, und Sie können besser unterscheiden, auf welchen Punkt die anderen
eingehen.

**Unterbrechen Sie andere nicht, um selbst sprechen
zu können, und lassen Sie sich nicht von anderen
unterbrechen!**

Wenn sich die meisten an obigen Tip halten, ist die Pro-
blematik des »Unterbrechens« kaum ein Thema. Aber in
manchen Besprechungen ist es schwer, zu Wort zu kommen, und wenn es dann soweit ist, besteht die Versu-
chung, alles auf einmal zu sagen, in der Befürchtung, es
könnte die letzte Chance sein! Die anderen denken dann,
Sie würden immer weiter reden und nehmen sich das
Recht, Sie zu unterbrechen. Dies bestätigt Ihre Befürchtung, und so geht es dann weiter. Es ist nicht einfach, die-

ses Problem zu lösen, ein Ausgangspunkt wäre aber, daß Sie bei sich anfangen und sich kurz fassen. Wenn Sie dies tun, haben Sie das Recht, Unterbrechungen abzuwehren und zum Beispiel zu sagen: »Ich möchte das eben Angesprochene zu Ende bringen.« Wenn Sie Ihr Recht, nicht unterbrochen zu werden, ausgeübt haben, ist es wichtig, die damit verbundene Verantwortung zu akzeptieren: andere ebenfalls nicht zu unterbrechen. Es kann Ausnahmen geben, wo es legitim ist, jemanden zu unterbrechen, zum Beispiel, wenn die Effizienz der Konferenz durch Ausschweifungen, Unwichtigkeiten oder Wiederholungen beeinträchtigt wird.

Achten Sie darauf, daß Ihr nonverbales Verhalten selbstsicher bleibt!

Sowohl die Lautstärke als auch die Stimmlage sind hier von Bedeutung. Wenn Sie zu leise sprechen, verliert Ihr Beitrag an Gewicht und verleitet zu Unterbrechungen. Manche verstehen Sie womöglich überhaupt nicht! Vor allem gilt das, wenn Sie gleichzeitig mit Papier rascheln oder mit der Hand vor dem Mund sprechen.

Außerdem ist Blickkontakt bei einer Konferenz besonders wichtig. Wenn Sie den Blick des Leiters »erhaschen«, können Sie Ihren Beitrag vorbringen. Wenn Sie dann sprechen, schauen Sie sowohl den Leiter als auch die Teilnehmer an, für die Ihre Aussagen die meiste Bedeutung haben. Dadurch können Sie beurteilen, wie das von Ihnen Gesagte aufgenommen wird, und den anderen gleichzeitig signalisieren, daß Sie Reaktionen wünschen.

Wählen Sie den richtigen Zeitpunkt, um etwas zu sagen

Wenn Sie Einfluß auf eine Besprechung nehmen wollen, kommt es nicht nur darauf an, *was* Sie sagen, sondern auch darauf, *wie* Sie dies tun.

Wenn Sie den *richtigen* Zeitpunkt verpassen, verliert das Gesagte an Gewicht. Wenn das Thema auf der Tagesordnung bereits behandelt worden ist, werden die anderen nicht sehr positiv reagieren, falls Sie es noch einmal aufgreifen, wie »gut« Ihre Ausführungen auch sein mögen. Wenn Sie an einer Besprechung teilnehmen, wo die Grenzen zwischen den einzelnen Themen nicht so genau festgelegt sind, wird es Ihnen vielleicht schwerfallen, den richtigen Zeitpunkt für das Vorbringen Ihrer Meinung festzustellen. Es erspart viel Zeit und vermeidet Verwirrung, wenn Sie dies mit dem Leiter abklären: »Wäre es zu diesem Zeitpunkt richtig, etwas zu …. zu sagen?«

Eine weitere Gefahr besteht darin, daß Sie *bis zur letzten Minute warten,* bevor Sie eine anderslautende Meinung von sich geben. Wenn die anderen kurz davor sind, eine Entscheidung zu fällen, und Sie bringen plötzlich Ihre Zweifel oder Ihre gegenteilige Meinung zur Sprache, sind die anderen verwirrt (»Warum haben Sie das nicht früher gesagt?«). Wenn die anderen das Gefühl haben, daß Sie mit dem Vorbringen Ihrer Zweifel gezögert haben (Unsicherheit), werden sie Ihnen wenig Beachtung schenken. Wenn sie jedoch das Gefühl haben, Sie hätten Ihre Zweifel bewußt bis zur letzten Minute verschwiegen (eventuell, um das Ganze dramatischer zu gestalten), werden sie diesen Zweifeln Aufmerksamkeit schenken, aber gleichzeitig etwas verärgert sein. Das kann in Aggression Ihnen gegenüber zum Ausdruck kommen. Treten Sie also sicher auf, und halten Sie mit Ihren Zweifeln und Ihrem Nichteinverständnis nicht hinter dem Berg.

Ermutigen Sie zu Reaktionen auf Ihre Aussagen

Wenn Sie die beiden ersten Tips befolgen, haben Sie gute Chancen, daß die anderen auf das von Ihnen Gesagte reagieren. Wenn jedoch niemand reagiert, schlagen wir vor, daß Sie alle Anwesenden oder eine bestimmte Person um eine Reaktion bitten. Sie können sagen »Was halten Sie von meinem Vorschlag?«, oder »Herr Robler, sind Sie mit meiner Ansicht über … einverstanden?« Sie müssen natürlich akzeptiert haben, daß Sie das Recht auf Reaktionen auf Ihre Aussagen haben, bevor Sie in der Lage sind, solche Fragen zu stellen.

Wenn einer nicht einverstanden ist, muß das noch lange nicht die Meinung aller Teilnehmer an dieser Konferenz repräsentieren. Sicheres Auftreten schließt ein, dann andere nach ihrer Ansicht zu fragen. Auf diese Weise verschaffen Sie sich ein Bild von der Reaktion aller Anwesenden, und nicht nur von der Meinung von einer oder zwei Personen.

Wenn die anderen mit Ihrer Meinung nicht einverstanden sind, ohne Gründe zu nennen, glauben wir, daß Sie das Recht haben, nach den Gründen zu fragen. Das hilft Ihnen, Ihren Vorschlag entweder anzupassen oder die Vorschläge anderer zu ergänzen, um die Einwände aus dem Weg zu räumen.

Wir möchten hier nicht den Eindruck erwecken, als hätten Sie das Recht, Ihre Ideen anderen mit Gewalt aufzuzwingen. Eine Reaktion erhalten zu wollen, heißt nicht, daß Ihr Vorschlag unbedingt *akzeptiert* werden muß (obwohl dies sehr angenehm ist), aber er muß *der Betrachtung unterzogen* werden. Wenn Sie den anderen gestatten, Ihren Vorschlag einfach zu ignorieren, verhalten Sie sich unsicher. Wenn Sie dagegen den Vorschlag unbedingt durchsetzen wollen, obwohl die anderen ihn klar ablehnen, verhalten Sie sich aggressiv.

Wenn Sie Ihr Recht auf eine Reaktion auf Ihre Aussage akzeptieren, haben Sie auch die Pflicht, auf die Aussagen der anderen zu reagieren. Dies kann heißen, daß Sie zustimmen, den Vorschlag ergänzen (wie in Kapitel 11 beschrieben, oder ihn ablehnen. Ablehnung muß sicher vorgetragen werden, zum Beispiel so: »Ich lehne den Vorschlag ab, weil ...« Abschätzige Ablehnung im Stil von »Das funktioniert niemals« oder: »Das gehört nicht hierher« ist natürlich aggressiv und würgt Ideen vorzeitig ab.

Sie ändern Ihre Ansicht

Es kann durchaus selbstsicher sein, dies zu tun, vor allem angesichts neuer Informationen oder während des Treffens erarbeiteter besserer Ideen. Ihre Ansicht selbstsicher zu ändern, heißt, offen und ehrlich zu sein, und nichtentschuldigend. Sie könnten zum Beispiel sagen: »Angesichts dessen, was Sie gesagt haben, Herr Müller, habe ich meine Meinung geändert. Ich befürworte jetzt ...« Wenn Sie mit aller Gewalt auf Ihrer ursprünglichen Ansicht beharren, um nicht als schwach oder unentschlossen zu gelten, verhalten Sie sich aggressiv.

Sie schließen sich der Ansicht der Mehrheit an

Wir haben es bereits gesagt: Wenn Sie sich das Recht nehmen, bei einer Konferenz verschiedene Beiträge zu leisten, haben Sie auch die Verantwortung, diese dahingehend zu kontrollieren, daß Sie den Fortgang der Besprechung vorantreiben. Daher bedeutet sicheres Auftreten manchmal auch, sich der Mehrheitsmeinung anzuschließen. Stellen Sie sich vor, Sie befänden sich, nachdem Sie Ihre Ideen und Ansichten vorgetragen haben, in der Minderheit. Sie gehen gedanklich alle Möglichkeiten durch, finden aber keinen Weg, die Ablehnung der anderen zu durchbrechen, außerdem drängt die Zeit. In dieser Situation hieße sicheres Auftreten, auf die Mehrheit einzugehen, statt den Fortgang der Konferenz zu blockieren. Wir empfehlen, dabei aggressive Antworten zu vermeiden, wie etwa: »Also, machen Sie doch, was Sie wollen!« und ebenso unsichere Antworten wie: »Naja, schon in Ordnung« oder: »Ich nehme es auch an.« Lassen Sie die anderen Ihren Standpunkt lieber wissen: »Ich sehe im Augenblick keine Möglichkeit, Sie vom Gegenteil zu überzeugen. Es wäre mir freilich lieber … aber angesichts der knappen Zeit schlage ich vor, jetzt lieber fortzufahren.«

Gehen Sie nicht auf die Ansichten einer »scheinbaren« Mehrheit ein!

Sie haben den Vorschlag eines Kollegen gehört und sind innerlich nicht damit einverstanden. Wenn der Vorschlag von zwei einflußreichen Teilnehmern an der Konferenz unterstützt wird, sind Sie vielleicht versucht, Ihre Ablehnung nicht zu äußern oder sogar Ihre Ansicht zu ändern (»Also, wenn *die* das unterstützen, muß es in Ordnung sein.«). Diese Unsicherheit kann dazu führen, daß ein wichtiger Punkt bezüglich der Durchführbarkeit dieses Vorschlags verlorengeht. Noch schlimmer, es kann einen Schneeballeffekt geben, indem auch andere Teilnehmer mit ihren Zweifeln hinter dem Berg halten. Auf diese Weise werden in einer Konferenz dann Vorschläge angenommen, die eigentlich nur wenig Unterstützung haben. Um zu verhindern, daß eine Besprechung von einer kleinen Gruppe von Teilnehmern beherrscht wird (die eine Mehrheit zu sein scheinen), müssen Sie akzeptieren, daß Sie die Verantwortung dafür tragen, Ihre Zweifel und Ablehnungen zum Ausdruck zu bringen.

Sie müssen entscheiden, zu welchen Themen Sie sich äußern

Wenn Sie bei einer Konferenz von den meisten Themen nicht selbst betroffen sind, könnten Sie sich eigentlich zu jedem selbstsicher äußern. Wenn Sie sich jedoch zu jedem Thema äußern, besteht die Gefahr, daß »der Schuß nach hinten losgeht«. Die anderen halten Sie dann vielleicht für lästig oder nörglerisch. Dies färbt auf ihre Meinung über Ihre Ansichten ab, so daß mancher für Sie wirklich wichtige Diskussionspunkt eine negative Aufnahme erfährt.

Sie müssen entscheiden, für welche (Ihnen wichtige) Themen Sie sich einsetzen und wozu Sie sprechen wollen.

Wenn Sie sich auf diese Weise einschränken, ist es wahrscheinlicher, daß die anderen Ihre Ansichten zu den betreffenden Fragen berücksichtigen.

Tragen Sie dazu bei, daß die Konferenz effizient ist

Wenn Sie Ihr Recht, Ihre Zeit in Besprechungen sinnvoll zu verbringen, wahrnehmen, werden Sie sich in gewisser Hinsicht für die Organisation einer solchen Besprechung mitverantwortlich fühlen. Sie machen vielleicht Vorschläge, wie die Effektivität eines solchen Treffens gesteigert werden kann, indem man die Vorbereitungen verbessert. Dies steht im Widerspruch zu der weitverbreiteten Ansicht, ausschließlich der jeweilige Leiter sei für eine Konferenz verantwortlich. Wenn er es also schlecht organisiert, ist das für Sie als Teilnehmer zwar Pech, aber es bleibt Ihnen nichts anderes übrig, als diese Bürde zu tragen!

Wenn Sie sich jedoch andererseits mitverantwortlich fühlen, heißt sicheres Auftreten an diesem Punkt, Vorschläge zu unterbreiten:

- Die Zeitspanne für das gesamte Treffen oder einzelne Punkte der Tagesordnung festlegen;
- Verwendung von Schaubildern oder Wandtafeln, um Ideen festzuhalten;
- ein paar Minuten Zeit einzuräumen, um die gerade erhaltenen Informationsmaterialien einsehen zu können;
- Themen in einer anderen Reihenfolge oder auf eine andere Art anzugehen.

Wenn Sie solche Vorschläge machen, so treten Sie dem Leiter der Konferenz nicht »auf die Füße«, wenn Sie:

»Ich-Ausagen« machen »Ich fände es hilfreich, wenn wir fünf Minuten Pause machen, um das Informationsmaterial durchzulesen.«

| | oder |
| *befragende Aussagen* | »Was halten Sie davon, wenn wir dafür nicht mehr als eine halbe Stunde ansetzen?« |

Gelegentlich kann die Effektivität einer Besprechung dadurch gesteigert werden, daß Sie das *Verhalten anderer Teilnehmer* beeinflussen. Hier einige Beispiele, was wir darunter verstehen:

- Sie bitten einen Teilnehmer, der eine »lange Rede« gehalten hat, die Hauptpunkte noch einmal zusammenzufassen;
- Sie fordern einen zurückhaltenden Teilnehmer zu Äußerungen auf, weil Sie sehen, daß er (erfolglos) versucht, einen Einstieg in die Diskussion zu bekommen;
- Sie fragen einen Teilnehmer, der ständig nicht einverstanden ist, welchen Vorschlag er denn gern von den anderen akzeptiert sehen würde;
- Sie bitten den Leiter um eine Zusammenfassung, da Sie das Gefühl haben, die Besprechung habe sich festgefahren;
- Sie bitten einen Kollegen, dessen nonverbales Verhalten Einverständnis oder Ablehnung signalisiert, seine Meinung offen zu sagen.

Dies sind Beispiele dafür, wie man das Verhalten anderer *im positiven Sinn* beeinflußt. Auch eine solche Einflußnahme wird üblicherweise dem Leiter einer Konferenz vorbehalten. Wenn er damit nicht sehr gut umgehen kann, sind wir der Ansicht, daß Sie nicht nur das Recht, sondern auch die Pflicht haben, in den Ablauf der Besprechung einzugreifen. Es ist äußerst wichtig, daß Sie dabei sicheres Auftreten an den Tag legen. Ebenso wichtig ist, daß Sie auf diesem Gebiet nicht zu viele Beiträge leisten, sonst sieht es so aus, als wollten Sie die Leitung des Treffens an sich reißen! Wenn es so weit kommt, wird man dem Inhalt Ihrer Aussagen kein Gehör mehr schenken und das von den anderen unterstellte Motiv für Ihre Aussagen wird zum springenden Punkt für die Reaktionen der anderen.

Zusammenfassung

Wir glauben, daß Konferenzen von der gesteigerten Sicherheit des Auftretens der Teilnehmer und des Leiters profitieren können. Probieren Sie dies bei der nächsten Besprechung für sich selbst aus. Prüfen Sie als allererstes, ob Ihr innerer Dialog produktiv ist; suchen Sie sich dann zwei oder drei der oben beschriebenen Tips aus, die Ihnen zunächst als die sinnvollsten erscheinen, und konzentrieren Sie sich auf diese.

Wenn Sie bisher bei Besprechungen unsicher aufgetreten sind, werden Sie sich vielleicht dazu entscheiden, für den Anfang nur gewisse Rechte und Verantwortungen auszuüben. Zum Beispiel beginnen Sie eventuell mit kurzen, wenig riskanten Beiträgen, wie stärkerem Ausdrücken von Einverständnis oder der Bitte um Erklärungen. Wenn Sie einmal damit begonnen haben, sich stärker einzubringen, werden Sie nach und nach das Selbstvertrauen gewinnen, weitere Rechte und Verantwortungen wahrzunehmen.

Wenn Sie in Konferenzen bisher aggressiv waren, könnte Ihr sicheres Auftreten damit beginnen, daß Sie Ihr Nichteinverständnis auf diese Weise ausdrücken und nach Wegen suchen, wie Sie die anderen zu Vorschlägen ermutigen.

13. Die Festigung des sicheren Auftretens

Im Verlaufe dieses Buches haben wir vorgeschlagen, daß Sie eine gewisse Zeit mit der Lektüre aussetzen und ein paar praktische Übungen zu unseren Vorschlägen machen. In diesem letzten Kapitel möchten wir Ihnen dabei helfen, daß dieser Lernprozeß fortgesetzt wird und Sie immer sicherer auftreten können.

Wie bereits erwähnt, können Sie, auch wenn es nicht ganz einfach ist, Ihr Verhalten ändern, wenn Sie es wollen. Ihr bisheriges Leben war ein fortgesetzter Änderungs- und Anpassungsprozeß — Sie haben gewisse Verhaltensmuster angenommen, einige dann bestimmten Bedingungen angepaßt, andere abgelegt. Dieser Prozeß war Ihnen nicht immer bewußt, einige Verhaltensformen wurden nebenbei erworben, eher durch Zufall. Aus diesem Grund betrachten Sie manche dieser Verhaltensweisen jetzt als unproduktiver und ineffektiver als andere. Es geht also nicht darum, ob Sie etwas ändern können oder nicht, sondern vielmehr darum, ob Sie diese Veränderungen unter Kontrolle haben oder nicht. Der entscheidende Gesichtspunkt ist, daß Sie die Veränderungen in jede von Ihnen gewünschte Bahn lenken können.

Nehmen wir einmal an, Sie wollen Ihr Verhalten dahingehend ändern, daß Sie sicherer auftreten können! Was können Sie nun tun, um gewiß zu sein, daß es zu einer Steigerung des sicheren Auftretens und nicht zu einer Steigerung der Aggression oder Unsicherheit kommt? Wir möchten die folgenden vier Schritte in den Vordergrund stellen:

- Wählen Sie die richtigen Situationen aus;
- bereiten Sie sich auf diese Situationen vor;
- treten Sie in diesen Situationen sicher auf;
- überdenken Sie die Situationen anschließend nochmals.

Nun einige Tips zu den einzelnen Schritten.

Wählen Sie die richtige Situation aus

Verhaltensänderungen gehen nur in kleinen Schritten vor sich. Wählen Sie also Situationen, von denen Sie glauben, daß die Chance, die Selbstsicherheit aufrechterhalten und akzeptable Lösungen für beide Seiten finden zu können, groß ist. Wenn Sie am Anfang zu schwierige Situationen wählen (zum Beispiel: Auflehnung gegenüber einem sehr aggressiven Vorgesetzten), machen Sie eventuell einen zu großen Schritt. Versagen an diesem Punkt könnte zu kontraproduktivem innerem Dialog führen (»Ich wußte ja gleich, daß es nicht klappen würde, sobald es zum Krach kommt.«) und zu vermindertem Vertrauen in Ihre Fähigkeit, das Gelernte zur Anwendung zu bringen.

Weitere Faktoren, die bei der Auswahl der Situation in Betracht gezogen werden sollten, sind die Vor- und Nachteile, die sich aus der Steigerung Ihres sicheren Auftretens in einer Situation ergeben könnten. Dies ist besonders wichtig, wenn Sie von unsicherem zu sicherem Auftreten übergehen wollen. Sie sollten die Vorteile gegenüber den möglichen negativen Folgen beim Eintreten für Ihre Rechte abwägen. Ideal ist es, wenn Sie nach Situationen suchen, wo die Vorteile gegenüber jedem möglichen negativen Ergebnis eindeutig überwiegen. Bitten vorzubringen oder Lob zu erteilen sind hierfür gute Beispiele.

Bereiten Sie sich auf entsprechende Situationen vor

Wir halten dies nach unseren Erfahrungen für außerordentlich wichtig. Wenn Sie die folgenden Schritte vor einer wichtigen Situation durchgehen können, vergrößert sich die Chance, die Situation erfolgreich zu meistern:

- Machen Sie sich klar, was Sie in der Situation erreichen wollen (Ihre Zielsetzung);
- klären Sie Ihre Rechte und die des anderen;
- wandeln Sie alle kontraproduktiven Dialoge in produktive um;
- spielen Sie alle Aussagen, mit denen Sie die Unterhaltung beginnen wollen, im Geist durch.

Machen Sie sich vielleicht am Anfang einige Notizen zu den einzelnen Schritten. Später können diese Notizen wegfallen, und es genügt Ihnen, alles im Kopf zu ordnen. Sie können dies auf dem Weg zur Arbeit oder selbst in den paar Minuten tun, die Sie zum Büro des Gesprächspartners unterwegs sind. Sagen Sie sich die Worte, die Sie verwenden wollen, vor und legen Sie sich auf einen angemessenen Tonfall dafür fest. Das hilft Ihnen, das Gespräch selbstsicher einzuleiten. Wenn Sie aggressiv oder unsicher beginnen, könnte dies schwer wieder wettzumachen sein.

Sinnvoll kann es auch sein, sich Antworten auf zu erwartende »Ausflüchte« des anderen zu überlegen. Mit »Ausflüchten« meinen wir Aussagen, die der andere macht, wenn er Ihr sicheres Auftreten nicht akzeptieren will.

Die Tabellen 13.1 und 13.2 sind Beispiele für die Vorbereitung auf solche Situationen, und geben auch ein paar dieser »Ausflüchte« an. Wir möchten nicht unbedingt vorschlagen, daß Sie diesen Aspekt bei der Vorbereitung allzu detailliert angehen, Sie sollten ihn aber bei den Ausgangspunkten mit einbeziehen. Außerdem fügen wir eine

Beschreibung der Situationen bei, um die Beispiele im entsprechenden Zusammenhang darzustellen.

Treten Sie in diesen Situationen sicher auf

Wenn Sie ein paar Vorbereitungen, wie beschrieben, getroffen haben, können Sie der Situation als solcher mit einem guten Maß an Vertrauen entgegentreten. Dieses Vertrauen macht es wahrscheinlicher, daß Sie sicher auftreten werden. Wenn Sie Ihre einleitenden Aussagen wie geplant vorbringen, haben Sie den guten Start bereits gemeistert. Wenn die erwarteten »Ausflüchte« des anderen kommen, können Sie auch diesen wie geplant entgegentreten.

Eventuell kommen unerwartete »Ausflüchte«. Lassen Sie sich dann Zeit für einen produktiven inneren Dialog und eine selbstsichere Antwort. Dies kann sehr rasch vor sich gehen. Wenn wir davon sprechen, daß Sie sich Zeit lassen sollten, denken wir in erster Linie an Bruchteile von Sekunden oder wenige Sekunden. Hier ein paar Beispiele, wie man sich Zeit läßt:

● Abwägen der Wörter: »Nun, ...«, »Fein, ...«, »Okay, ...«, »Ich verstehe, ...«;
● Fragende Aussagen zur Klärung und um das eigene Verständnis zu prüfen: »Meinen Sie ...?«, oder: »Habe ich das richtig verstanden, Sie wollen also sagen, daß ...?«;
● Sie bitten um »Bedenkzeit«: »Darüber möchte ich einen Augenblick nachdenken«, oder: »Also, lassen Sie mich überlegen ...«, oder: »Lassen Sie mich dies abwägen ...«

Überdenken Sie die Situationen danach

Wenn Sie in Ihr Büro zurückgehen oder gegen Abend nach Hause fahren, denken Sie sicherlich über die Tagesgeschehnisse nach. Dabei ist es wichtig, mit beiden Aspekten, den Erfolgen und den Mißerfolgen, realistisch umzugehen.

Wenn Sie über Ihre Erfolge nachdenken, dann schmälern Sie sie nicht, übertreiben Sie sie aber auch nicht. Offen mit Erfolgen umzugehen, schafft Ihnen die Möglichkeit, zukünftige Entwicklungen in diese Richtung zu vollziehen.

Wenn Sie etwas Neues für die Bewältigung bestimmter Situationen ausprobieren, kann es sein, daß Sie auf eine der folgenden Arten scheitern:

- Sie können Ihr sicheres Auftreten nicht durchhalten;
- Sie erreichen Ihr Ziel nicht;
- der andere akzeptiert Ihr Recht auf sicheres Auftreten nicht.

In all diesen Fällen müssen Sie danach zu einem produktiven inneren Dialog kommen, um das Geschehene sachlich durchgehen zu können. Kontraproduktive Dialoge wie »Ich weiß, ich habe alles vermasselt« helfen Ihnen nicht, aus der Situation zu lernen. Produktive Dialoge, wie die folgenden, helfen Ihnen dagegen, Ihr sicheres Auftreten durchzuhalten:

- »Ich habe mein Ziel nicht erreicht, aber ich weiß, warum.«
- »Herr Rohner hat aggressiv reagiert und fand es wohl schwer, mein Recht auf einen alternativen Vorschlag zu akzeptieren. Das nächste Mal kann ich dies mit ihm klären.«

Wenn Sie Ihr Verhalten auf diese Weise durchgehen, können Sie sich für das nächste Mal bessere Antworten aus-

Tabelle 13.1 Vorbereitung auf Situationen — Beispiel 1

Beschreibung der Situation

Es geht um eine Investition. Mein Vorgesetzter (Herr Jahn) ist einverstanden, nun muß die Angelegenheit seinem Vorgesetzten (Herrn Rohner) vorgelegt werden. Herr Rohner liegen eigentlich andere Anträge auf Ausgaben vor, und er hat zur Zeit sehr viel zu tun. Ich werde ihn im Laufe des späteren Tages zusammen mit Herrn Jahn treffen, um mein Anliegen vorzubringen. Herr Jahn neigt in solchen Situationen zu unsicherem Auftreten.

Meine Zielsetzung

Ich möchte, daß Herr Rohner meinem Antrag auf Investition zustimmt

Die Rechte in der Situation

(a) Meine Rechte

Ich glaube, das Recht zu haben,
- mein Anliegen vorbringen zu können und vom anderen angehört zu werden;
- von Herrn Jahn erwarten zu können, daß er seine Zustimmung klar ausdrückt.

(b) Die Rechte des anderen

Ich glaube, Herr Rohner hat das Recht,
- die Fakten klar dargestellt zu bekommen, sowohl die, die für den Antrag, als auch die, die gegen ihn sprechen;
- die ausschlaggebende Entscheidung zu fällen.

Der innere Dialog

Kontraproduktiver Dialog

»Herr Rohner hat so viele andere Anträge vorliegen. Er hat so viel zu tun, ich sehe kaum eine Chance, ihn zu überzeugen.«

»Herr Jahn wird wie immer seinen Kopf senken und mich keineswegs unterstützen.«

Entsprechender produktiver Dialog

»Mein Antrag ist genauso wichtig wie alle anderen, und ich glaube, ich kann ihn einleuchtend vorbringen.«

»Es wäre schön, wenn mich Herr Jahn kräftig unterstützen würde, wenn nicht, werde ich Herrn Rohners Zustimmung allein durchsetzen.«

Meine Eingangsaussage

Zu erwartende »Ausflüchte«

»Herr Rohner, was meinen Antrag auf diese Investition angeht, so darf ich sagen, daß ich durchaus weiß, daß Ihnen noch zahlreiche andere vorliegen. Ich glaube jedoch, daß diese Investition zu wesentlichen Gewinnen führen wird.«

»Sie müßten schon wirklich erheblich sein, momentan sind wir recht knapp.«

»Das klingt gut, aber was macht Sie so sicher, daß diese Gewinne erzielt werden können?«

Selbstsichere Antworten

»Ich halte die Gewinne für wesentlich und möchte sie Ihnen näher erläutern.«

»Die erwähnten Gewinne beruhen auf einem detaillierten Vergleich mit den Vorjahreszahlen. Daher halte ich sie für realistisch.«

Tabelle 13.2 Vorbereitung auf Situationen — Beispiel 2

Beschreibung der Situation

Herr Michels, einer meiner Mitarbeiter, wird für den Posten eines Abteilungsleiters vorgeschlagen. Dies ist eine neu eingerichtete Stelle in meiner Abteilung. Herr Michels hatte kürzlich mit ein paar heiklen Situationen zu tun, und mein Vorgesetzter (Herr Doser) fand, daß Herr Michels diese nicht sehr gut gemeistert hat. Herr Michels hat in den zwei Jahren, die er für mich arbeitet, etliche Erfolge zu verzeichnen, und ich finde, daß man ihm die Stelle als Abteilungsleiter anbieten sollte.

Meine Zielsetzung

Herrn Dosers Zustimmung zu finden, daß Herrn Michels die Stelle angeboten wird

Die Rechte in der Situation

(a) Meine Rechte	Ich habe das Recht auf eine eigene Meinung über Herrn Michels und darauf, ihn für die Stelle zu empfehlen.
(b) Die Rechte des anderen	Herr Doser hat das Recht, die Entscheidung darüber zu treffen, ob Herrn Michels die Stelle angeboten wird.

Der innere Dialog
Kontraproduktiver Dialog

»Ich weiß, Herr Doser schätzt Herrn Michels nicht. Wenn ich ihm widerspreche, wird er an meinem Urteilsvermögen zweifeln.«

»Herr Doser ist voreingenommen, und nichts von dem, was ich sage, wird seine Meinung ändern.«

Entsprechender produktiver Dialog

»Nur weil mein Urteil von Herrn Dosers Einschätzung abweicht, muß es noch nicht falsch sein.«

»Mir scheint, daß Herr Doser sich seine Meinung von Herrn Michels aufgrund der kürzlichen Ereignisse gebildet hat. Ich kann ihn auf Herrn Michels' Erfolge in den letzten zwei Jahren verweisen. Vielleicht ändert er dann seine Meinung.«

Meine Eingangsaussage

»Herr Doser, bevor Sie sich in Ihrer Meinung über Herrn Michels festlegen, möchte ich mit Ihnen über seine Arbeitsleistung im Ganzen sprechen.«

Erwartende »Ausflüchte«

»Ich meine, die letzten paar Wochen haben mich zu der Überzeugung kommen lassen, daß er nicht der Richtige für die Stelle ist.«

»Ich finde nicht, daß Herr Michels die Voraussetzungen für einen Abteilungsleiter mitbringt.«

Selbstsichere Antworten

»Ich weiß, daß Herr Michels in letzter Zeit Fehler gemacht hat, aber er hatte es mit äußerst heiklen Situationen zu tun. Ich möchte dies im Vergleich zu den guten Arbeitsleistungen der letzten zwei Jahre sehen.«

»Nun, können wir die Gebiete genauer benennen, in denen Sie Herrn Michels für untauglich halten?«

denken. Sie können sich natürlich auch anderen Gebieten zuwenden, auf denen Sie Ihr sicheres Auftreten verbessern zu können glauben. Oder Sie denken an die Verbesserung Ihres sicheren Auftretens in den schwierigeren Situationen, mit denen Sie sich unserer Empfehlung nach nicht gleich für den Anfang beschäftigen sollten. Gehen Sie jetzt, vielleicht, wo Sie erste Erfolge verbuchen konnten, gegen den aggressiven Vorgesetzten vor, den wir zu Beginn des Kapitels beschrieben haben. Bevor Sie jedoch in dieser Form aktiv werden, schlagen wir vor, daß Sie die Vor- und Nachteile genau abwägen und sich sorgfältig vorbereiten, so daß Sie sich von vorneherein darüber klar sind, wie weit Sie mit Ihrer Aussage gehen wollen.

Der Umgang mit unerwarteten Situationen

Manchmal ist es jedoch nicht möglich, sich auf Situationen vorzubereiten, zum Beispiel wenn jemand in Ihr Büro stürmt und wegen einer neuen Geschäftsanweisung aggressiv wird. Gewöhnlich hilft es dann, etwas »Zeit zu schinden«, wie wir es zu Beginn von Kapitel 5 beschrieben haben.

Wenn man beginnt, sich sicheres Auftreten anzueignen, können solche Situationen sehr heikel sein. Deshalb müssen Sie sich Ihre Fähigkeiten zu entsprechendem Auftreten äußerst realistisch vor Augen halten. Klagen Sie sich danach nicht selbst an mit Äußerungen wie: »Warum habe ich das nicht in Erwägung gezogen? Ich hätte zu ihm sagen sollen, daß ...«

Ein paar Worte zum Schluß

Zu einer wesentlichen Verbesserung Ihres sicheren Auftretens kommt es nur, wenn Sie die Übungen fortführen und immer wieder durchdenken. Dadurch werden die sicheren Verhaltensweisen, die wir in diesem Buch aufgezeigt haben, ein integrierter Bestandteil Ihres Verhaltens. Wenn Sie Ihr Auftreten realistisch durchdenken, werden Sie Ihre Erfolge und Mißerfolge im positiven Sinne erfassen. Und einige Ihrer Mißerfolge werden Sie vielleicht besser verstehen bei dem Gedanken daran, daß es Menschen gibt, die bestimmt nicht daran interessiert sind, daß Sie sicherer auftreten ...

Karrierestrategien

Beruflicher Erfolg kann geplant werden: angefangen bei der Auswertung und Formulierung von Stellenanzeigen über geeignete Bewerbungsstrategien, von der Auswahl des richtigen Unternehmens und der Branche bis hin zu erfolgversprechenden Gehaltsverhandlungen. Hier finden Sie die Informationen, die Sie für Ihren beruflichen Aufstieg brauchen.

Wilhelm Heyne Verlag
München

Marketing und Werbung

Walter H. Braun
Top-Selling
Die Anatomie des Verkaufserfolgs –
Über 400 praxiserprobte Tips
22/188

Heinz Hartwig
Wirksames Werbetexten
Tips und Tricks für jedermann –
Völlig neu bearbeitete und
aktualisierte Ausgabe
22/229

Gabriele Hooffacker
Telefonmarketing
Alle Methoden im Überblick –
Umfassende Checklisten für Planung
und Durchführung – Rechtliche
Einschränkungen
22/284

Hans-Georg Lettau
Grundwissen Marketing
Marktforschung, Preispolitik,
Werbeplanung, Public Relations.
Mit vielen Beispielen aus der Praxis
22/218

Ernst Obermaier
Grundwissen Werbung
Marktsignale erkennen, Ideen finden,
Zielgruppen systematisch
ansprechen
22/203

Wolf Ruede-Wissmann
Superselling
Die vier Erfolgsstrategien für den
Verkäufer – Faire und unfaire
Methoden – Wie man das Vertrauen
des Kunden gewinnt
22/274

Michael J. Skirl
100 Ideen für Werbung und PR
Ratgeber für Klein- und
Mittelbetriebe, Freiberufler und
Selbständige
22/184

Wilhelm Heyne Verlag
München

Kleine
Personalpraxis

Das gesamte Praxiswissen in zwei Bänden – aktuelle Nach-
schlagewerke für alle, die Personalverantwortung tragen

»Kleine Personalpraxis«

HELMUT FREY

Handbuch
Personal-
beschaffung

Neue Mitarbeiter
gewinnen:
von der Personalplanung
bis zum Arbeitsvertrag

Kompaktwissen

22/214

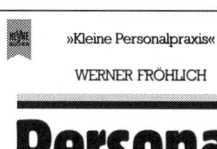

»Kleine Personalpraxis«

WERNER FRÖHLICH

Personal-
führung

Führungsstil
Mitarbeiterbeurteilung
Motivation – Sozialleistungen
Vorschlagswesen
Organisation

Kompaktwissen

22/250

Wilhelm Heyne Verlag
München